浙江方言
常用字典

曹志耘　主编

图书在版编目(CIP)数据

浙江方言常用字典/曹志耘主编.—北京：商务印书馆，2025
ISBN 978-7-100-23268-5

Ⅰ.①浙… Ⅱ.①曹… Ⅲ.①吴语—方言研究—浙江—字典 Ⅳ.①H17-61

中国国家版本馆CIP数据核字(2023)第244193号

权利保留，侵权必究。

浙江方言常用字典
曹志耘　主编

商　务　印　书　馆　出　版
(北京王府井大街36号　邮政编码100710)
商　务　印　书　馆　发　行
北京盛通印刷股份有限公司印刷
ISBN 978-7-100-23268-5

2025年6月第1版　　　开本 880×1230　1/32
2025年6月北京第1次印刷　印张 8 3/8

定价：60.00元

此项研究受到国家语委"十三五"科研规划委托项目"浙江方言字调查、整理和研究"(批准号 WT135-61)的资助,由浙江师范大学中国方言研究院组织实施。

主　编　曹志耘

副主编　王洪钟

编委会成员（音序）
曹志耘　黄晓东　雷艳萍　沈丹萍　王洪钟
王文胜　肖　萍

调查和编写人员（音序）
蔡　嵘　曹志耘　陈胜凯　黄晓东　雷艳萍
阮咏梅　沈丹萍　施　俊　孙宜志　王洪钟
王倩倩　王文胜　吴　众　肖　萍　徐　波
徐　森　徐　越　许巧枝　张　薇　周汪融

目录

前言 001
凡例 003
义类索引 008
拼音索引 014
笔画索引 021

字典正文
    代词 001
    名词 018
    动词 064
    形容词 116
    数量词 128
    副词 137
    介连词 149
    助词 155

附录 159
    《浙江方言常用字典》的编写 159
    浙江方言注音方案的研制 169
    方言代表点音系和注音方案 187

参考文献 230
后记 232

前言

浙江省的汉语方言以吴语为主，此外还有徽语、闽语、客家话、赣语、官话、畲话、九姓渔民船上话等方言或方言岛。浙江吴语包括太湖片、台州片、金衢片、上丽片、瓯江片等次方言，分布在全省大部分地区；徽语为严州片，分布在西部跟安徽省相邻的淳安、建德二县市（旧严州府淳安、遂安、建德、寿昌四县）；其他方言岛主要分布在西南部山区。总的来说，北部地区（杭嘉湖绍宁舟）方言比较一致，南部则分歧极大。

浙江省下辖11个地级市，89个县级行政区（市、县、区）。11个地级市分别为杭州、嘉兴、湖州、绍兴、宁波、舟山、台州、温州、丽水、金华、衢州，市政府所在地均使用吴语。此外，旧严州府有1261年的历史，1958年撤销，今属杭州市，旧严州府治建德市梅城镇使用的是徽语。《浙江方言常用字典》以杭州等11个地级市和建德市为单位，以市政府所在地方言为代表（建德以梅城方言为准），收录杭州等11个地级市以及建德市（旧严州府）共12个地区方言中使用的550个方言用字。每个字条包含字形、普通话音、12地方言音（"方言注音"和国际音标）、释义、举例、考释说明等几个部分。除字典正文外，还包括凡例、义类索引、拼音索引、笔画索引、附录（《浙江方言常用字典》的编写、浙江方言注音方案的研制、方言代表点音系和注音方案）、参考文献等内容。

《浙江方言常用字典》的定位为地区型、常用性、普及性。地区型是指涵盖全省主要方言、面向全省方言使用者；常用性是指目前先从主要方言着手，先收录最基本、最常用的方言字，先解决主要问题和普遍性问题；普及性是指从使用者的角度出发，考虑收字、字形、注音以及编排方式等方面的问题，让老百姓看得懂、用得上。具体的编写原则、方法和操作规范，可参看附录"《浙江方言常用字典》的编写"等。

浙江方言用字的情况非常复杂，在方言字的调查、整理、研究方面，本字典只是迈出了第一步。我们将在《浙江方言常用字典》出版后，持续增补充实，陆续修订再版。

凡例

一 收字

1.本字典着重收录以下三类字：

（1）共同语不使用，只在方言中使用的字，如："徛站""浣屎"。

（2）共同语口语中不常用，方言中常用的字，如："尓""弗"。

（3）方言中有读音无字形的语素（即所谓"有音无字"，在方言论著里通常用同音字或方框"□"表示的），本字典要为它们确定字形，如：金华话的"□那"[məʔ²¹²]。

此外，共同语和方言都正常使用的字中，那些老百姓不太知道应该怎么写的字，也酌情收入，如："鸟""望"。

2.本字典共收录字目 550 个。

二 字目及编排

1.为便于实际使用，本字典正文按意义（词类）分类排列。本字典收录的字主要是单音节词，但也有少量是多音节词里的成分，这类字按其所属多音节词的词性进行归类。大类顺序为代词、名词、动词、形容词、数量词、副词、介连词、助词 8 类，各类内部再分小类，并按一定的意义顺序排列。

2.每个字条包括字目、普通话读音、释义、举例、考释说明、通行地区及方言读音等内容。

3.字条一律以单字为目。

不能单用的字，也以单字出条，随后举出相应的多音节词，并对该多音节词进行释义，如"塴"。如果有多个意义相同的多音节词，则在一行里并列举出，如"筕"。如果有多个意义不同的多音节词，则分行举出，如"齑"。如果该多音节词的几个字都是字目，则只在首字条进行释义，非首字条采用见首字条的方式，如"齷齪"。具体如下：

塴 péng 【塴尘】尘土。

筕 hàng 【筕篖】【竹筕】晒衣服用的竹竿。

齑 jī 【咸齑】【盐齑菜】腌过的蔬菜。

【虾齑】一种虾酱。

齷 wò 【齷齪】肮脏。

齪 chuò 见 123 页"齷"〖齷齪〗。

4. 同一个字意义不同，属于不同的词或不同的词类，差异悬殊者酌情分成多条放在不同的地方，如"猗"字分成两条放在动词和介连词类，字条末尾互注"另见××页"。

三 用字

字目为本字典推荐用字。定字原则参看附录"《浙江方言常用字典》的编写"。

如有其他字形，在注解里交代。其中"也作"（以及文献引文里的"亦作""或作""又作"）的性质相当于异体字；"通作""常作""俗作"表示是较通行的写法；"也有作"表示有人这么写，但不一定适当。"或为"表示"有可能是"的意思，暂不确定。

四　注音

（一）普通话音

1. 字目后用拼音标普通话读音，以便称说。

2. 字目如是多音字，则参考该字的方言音义选标相应的普通话读音，如："尿"suī 小便，"相"xiàng 看。

3. 生僻字的读音参照《汉语大字典》等。

（二）方言音

1. 方言字的通行地区及方言读音用表格呈现。第一行为地名，第二行为"方言注音"，第三行为国际音标。第二三行空着的地点表示不使用该字。

2. 地名行。收浙江省所有地级市以及建德市（旧严州府）共12个地区，顺序为：杭州、嘉兴、湖州、绍兴、宁波、舟山、台州、温州、丽水、金华、衢州、建德。12个地区以市政府所在地方言为准（建德以旧严州府治梅城方言为准）。如市政府所在地无此"字"而所辖县（包括县级市、区以及旧县）有，则取一个县为例，用"地区名首字简称县名"的形式表示，其中县名为小字，如："金东阳"。汤溪以汤溪镇岩下村方言为准。

3. "方言注音"行。"方言注音"一律以附录中的方言代表点注音方案为准，按照各地方言注音方案把国际音标转写成"方言注音"。声调只标调类，轻声一律用"0"表示。如果某字（如量词）无单字调，则按其调类属性（古调类及其在该方言中的调类）标调类。只有小称音的字，如果小称调与单字调类系统里的调值相同（如金华），则按该调值对应的单字调标调类；如果与单字调类系统里的调值不同（如台州），则不论实际调值如何一律标作"9"。小称音以及其他县方言的注音按浙江方言注音方案通则转写。浙江方言注音方案的研制原则、设计方法以及杭州等12个地区方言代表点的声韵调系统及其相应的注音方案参看附录。12个代表点以外的其他县（市、区）的"方言注音"，参考全省方言注音方案并参照全省统一通用的规则（全省通则）进行转写。

4. 国际音标行。国际音标标音一律以附录中的方言代表点音系为准。轻声一律用"0"表示。只有连读调没有单字调的字尽量按连调规律或音韵地位还原单字调，无法还原的在连读调前加短横"-"。单音节量词如果只有连读调，在连读调前加"-"。只有小称音的字直接标小称音，在注解里说明。

五　注解

（一）释义

1. 一般只注方言义，不注与普通话相同的意义。只收主要意义和用法，不罗列全部义项。

2. 收多个义项时，在不同义项前加❶❷等表示。需要说明的是，这表示在整个浙江方言中，该字具有这几个义项，但不表示使用该字的所有地点都同时具备这几个义项。注解中提及义项编号时，用①②等表示。

3. 释义参考《新华字典》《现代汉语词典》等，尽量简明扼要，通俗易懂。

（二）举例

1. 例子分通用性例子和个别性例子。通用性例子是使用该字的所有地点都可说的，个别性例子是限于个别具体地点说的。需要说明的是，通用性例子带有示意性，举例时用词适当从宽，不一定跟每个地点的实际说法都完全吻合。

2. 通用性例子不标地名（如该字仅在一个地点使用，例子也不标地名）。个别性例子后用圆括号加地名，如：

伢　yá　孩子：小~儿（杭州）。

3. 通用性例子和个别性例子之间用句号隔开，不同地点的例子之间也用句号隔开，同地点的例子之间用单竖线"｜"隔开。

4. 释义和举例之间用冒号。

5. 例子里用波浪号"~"代替所释字。如果是对多音节词的举例，则"~"代替整个多音节词，如：

眖　chòng　【瞌眖】瞌睡：打~。

6. 例子的注释用小字；例句里如只有个别词需要注释，采用夹注。例子注释时只注主要意义。通俗易懂的例子不注释。

（三）考释说明

1. 考释说明包括有关字形、读音、文献等方面的考证和说明。有关本字、词源考证的内容，非专业读者可以忽略。

2. 注解中需要标方言音时只标国际音标（加方括号），不标"方言注音"。其中多音节词按实际读音（连读音）标音。需要注普通话拼音时，加圆括号，如："背"(bēi)。

六　举例常用方言词

为行文简便起见，例子里特别常用的方言词在这里集中做一说明，正文中不再注释。

尔：你。　　侬：你。
渠：他。　　葛：这。
农：人。　　勒：在，包括作动词、副词、介词三种用法。
交关：很。　　弗：不。
咯：的。　　罢：了。
唠：了。　　哚：了。

义类索引

（字右边的数字即字典正文的页码）

代词		俺 006	聂 011	名词		垟 021
（人称）		匠 006	解 012	（气象）		墩 022
		㑚 006	旁 012			塍 022
我	001	伽 006	博 012	鲞	018	磡 022
奴	001	㑚 007	还 012	沍	018	（土石）
说	001	家 007	亨 013	泽	018	埭 023
卬	002	实 007	么 013	（山）		墱 023
咱	002	势 008	铁 013	岙	019	圾 023
尬	002	耷 008	介 013	坞	019	（方位）
尔	003	㑚 008	恁 014	垄	019	㞢 023
侬	003	浪 009	（疑问）	（水）		（时间）
倷	003	（指示）	啥 014	浾	020	昼 024
偌	004	葛 009	待 014	港	020	暝 024
怎	004	该 010	茄 015	浜	020	（畜禽）
乂	004	宕 010	阿~里 015	㳇	020	犝 024
渠	004	乜 010	何 016	凼	021	牯 024
伊	005	许那 010	咋 016	等	021	㹩 025
阿~拉	005	末 011	訾 016	（田地）		㜺 025
倻	005	皋 011	许几~ 017	畈	021	草 025

卵	025	（农作物）		（构件）		（其他器物）		樧	047
肸	026	釉	031	庅	037	坏	042	缚	047
（鸟兽）		穮	032	桁	037	物	043	沙	048
猢	026	萝	032	栿	037	（衣物）		鏍	048
鸟	026	稼	032	檠	038	裌	043	簟	048
逐	026	薯	032	（其他设施）		裥	043	篼	048
翼	027	倭	033	笕	038	（菜肴）		筹	049
（虫类）		稿	033	堒	038	鲞	043	罾	049
蟢	027	梗	033	（炊具）		虀	044	（商贸）	
蟀	027	（蔬菜）		镬	039	斋	044	墟	049
蚁	028	匏	034	鏊	039	醛	044	钿	050
蟮	028	菠	034	甑	039	焙	044	（游戏娱乐）	
蟛	028	蕻	034	瓤	039	（烟酒糖茶		骰	050
（鱼类）		卜	034	笎	040	糕点）		鹞	050
鳙	028	莒	035	𠂔	040	粿	045	嚎	050
鲐	029	葶	035	（餐具）		饧	045	（头部）	
蛤	029	（水果）		瓯	040	（起居）		喙	051
蜃	029	泡	035	箸	040	敷	045	脸	051
席	030	核	036	（盛具）		笫	046	糙	051
（草木）		（房屋）		答	041	掠	046	泗	052
樵	030	处	036	埕	041	熄	046	澜	052
箬	030	寮	036	髭	041	晥	046	头	052
茛	030	司	036	篦	042	（农渔具）		项	052
芑	031	栖	037	篰	042	箕	047	吭	053
藻	031			鏊	042	筒	047		

（四肢）		瘌	059	相	064	搣	071	搭	078
胪	053	癫	059	觑	064	抐	071	褪	078
骹	053	聱	059	睡	065	按	071	煜	078
髂	053	（长辈）		撑	065	拓	071	擎	078
髁	054	嬷奶奶	060	晗	065	扚	072	脈	079
执	054	嬷老~	060	喷	066	丑	072	拗	079
胭	054	爬	060	軭	066	搒	072	摒	079
（其他部位）		姆	060	擤	066	摧	072	肋	080
怀	054	婆	061	咥	066	撒	073	挈	080
胁	055	姈	061	啫	067	捆	073	荡涮洗	080
雀	055	姊	061	呷	067	揎	073	滗	080
臁	055	（晚辈）		嗢	067	挺	074	捭	081
胶	056	伢	061	洇	067	掼	074	绞	081
颡	056	囝	062	嘲	068	撮	074	（非徒手动作）	
胖	056	（一般称谓）		欹	068	掇	074	斫	081
屎	056	农	062	哽	068	擎	075	劗	081
屁	057	孺	062	疲	068	缚	075	剡	082
肬	057	（生育）		响	069	扼	075	剺	082
尿	057	产	063	呕	069	辩	075	剁	082
浼	058	（迷信）		叫	069	撤	076	掘	083
秽	058	玹	063	吠	069	覆	076	垄	083
（疾病残障）		动词		嫛	070	枭	076	拚	083
瘇	058	（头部动作）		耙	070	敲	077	轧	083
瘃	058			（徒手动作）		反	077	鏊	084
廮	059	望	064	捋	070	搣	077	揩	084

缴	084	蹶	091	跦	097	给	103	籴	110
挂	084	蹴	092	蹶	097	勘	104	赁	110
雷	085	\(腿脚动作\)		伏	098	釁	104	贳	111
莳	085	徛	092	庘	098	碱	104	趁	111
繞	085	隑	092	困	098	敁	104	供	111
绲	086	跍	092	嬉	099	敠	105	\(抽象动作\)	
衲	086	趣	093	荡闲逛	099	\(一般动作\)		是	112
缉	086	赿	093	唗	099	担	105	来	112
湔	086	趖	093	漛	099	摛	105	勒	112
汏	087	蹽	093	娃	100	拨	106	赅	113
淘	087	跷	094	肫	100	乞	106	无	113
撩	087	蓙	094	灌	100	挃	106	冇	113
装	088	\(其他肢体动作\)		\(自然动作\)		揌	107	乐	113
糢	088			沰	100	启	107	许	114
炸	088	揭	094	泥	101	籞	107	搭	114
佘	089	捐	094	渧	101	搪	107	契	114
焐	089	扛	095	沥	101	捂	108	忖	114
盐	089	驮	095	佘	101	囡	108	惊	115
挟	089	攒	095	颒	102	碌	108	殗	115
撺	090	趋	096	泍	102	睍	109		
筛	090	伛	096	溃	102	瞁	109	**形容词**	
嵞	090	射	096	潜	102	戏	109	\(形貌\)	
番	091	入	096	歆	103	埖	109	脖	116
庠	091	戳	097	烊	103	勎	110	细	116
羁	091	氞	097	挖	103	枭	110	狭	116

峻	117	腥	123	埭	130	垡	135	新	141
笃	117	𩨨	124	嶙	130	悛	136	坎	141
笪	117	共	124	退	130	顷	136	扣	142
屈	117	(品性)		片	131	寁	136	亦	142
乔	118	赞	124	餐	131	(副词)		又	142
轩	118	傼	124	厨	131	(程度)		(地点)	
精	118	賺	125	(集体量)		猛	137	是	142
(状态)		疲	125	滴	131	蛮	137	勒	143
霭	119	蹩	125	星	132	候	137	(否定)	
燥	119	悚	126	络	132	吓	138	弗	143
吞	119	呆	126	泔	132	毛	138	勿	143
櫻	119	寿	126	蓬	132	烂	138	否	144
浸	120	戆	126	绺	133	匹	138	未	144
蔼	120	艮	127	坡	133	尽	139	无	144
兴	120	(数量词)		刀	133	忒	139	呐	144
轧	121	(数字)		垈	133	险	139	莫	145
寅	121	廿	128	托	134	煞	139	嫑	145
健	121	(个体量)		(度量衡)		(范围)		霎	145
懈	121	蔸	128	寻	134	统	140	偯	145
晏	122	墩	128	庹	134	侪	140	觭	146
晚	122	孔	129	钿	134	沃	140	䜌	146
蒿	122	蒲	129	(动量)		(时间)		㩒	146
痨	123	梗	129	记	135	悛	141	䑛	147
痳	123	枚	129	直	135	暴	141	(后置)	
麚	123			道	135			起	147

着	147	来	149	得	152	**助词**		罢	157
添	147	倚	150	问	152			喏	157
凑	148	拨	150	望	152	（结构）		唻	157
过	148	分	150	（连词)		咯	155	哉	158
		担	150	搭	153	叫	155	爻	158
介连词		帮	151	好	153	嘞	156	（语气）	
（介词）		代	151	伉	154	（时态)		哦	158
是	149	听	151	若	154	耷	156		
勒	149	捉	152	曼	154	仔	156		

拼音索引

(按字目的普通话拼音排列，字右边的数字即字典正文的页码)

A		B		坒	133	C		膧	022
a		ba		滰	080			chong	
阿	005	罢	157	趚	093	can		睕	046
	015	粑	070	biao		餐	131	chu	
ai		bang			102	cao		厨	131
呆	126	帮	151	bie		瘈	123	处	036
僾	005	浜	020	龞	125	草	025	chuo	
隘	092	bao		bing		cha		戳	097
蔼	120	夒	145	摒	079	雷	085	踔	124
霭	119	暴	141	bo		chai		ci	
an		bei		拨	106	侪	140	糍	051
俺	006	錍	084		150	chan		cong	
ang		ben		博	012	产	063	樬	047
卬	002	畚	091	擘	078	che		熜	046
ao		埄	083	卜	034	坼	042	cou	
鏖	123	beng		bu		chen		凑	148
抝	079	鬅	041	醭	044	趁	111	cuan	
呇	019	bi		籍	042	cheng		汆	089
鳌	039	屄	057			撑	065	cun	
						埕	041	忖	114

cuo		dao		dun		fei		尬	002
撮	074	刀	133	撴	073	吠	069		gai
		道	135	墩	128	㿄	146	该	010
D			de	暾	091		fen	赅	113
	da	嘚	157		duo	分	150	戤	109
		得	152	掇	074	翂	147		gan
耷	008		deng	泽	018		feng	𩰚	039
	156	等	021	沲	100	䉽	146		107
埫	022		di		132		fiao		gang
答	041	滴	131		**E**	㾦	145	扛	095
搭	114	扚	072		e		fou	港	020
	153	籴	110	扼	075	否	144	戆	126
汏	087	渧	101		er	殕	044		gao
	dai		dian	尔	003		fu	皋	011
代	151	簟	048		**F**	弗	143	稿	033
给	103		die		fa	伏	098		ge
待	014	哜	066	坺	133	栿	037	蛤	029
埭	130		dou	垡	135	匐	097	辝	075
	dan	䒃	128	哦	158	缚	047	葛	009
担	105		du		fan		075	咯	155
	150	丟	072	反	077	覆	076		gen
	dang	㾄	023	眅	021		**G**	艮	127
説	001	渎	020	疲	068		ga		geng
宕	010	笃	117			轧	083	哽	068
凼	021		dui				121	梗	033
荡	080	劯	080						129
	099								

gong		hao		hui		槥	038	jin	
供	111	蒿	122	秽	058	笾	038	尽	139
共	124	好	153	喙	051	裥	043	妗	061
gu			he		huo		㙮	109	濅	099
牯	024	何	016	镬	039	健	121	jing	
guan		heng		J		jiang		惊	115
掼	074	亨	013			匠	006	精	118
灌	100	脝	116	ji		犟	049	jue	
gun		桁	037	圾	023	jiao		掘	083
绲	086	hong		疲	125	绞	081	蹶	097
guo		䒰	034	萁	031	挢	083	jun	
掴	073	hou		箕	047	缴	084	峻	117
碱	104	㖆	069	齎	044	叫	069	K	
馃	045	候	137	记	135		155	kai	
过	148	鲎	018	徛	092	珓	063	揩	084
		hu			150	曼	154	kan	
H		癯	136	稷	032	醮	035	坎	141
hai		核	036	jia		jie		磡	022
还	012	猢	026	伽	006	揭	094	kang	
han		瓠	018	茄	015	羯	091	伉	154
熯	088	庣	091	挟	089	镙	048	囥	108
hang		huai		家	007	驰	060	kao	
吭	053	怀	054	晗	065	解	012	菣	044
绗	086	huan		jian		介	013	ke	
笐	046	肫	100	湔	086	疥	040	髁	054
		擐	095	搛	090				

搭	078	烺	121	躐	093	ma		莫	145
唇	107	浪	009	lin		嫲	025	颟	102
kong		眼	109	嶙	130	man		**N**	
孔	129	lao		赁	110	蛮	137		
kou		痨	123	liu		絻	085	na	
扣	142	le		绺	133	mao		呐	144
ku		勒	112	long		毛	138	nai	
胩	055		143	垄	019	冇	113	俕	003
跍	092		149	lu		me		nan	
kun			156	篆	042	么	013	囡	062
困	098	嘞		lü		mei		nen	
L		lei		挵	081	枚	129	恁	014
la		癗	058	luan		meng		nian	
瘌	059	踢	097	卵	025	猛	137	廿	128
lai		勳	110	lüe		mi		niao	
来	112	leng		掠	046	婆	061	鸟	026
	149	薐	034	luo		洣	067	nie	
倈	008	li		捋	070	mie		聂	011
癞	059	劙	082	萝	032	搣	071	啮	067
唻	157	沥	101	脶	054	ming		nong	
lan		lian		剐	082	暝	024	农	062
澜	052	敛	045	络	132	mo		侬	003
烂	138	liao		**M**		嬷	060	nu	
lang		撩	087	m			060	奴	001
茛	030	寮	036	姆	060	末	011	nü	
		膫	055					抐	071
		lie							
		篾	048						

nuo		捞	072	qiao			shen
佴 006		蓬	132	跷	094	**R**	厣 029
O		謦	059	骹	053	ru	shi
		抪	107	乔	118	孺 062	实 007
ou		pi		樵	030	入 096	势 008
沤 069		剕	082	qie		ruo	贳 111
瓯 040		匹	138	笡	117	挼 071	是 112
P		肶	057	挈	080	若 154	142
		piao		qin		偌 004	149
pan		藻	031	浸	120	箬 030	莳 085
爿 131		po		揿	076	**S**	趣 093
蹒 094		脺	079	qing		sao	shou
鎜 042		pu		擎	075	悛 136	寿 126
pang		潽	102	顷	136	141	shu
旁 012		蒲	129	qiu		sha	薯 032
髈 053		**Q**		恘	126	沙 048	si
pao		qi		趍	096	啥 014	司 036
泡 035		栖	037	qu		煞 139	笥 047
脬 056		缉	086	屈	117	睸 065	泗 052
麃 034		乞	106	渠	004	shai	song
pei		起	147	覻	064	筛 090	厏 056
盃 146		契	114	que		shan	搡 074
pen		qian		雀	055	蟮 028	sui
喷 066		掮	094	摧	072	she	尿 057
peng		庪	037	皵	105	射 096	suo
墲 023				皷	104		啰 068

拼音索引 | 019

T								
		tu		wang		X		xin
		堍	038	望	064			新 141
ta		tui			152	xi		xing
拓	071	忒	139	wei		嬉	099	星 132
tai		颓	056	未	144	蟢	027	饧 045
鲐	029	退	130	wen		细	116	擤 066
tang		煺	078	殟	115	xia		兴 120
搪	107	tun		问	152	呷	067	xu
tao		吞	119	weng		狭	116	墟 049
淘	087	庉	098	螉	023	吓	138	许 010
tian		伱	101	鼺	066	xian		017
添	147	褪	078	wo		险	139	114
钿	050	tuo		倭	033	筅	040	xuan
	134	托	134	我	001	蠁	028	轩 118
tiao		拕	103	沃	140	鏾	092	揎 073
枀	110	驮	095	浣	058	xiang		儇 124
tie		庹	134	醒	123	养	043	xue
铁	013	W		wu		相	064	嗛 050
ting		wa		无	113	项	052	xun
听	151	挖	077		144	xiao		寻 134
tong		哇	067	捂	108	枭	076	蕈 035
统	140	wan		勿	143	歊	103	Y
tou		晚	122	坞	019	傿	145	ya
头	052	婉	043	物	043	xie		伢 061
骰	050			焐	089	懈	121	掗 106
敨	077							

齹	104	乙	010	咋	016	zhi		zhun
	yan	蚁	028		zai	直	135	肫	026
盐	089	义	142	哉	158	执	054		zhuo
厣	030	义	004		zan	摭	105	捉	152
縯	032	亦	142	咱	002		zhou	斫	081
魇	059	翼	027	赞	124	昼	024	浞	101
晏	122	勋	104	灒	102	釉	031	着	147
赝	109		ying		zao		zhu		zi
	yang	懵	024	唣	099	逐	026	訾	016
垟	021	濲	119	燥	119	瘃	058	仔	156
烊	103		yong		zen	拄	084	姊	061
蛘	027	鏞	028	怎	004	跓	100	茡	025
	yao		yu		zeng	齿	090		zu
爻	158	伛	096	罾	049	箸	040	欶	068
鹞	050		yue	甑	039		zhuan		zuan
	ye	乐	113		zha	赚	125	劗	081
倻	007			炸	088		zhuang		zui
魘	051		Z	zheng		装	088	脧	056
	yi		za	竫	053		zhui		zuo
伊	005	趱	093	碌	108	水	020	礐	070

笔画索引

(按字目的笔画数由少到多顺序排列，字右边的数字即字典正文的页码)

一画									
乙	010	匹	138	乐	113	吓	138	许	010
		毛	138	尔	003	凶	021		017
二画		反	077	处	036	因	062		114
卜	034	介	013	鸟	026	乔	118	农	062
乂	142	爻	158	头	052	伏	098	寻	134
入	096	分	150	记	135	伛	096	艮	127
刀	133	勿	143	司	036	伢	061	丢	072
		卬	002	弗	143	亢	154	尽	139
三画		爿	131	奴	001	伊	005	好	153
乞	106	孔	129			佘	101	驮	095
么	013			六画		余	089		
义	004	五画		扛	095	饧	045	七画	
		未	144	扣	142	迈	018	寿	126
四画		末	011	托	134	亦	142	吞	119
无	113	轧	083	圾	023	产	063	扼	075
	144		121	扚	072	问	152	坎	141
廿	128	叫	069	执	054	次	087	坞	019
右	113		155	共	124	忄	114	否	144
		代	151	过	148	兴	120	还	012
		仔	156	匠	006	讴	069	尬	002

来	112	怀	054	垄	019	该	010	是	112
	149	尿	057	顷	136	屎	057		142
忒	139	尿	056	呷	067	屈	117		149
轩	118	阿	005	咋	016	姆	060	星	132
坒	133		015	响	069	细	116	哐	066
呆	126	姈	061	泍	020	绐	103	贩	021
吠	069	姊	061	物	043	驰	060	蚁	028
困	098			供	111			哦	158
呐	144	**八画**		侪	140	**九画**		咱	002
听	151	拓	071	侬	003	契	114	咯	155
吭	053	坡	133	佛	006	帮	151	牯	024
园	108	担	105	劯	080	挜	106	怎	004
我	001		150	籴	110	项	052	舀	085
吞	019	坏	042	肌	057	挟	089	笃	117
何	016	势	008	肫	026	哉	158	俫	008
伽	006	拄	084	刹	082	挤	071	垡	135
坌	083	抠	103	枭	076	挢	083	牮	109
肐	100	拨	106	疲	125	垟	021	待	014
卵	025		150	泊	100	贳	111	胆	055
泽	018	拗	079			草	025	狭	116
亨	013	若	154	泗	132	荡	080	狷	146
庞	098	直	135	泡	052		099	疲	068
庎	040	茄	015	宕	035	相	064	浸	120
沥	101	枚	129	实	010	斫	081	炸	088
沙	048	唇	107	床	037	耷	008	烂	138
沃	140	瓯	040	庤	091		156	恢	126

退	130	耆	146	射	096	其	031	腴	056
昼	024	逐	026	皋	011	勒	112	匐	097
险	139	哽	068	剞	082		143	猛	137
衍	086	唻	157	狰	053		149	馃	045
络	132	晏	122	疾	123	勖	104	凑	148
绞	081	唣	099	庄	100	萝	032	庹	134
统	140	罟	157	旁	012	梗	033	望	064

十画

		峻	117	烊	103		129		152
		赅	113	泿	101	厣	030	着	147
挈	080	钿	050	浜	020	匏	034	釉	031
狡	063		134	浪	009	雀	055	焐	089
捂	108	铁	013	家	007	眙	065	添	147
起	147	梓	025	宸	121	晥	046	渎	020
盐	089	筅	038	畚	091	晚	122	渠	004
埕	041	笎	046			眼	109	淘	087

十一画

捉	152	俩	007			晗	067	浼	058
捋	070	倚	004	趄	096	啥	014	惊	115
挼	071	偓	005	掴	073	秒	058	屦	023
聂	011	徐	003	堁	038	笸	117	婺	061
莳	085	俺	006	掠	046	笱	047	梟	110
莫	145	脒	079	挓	107	猗	092	绲	086
莨	030	候	137	捐	094		150	绺	133
栖	037	赁	110	埭	130	得	152		
栿	037	恁	014	掘	083	腒	054	## 十二画	
桁	037	倭	033	掇	074	脬	056	搭	114
核	036	健	121	掼	074	脖	116		153

堚	022	猹	026	掂	077	新	141	瘌	059
揩	084	装	088	推	072	煺	078	鲞	043
趁	111	蛮	137	敨	104	滗	080	精	118
博	012	旁	123	蓬	132	鲎	018	滤	102
揪	076	欹	068	蒿	122	祾	043	滴	131
搩	081	敲	077	蒲	129	戤	109	寤	136
搋	074	道	135	楤	047	缚	047	褪	078
揎	073	港	020	敹	045		075	嫲	025
搭	078	湉	101	屣	029	絿	085		
揅	079	渝	086	夒	145			十五画	
葛	009	湡	067	碇	108	十四画		撩	087
厨	131	愣	136	碱	104	赾	093	撑	065
陪	044		141	殟	115	墟	049	撮	074
齿	090	祸	043	訾	016	摭	105	鋆	042
靶	070	说	001	踈	097	菟	128	墩	128
喷	066	隑	092	跷	094	蔼	120	撷	073
跕	092	缉	086	嗍	068	睕	065	蕈	035
蛤	029			骰	050	喇	156	厣	051
蛘	027	十三画		颏	056	暝	024	踮	124
喔	067	勢	082	塍	022	嚄	157	覷	064
喙	051	搣	071	鲐	029	曼	154	暴	141
敀	105	塎	023	媵	145	辫	075	骸	053
等	021	塗	023	解	012	箸	040	稿	033
筛	090	搪	107	煞	139	箕	047	偎	145
筅	040	搒	072	颁	102	箬	030	僾	124
答	041	搛	090	瘃	058	歆	103	鹝	050

濒	099	餐	131	蒋	049	**十九画**		劗	081
斋	044	赝	109	缮	146			鏊	084
羯	091	噱	050	燥	119	趱	093	**二十二画**	
遁	094	赞	124	擘	078	醛	044		
糙	051	稳	032	孺	062	魇	059	皴	091
熯	088	篦	048	孀	060	霭	119	蹋	093
熜	046	蔺	042		060	蹶	097	蠦	028
澜	052	膫	055	翼	027	髋	053	**二十三画**	
潜	102	镨	147			憎	024		
寮	036	甋	039	**十八画**		穤	032	颧	039
嬉	099	懈	121	鳌	039	镛	028		107
十六画		缴	084	鬈	059	麈	123	**二十四画**	
		十七画		矗	035	瀆	102		
趱	093			覆	076	**二十画**		龅	066
髭	041	擤	066	蟢	027			**二十五画**	
撅	095	揭	094	蟮	028	赚	125		
蕻	034	藻	031	镬	039	镲	048	戆	126
薯	032	醒	123	簟	048	锨	092	**二十七画**	
薮	034	勰	110	癞	059	灌	100		
擎	075	瞵	130	瘴	058	漫	119	銎	070
薨	044	曾	049	蹩	125	**二十一画**		**三十五画**	
樵	030	髁	054	戳	097				
磚	022	篦	042			橄	038	麣	104

代词

我 wǒ 我,第一人称单数代词:~俫我们(温州)。~到城里去(金华)。嘉兴、湖州、温州等地读自成音节的[ŋ]。金华读[ɑ⁵³⁵](与"我"字音韵地位相同的"拖、哥、个"等也读[ɑ]韵),俗常作"阿"。也有作"吾"。

杭州	嘉兴	湖州	绍兴	宁波	舟山	台州	温州	丽水	金华	衢州	建德
ngo³	ng⁶	ng⁵	ngo⁴	ngo²	ngo²	ngo¹	ng⁴	nguo³	a³		ngu⁵
ŋo⁵³	ŋ²¹³	ŋ³⁵	ŋo²²³	ŋo¹³	ŋo²³	ŋo⁴²	ŋ¹⁴	ŋuo⁵⁴⁴	ɑ⁵³⁵		ŋu⁵³

奴 nú 我,第一人称单数代词:~姓王|~浴洗过罢我洗过澡了(龙游)。嘉兴用于"我奴我"[ŋ²¹nəu²¹³]一词里。本字不详,采用同音近义字"奴"。

杭州	嘉兴	湖州	绍兴	宁波	舟山	台州	温州	丽水	金华	衢龙游	建德
	neu⁶									nu²	
	nəu²¹³									nu²¹	

谠 dǎng 我,第一人称单数代词:~未去过。本字不详,采用表音字"谠"。

杭州	嘉兴	湖州	绍兴	宁波	舟山	台州	温州	丽水	金华	衢州	建德
											dang³
											tɑŋ²¹³

卬

áng 我，第一人称单数代词，主要限于建德梅城"下半城"和乡下使用：～买了一只碗。《广韵》唐韵五刚切："高也，我也。"又养韵鱼两切："望也，欲有所度。"《尚书·周书·大诰》："不卬自恤。"《诗经·邶风·匏有苦叶》："人涉卬否，卬须我友。""卬"均为"我"义。但建德的"卬"是否源自上古汉语，尚难定论，或为"我侬"二字的合音，例如建德所辖的寿昌"我"义说"我侬"[ɑ³³nɔm¹¹²]。

杭州	嘉兴	湖州	绍兴	宁波	舟山	台州	温州	丽水	金华	衢州	建德
											ang³
											ɑŋ²¹³

咱

zán 我，第一人称单数代词：～是老师。寿昌方言阳平调来自古浊平字，古全浊声母今塞擦音读送气清音，[ts]声母拼阳平调为特殊结构。本字不详，或为"是我"的合音，采用近音近义字"咱"。

杭州	嘉兴	湖州	绍兴	宁波	舟山	台州	温州	丽水	金华	衢州	建寿昌
											zɑ²
											tsɑ⁵²

尬

gà 我，第一人称单数代词：～等一下再去。遂安方言阳去调来自古浊去字，古全浊声母今塞音读送气清音，[k]声母拼阳去调为特殊结构。本字不详，采用表音字"尬"。

杭州	嘉兴	湖州	绍兴	宁波	舟山	台州	温州	丽水	金华	衢州	建遂安
											gɑ⁶
											kɑ⁵²

尔

ěr 你，第二人称单数代词：～去过未?《广韵》纸韵儿氏切："汝也。"成语"尔虞我诈"中的"尔"仍为"你"义。浙江方言读作自成音节的 [n] 或 [ŋ]。

杭余杭	嘉兴	湖州	绍新昌	宁波	舟山	台州	温州	丽水	金汤溪	衢常山	建德
n³	n⁵	ng⁴	ng²	n¹					ng⁴	n⁴	n³
n⁵³	n³⁵	ŋ²³²	ŋ¹³	n⁴²					ŋ¹¹³	n²⁴	n²¹³

侬

nóng 你，第二人称单数代词：～搭你们（慈溪）。～快点儿去（金华）。《广韵》冬韵奴冬切："我也。"《玉篇·人部》："奴冬切，吴人称我是也。"义不合。浙江有些方言"你"义说"尔农"，例如宁海"尔农"[ŋ³¹noŋ²¹³]，如果"尔"读 [n]，"尔农"容易合音为"侬"。宁波周边县市（如慈溪、余姚、宁海）多读 [oŋ] 或 [uŋ] 韵；市区丢失鼻尾，读 [əu] 韵。

杭临安	嘉兴	湖州	绍嵊州	宁波	舟山	台州	温州	丽水	金华	衢州	建德
nong²			nong⁶	neu²	nong²				nong³		
noŋ³³			noŋ²⁴	nəu¹³	noŋ²³				noŋ⁵³⁵		

倷

nǎi ❶你，第二人称单数代词：我比～大（嘉兴、孝丰）。❷你们，第二人称复数代词：～两人做嘞得顶好（宁波、舟山）。绍兴又读 [neʔ²]。本字不详，或为"侬"的促化，采用表音字"倷"。

杭州	嘉兴	湖孝丰	绍兴	宁波	舟山	台州	温州	丽水	金华	衢州	建德
	ne⁶	nek⁸		nak⁸	nak⁸						
	ne²¹³	nəʔ²³		naʔ²	naʔ²						

偌

ruò 你，第二人称单数代词：～今年几岁哉啦? 或为"侬"的促化，采用表音字"偌"。

杭州	嘉兴	湖州	绍兴	宁波	舟山	台州	温州	丽水	金华	衢州	建德
									nok^8		
									noʔ^2		

怎

zěn 你，第二人称单数代词：～把门关上。寿昌方言阳平调来自古浊平字，古全浊声母今塞擦音读送气清音，[ts]声母拼阳平调为特殊结构。本字不详，或为"是尔"的合音，采用表音字"怎"。

杭州	嘉兴	湖州	绍兴	宁波	舟山	台州	温州	丽水	金华	衢州	建寿昌
											zen^2
											tsen^{52}

义

yì 你，第二人称单数代词：～去不去? 本字不详，或为"你"脱落声母而来，采用同音字"义"。

杭州	嘉兴	湖州	绍兴	宁波	舟山	台州	温州	丽水	金华	衢州	建遂安
											i^6
											i^{52}

渠

qú 他，第三人称单数代词：～俫他们（温州）。～比我大些（金华）。本字为"偀"。偀，《集韵》鱼韵求於切："吴人呼彼称，通作渠。"[宋]朱熹《观书有感》："问渠那得清如许，为有源头活水来。""渠"相当于"它"。浙江方言多读[g]声母（严州地区清化为[k][kʰ]）；北部地区腭化读[dʑ]声母；金华读如入声，不过其所辖的汤溪读阳平（[gɯ^{11}]）。也有作"其"，粤语等方言通作"佢"，考虑到吴语文献传统和方言学界习惯，采用"渠"字。

杭州	嘉兴	湖州	绍新昌	宁波	舟山	台州	温州	丽水	金华	衢州	建德
	ji²	ji²	ji²	ji²	ge²	gei²	gew²	gek⁸	gi²		gi²
	dʑi¹¹²	dʑi²²	dʑi¹³	dʑi²³	gə³¹	gei³¹	gɤɯ²²	gəʔ²¹²	gi²¹		ki³³

伊 yī 他，第三人称单数代词：～一开心就唱歌。本字为"倮"（见4页"渠"），但读音已发生较大变化，各地声调也不同：嘉兴读阴平，余杭读阴上，富阳、绍兴读阳上，德清读阴去。考虑到读音和本地书写习惯，采用非本字的"伊"字。"伊"本义为"彼"，如《诗经·秦风·蒹葭》："所谓伊人，在水一方。"

杭余杭	嘉兴	湖德清	绍兴	宁波	舟山	台州	温州	丽水	金华	衢州	建德
i³	i¹	i⁵	i⁴								
i⁵³	i⁵³	i³³⁴	i²²³								

阿 ā 【阿拉】我们，第一人称复数代词：～宁波人（宁波）。有时也可包括说话人和听话人，相当于"咱们"：～是自家人，莫客气（舟山）。本字为"我"，采用俗字"阿"。另见15页。

杭州	嘉兴	湖州	绍兴	宁波	舟山	台州	温州	丽水	金华	衢州	建德
				ak⁷	ak⁷						
				aʔ⁵	aʔ⁵						

偓 ái "我拉"的合音。我们，第一人称复数代词：～两个都姓王（绍兴）。借用俗字"偓"，"偓"在客家话里指"我"。

杭余杭	嘉兴	湖州	绍兴	宁波	舟山	台州	温州	丽水	金华	衢州	建德
nga³	nga⁶	nga³	nga⁴								
ŋa⁵³	ŋa²¹³	ŋa⁵²³	ŋa²²³								

俺

ǎn "我尔"的合音。咱们,第一人称复数代词包括式(包括说话人和听话人):尔快点儿来,～商量记咱们商量一下｜渠弗去,～去(汤溪)。江山也可指"我",含自谦意。汤溪又读[ɑoŋ]¹¹³。也有作"卬"。借用俗字"俺","俺"在山东等地方言里指"我"或"我们"。

杭州	嘉兴	湖州	绍兴	宁波	舟山	台州	温州	丽遂昌	金汤溪	衢江山	建德
								aŋ¹	aŋ⁴	aŋ³	
								ɑŋ⁴⁵	ɑŋ¹¹³	aŋ²⁴¹	

匠

jiàng "自浪"的合音。咱们,第一人称复数代词包括式(包括说话人和听话人):渠弗去,～两个人去｜葛些东西弗～咯这些东西不是咱们的,别人咯。采用同音字"匠"。

杭州	嘉兴	湖州	绍兴	宁波	舟山	台州	温州	丽水	金华	衢州	建德
									siaŋ⁶		
									ziaŋ¹⁴		

倻

nuó 你们,第二人称复数代词:～两个人再坐一歇一会儿(余杭)。也有作"傺"。或为"尔拉"的合音,采用表音字"倻"。

杭余杭	嘉海盐	湖州	绍兴	宁奉化	舟山	台州	温州	丽水	金华	衢州	建德
na³	na⁶	na³	na⁴	na⁶							
na⁵³	na²¹³	na⁵²³	na²²³	na³¹							

伽

jiā "渠拉"的合音。他们,第三人称复数代词:～两个一样长他们俩一样高。采用表音字"伽"。

杭州	嘉兴	湖州	绍诸暨	宁波	舟山	台州	温州	丽水	金华	衢州	建德
	jia⁶	jia⁴									
	dʑia²⁴	dʑiA²⁴²									

伢 yē

"伊拉"的合音。他们，第三人称复数代词：～勿想吃。采用表音字"伢"。

杭余杭	嘉平湖	湖德清	绍兴	宁波	舟山	台州	温州	丽水	金华	衢州	建德
ia²	ia¹	ia²	ia⁴								
ia²¹³	ia⁵³	ia¹¹³	ia²²³								

家 jiā

【自家】自己，人称代词：我～去。～生活活儿～做（杭州）。～人（舟山）。古为见母，浙江方言多读 [k] 声母，保留古音。

杭州	嘉兴	湖州	绍兴	宁波	舟山	台州	温州	丽遂昌	金华	衢州	建寿昌
jia¹	ga¹	ga⁵	go¹	go⁵	go⁵			ga¹	ga¹	ga¹	
tɕia³³	ka⁵³	ka³⁵	ko⁵³	ko⁴⁴	ko⁴⁴			kɒ⁴⁵	kɑ³²	kɑ¹¹²	

实 shí

代词词头，用在相当于"我、你、他"的代词前面，构成单数人称代词：～伊他（余杭）。～我我｜～尔你（湖州）。～你你｜～渠他（松阳）。余杭又读 [zuoʔ²]。本字或为"是"，也有作"十""石"等，采用同音字"实"。

杭余杭	嘉兴	湖州	绍兴	宁波	舟山	台州	温州	丽松阳	金华	衢州	建德
sek⁸	sek⁸							xik⁸			
zɒʔ²	zɒʔ²							ziʔ²			

势 shì【大势】大家，人称代词：～一起去。本字不详，也有作"世"，采用同音字"势"。

杭州	嘉兴	湖州	绍兴	宁波	舟山	台州	温州	丽松阳	金华	衢龙游	建德
								siie⁵	sii⁵		
								sๅə²⁴	sๅ⁵¹		

耷 dā ❶复数词尾，用在单数人称代词或人名、称谓后，表示复数：我～我们｜尔～你们｜渠～他们｜老张～老张他们｜舅舅儿～舅舅他们（汤溪，音 [da⁰][tə⁰]）。❷用在相当于"这、那、哪"的代词后面，构成表示处所的代词：宕～这里｜阿里～哪里（舟山）。葛～这里｜末～那里｜哪～哪里（金华）。乙～这里（丽水）。❸这里，可能由"葛耷"省略而来：～凉些，末耷那里热些（金华）。❹用在代词、人名、称谓后，表示位置，相当于"这里""处"的意思：走我～嬉下儿来我家玩儿会儿（温州）。匠咱们～好些（金华）。书落我～书在我这边、书在我手中｜尔～有凳弗你这里有凳子吗？｜益华～有锁匙咯（汤溪，音 [da¹¹³]）。本字或为"垯"。垯，《集韵》盍韵德盍切："地之区处。"嘉兴、舟山读送气声母，绍兴、金华、汤溪、衢州读浊声母（衢州又读 [laʔ¹²]），建德读阳去，读音不完全吻合。温州多弱化为 [la⁰]。为简便起见，采用音韵地位与"垯"相同的"耷"作为表音字。另见 156 页。

杭州	嘉兴	湖州	绍兴	宁波	舟山	台州	温州	丽水	金华	衢州	建德
dek⁷	tak⁷	dak⁷	da⁶	dak⁷	tak⁷	daek⁷	da⁷	deek⁷	da⁶	dak⁸	do⁶
təʔ⁵	tʰaʔ⁵	taʔ⁵	da²²	taʔ⁵	tʰaʔ⁵	tɛʔ⁵	ta³¹²	tʌʔ⁵	dɑ¹⁴	daʔ¹²	to⁴⁵

俫 lái 复数词尾，用在单数人称代词或指人的名词后，表示复数：我～我们｜你～你们｜渠～他们｜细儿～走爻罢孩子们已经走了。本字不详，或为"厘"，采用表音字"俫"。

杭州	嘉兴	湖州	绍兴	宁波	舟山	台州	温州	丽水	金华	衢州	建德
									le²		
											le³¹

浪 làng 复数词尾，用在单数人称代词或指人的名词后，表示复数：我～我们｜侬～你们｜尔～你们｜渠～他们｜自～咱们｜别～别人｜老张～老张他们｜同学～。快说时常产生脱落、弱化、同化、合音等现象。"我浪"[a⁵⁵laŋ¹⁴]、"尔浪"[ŋ⁵⁵naŋ¹⁴]、"渠浪"[gəʔ²¹laŋ¹⁴]的合音形式分别为[aŋ³¹³][naŋ³¹³][gaŋ³¹³]，年轻人多说合音。金华乡下有的地方如澧浦读[liaŋ¹⁴]。本字不详，或为"两"，也有作"郎"，采用表音字"浪"。

杭州	嘉兴	湖州	绍兴	宁波	舟山	台州	温州	丽水	金华	衢州	建德
									lang⁶		
											laŋ¹⁴

葛 gě 指示代词，多表近指，相当于"这"：～个｜～里。少数方言表远指，相当于"那"：～个（海盐）。～头那里（湖州）。本字为"个"。浙江方言中"个"兼作量词、代词、助词，为便于区分，分别写作"个""葛""咯"。作近指代词时，浙江方言均读入声。温州读[kai³¹²]，与"葛"[kø³¹²]不同音，与"国掴"同音，或可写作表音字"啯"。金华与"格"也同音，也有作"格"。汤溪读[gə¹¹³]（声母为浊音，声调为阳上阳入同调），快说时有时脱落声母读为[ə¹¹³]，可采用表音字"仡"。

杭州	嘉兴	湖州	绍兴	宁波	舟山	台州	温州	丽水	金华	衢州	建德
gek⁷	gek⁷	gek⁷	gek⁷			gek⁷	gai⁷		gek⁷	gek⁷	gek⁸
kəʔ⁵	kəʔ⁵	kəʔ⁵	keʔ⁵			kəʔ⁵	kai³¹²		kəʔ⁴	kəʔ⁵	kəʔ¹²

该

gāi 指示代词，可表近指，相当于"这"：～个这个｜～记这次, 这下（宁波）。～只苹果蛮好吃｜桌凳桌子里～本书蛮好看（舟山）。也可表远指，相当于"那"：俉你们屋里～只收音机质量蛮好（舟山）。当近远指对举时，只表远指：宕这只苹果小，～只苹果大。有时也可指示处所（宁波读 [ke^{53}]，舟山读 [ke^{52}]）：坐～坐这里｜生病人介困～像病人那样躺在那儿（舟山）。或为"个这、那"和"一"的合音，采用同音字"该"。

杭州	嘉兴	湖州	绍兴	宁波	舟山	台州	温瑞安	丽水	金华	衢州	建德
				giek^7	giek^7		gi^7				
				kiəʔ^5	kieʔ^5		ki^{312}				

宕

dàng 这，指示代词，相当于"这"：～头这里（宁波）。～个｜～耷这里｜～只苹果好吃（舟山）。本字不详，采用同音字"宕"。

杭州	嘉兴	湖州	绍兴	宁波	舟山	台州	温州	丽水	金华	衢州	建德
				doo^2	don^2						
				dɔ^{13}	dõ^{23}						

乙

yǐ 这，近指代词：～个｜～里。～个比末个好这个比那个好（常山）。本字不详，或为"一"，采用同音字"乙"。

杭州	嘉兴	湖州	绍上虞	宁慈溪	舟山	台州	温州	丽水	金华	衢常山	建淳安
			iek^7	iek^7			ik^7		iek^7		ik^7
			iəʔ^5	iəʔ^5			i^5			ieʔ^5	iʔ^5

许

xǔ 那，远指代词：～个。～人含轻蔑义（温岭）。～个那个（龙泉）。[宋]朱熹《观书有感》："问渠那得清如许，为有源头活水来。"这里的"许"

即为"那"义。古为晓母上声,浙江方言读 [x][h] 声母,符合古音;龙泉、庆元、遂昌、江山等地读如入声,读音特殊。另见 17、114 页。

杭州	嘉兴	湖州	绍兴	宁波	舟山	台温岭	温州	丽龙泉	金华	衢江山	建德
						he³	he³	hok⁷		hak⁷	
						he⁴²	he²⁵	xoʔ⁵		xaʔ⁵	

末

mò 那,远指代词:~个人我认弗着那个人我不认识|~部车无用了那辆车坏了(金华)。本字不详,采用同音字"末"。

杭州	嘉兴	湖州	绍兴	宁波	舟山	台州	温州	丽水	金华	衢州	建德
									mek⁸		mek⁸
									məʔ²¹²		məʔ²¹²

皋

gāo 那,远指代词:~个农那个人|~本书我望过罢。又读 [gou¹¹][gu¹¹]。本字不详,或由第三人称代词"渠"[gɯ¹¹]演变而来,采用表音字"皋"。

杭州	嘉兴	湖州	绍兴	宁波	舟山	台州	温州	丽水	金汤溪	衢州	建德
									gao²		
									gɑo¹¹		

聂

niè 那,远指代词:~个农那个人|~本书我望过罢。可脱落声母,又读 [i¹¹³][ie¹¹³][ie¹¹³]。本字不详,采用同音字"聂"。就 [i¹¹³] 等读音而言,也可采用表音字"伊"。

杭州	嘉兴	湖州	绍兴	宁波	舟山	台州	温州	丽水	金汤溪	衢州	建德
									nie⁴		
									n̯ie¹¹³		

解 jiě

那，远指代词：~个。本字不详，采用同音字"解"。

杭州	嘉兴	湖州	绍兴	宁波	舟山	台温岭	温州	丽水	金华	衢州	建德
						ga³					
						ka⁴²					

旁 páng

那，远指代词：~里｜~底那里。

杭州	嘉兴	湖州	绍兴	宁波	舟山	台温岭	温州	丽水	金华	衢州	建德
						boon²				baan²	
						bõ³¹				bã²¹	

博 bó

那，远指代词：~里｜~棱那样｜~个时候。本字不详，采用同音字"博"。

杭州	嘉兴	湖州	绍兴	宁波	舟山	台州	温州	丽水	金华	衢州	建德
										bek⁷	
										pəʔ⁵	

还 hái

那，远指代词：~本电影伊看过哩那部电影他看过了。

杭州	嘉兴	湖州	绍兴	宁波	舟山	台州	温州	丽水	金华	衢州	建德
	ae¹										
	ɛ⁵³										

亨

hēng ❶ 那，远指代词：～个｜～里（绍兴）。❷ 用在相当于"这、那、哪"的代词后面，构成表示性质、状态、方式、程度等的代词：～做这样做（松阳）。葛～这么｜末～那么｜哪～怎么、怎样（金华）。❸ 这么，指示代词，可能由"葛亨"省略而来：今日儿～热（金华）。或为"许那"和"生似的、般"等字的合音，采用同音字"亨"。

杭州	嘉兴	湖州	绍兴	宁波	舟山	台州	温州	丽松阳	金华	衢江山	建德
			hang⁵					han⁵	hang¹	hang¹	
			haŋ³³					xã²⁴	xɑŋ³³⁴	xaŋ⁴⁴	

么

me ❶ 这样，指示代词：我要～咯。❷ 读 [mə²⁴] 时义为"这么"：农～多啦！❸ 用在相当于"这、那、哪"的代词后面，读 [mɤ⁰]，构成表示性质、状态、方式、程度等的代词：哈～怎么、什么。本字或为"般"[mɤ⁰]。

杭州	嘉兴	湖州	绍兴	宁波	舟山	台州	温州	丽水	金汤溪	衢州	建德
									me⁴		
									mə¹¹³		

铁

tiě 这样，这么，指示代词：～做｜～贵。温岭说 [tʰi⁵⁵n̻iʔ⁰]，台州或为 [tʰi⁵⁵n̻iʔ⁰] 的合音。本字不详，采用同音字"铁"。

杭州	嘉兴	湖州	绍兴	宁波	舟山	台州	温州	丽水	金华	衢州	建德
						tiek⁷					
						tʰieʔ⁵					

介

jiè ❶ 这样，这，指示代词：～贵啊｜～做。❷ 那样，那么，指示代词：渠像小人～哭咪他像小孩儿那样哭（舟山）。舟山还可用在处所词后，有"从……这里""从……那里"的意思：我搭宁波介乘火车去我从宁波那里坐火车去｜

被窠里介钻出来从被窝里钻出来。"煞有介事"的"介"可能就来自浙江方言的用法。本字不详，或为"个这、那"，或为"个"和其他成分的合音，采用俗字"介"。杭州与"介"[tɕie⁴⁴⁵]不同音，可采用表音字"嘎"。

杭州	嘉兴	湖州	绍兴	宁波	舟山	台州	温州	丽水	金华	衢州	建德
ga⁵	ga⁵	ga⁵	ga⁵	ga⁵	ga⁵						
ka⁴⁴⁵	ka³³⁴	ka³⁵	ka³³	ka⁴⁴	ka⁴⁴						

恁

nèn ❶这样，这么，指示代词：～做｜～多｜～高。❷用在相当于"这、那、哪"的代词后面，构成表示性质、状态、方式、程度等的代词：葛～这样、这么（玉环）。许～那样、那么（温州）。❸怎么：小王～要晓得小王怎么会知道？（平湖）。本字不详，也有作"能"，采用俗字"恁"。

杭州	嘉平湖	湖州	绍兴	宁波	舟山	台玉环	温州	丽青田	金华	衢州	建德
	neng²					neng⁵	nang⁷	neng³			
	nəŋ³¹					nəŋ⁵⁵	naŋ³¹²	neŋ⁴⁵⁴			

啥

shá 什么，疑问代词，有的方言说"啥里"：～地方｜～鱼顶好吃啦？（舟山）。你在唱～里？（衢州）。尔讴叫～里名字？（建德）。宁波又读[səu⁵³][soʔ⁵]。

杭州	嘉兴	湖州	绍兴	宁波	舟山	台州	温州	丽水	金华	衢州	建德
sa³	sa⁵	suok⁷	so⁵	so¹	sou⁵				sa⁵		so²
sa⁵³	sa³³⁴	suoʔ⁵	so³³	so⁵³	sou⁴⁴				sɑ⁵³		so³³

待

dài ❶什么，疑问代词，只能作定语，不能作宾语：～事干什么事情｜～东西｜～西什么东西、什么｜侬要买～西你要买什么东西？｜～干什么事情、为什么｜侬有～干无呢你有什么事？｜侬敲渠～干呢你打他干吗？❷ 怎么，疑问代词，表示有一定程度（用于否定式）：今日儿弗～热今天不怎么热｜身体弗～好身体不太好。又读[tɑ³⁵]（跟"淡"同音）。本字不详，采用同音字"待"。

杭州	嘉兴	湖州	绍兴	宁波	舟山	台州	温州	丽水	金华	衢州	建德
									dae³		
									te⁵³⁵		

茄

jiā 什么，疑问代词，只能作定语，不能作宾语：～地方｜尔～时景去你什么时候去？｜葛些～东西这些是什么东西？汤溪的"茄东西"[dʑia¹¹nɑo²⁴sie⁰]可以合音为"强西"[dʑiaŋ¹¹³sie⁰]，合音后既可指"什么东西"，也可表示"什么"，例如：尔寻强西你找什么东西、你找什么？｜尔讲强西啊你说什么？金华其他县也说"茄"，例如永康[dʑia¹⁴]，东阳[dʑiɑ³⁵]，磐安[tʃia⁴³⁴]。本字不详，采用表音字"茄"。

杭州	嘉兴	湖州	绍兴	宁波	舟山	台州	温州	丽水	金汤溪	衢州	建德
									jia²		
									dʑia¹¹		

阿

ā 【阿里】哪里，疑问代词：背脊～痛啦背上哪个地方疼啊？（宁波）。侬搭～去过啦你到哪儿去了？（舟山）。
【阿啥】为什么，疑问代词：～干为什么｜侬～勿来啦你为什么不来呢？（宁波）。用在疑问代词的开头，本字或为"何"，采用表音字"阿"。另见5页。

杭州	嘉兴	湖州	绍兴	宁波	舟山	台州	温州	丽水	金华	衢州	建德
				ak⁷	ak⁷						
				aʔ⁵	aʔ⁵						

何 hé 【何谁】【何谁个】谁,疑问代词:葛是～写咯诗?｜偌寻～你找谁?(绍兴)。

【何里】哪里,疑问代词:到～去?(嘉兴)。

【何物】什么,疑问代词:～地方｜为～(台州)。"何"古为匣母,单字音 [ka⁴²],在"何物"里读 [kã⁴²],声母特殊,韵母系受后字"物"[m⁰]鼻音同化所致。乐清为"何物"[ga²²m⁰]。

【何乜】什么,疑问代词:～字什么字｜讲～说什么(温州)。

杭州	嘉兴	湖州	绍兴	宁波	舟山	台州	温州	丽水	金华	衢州	建德
	a²	eu⁴	a⁶			gan¹	a²				
	a³¹	əu²³¹	a²²			kã⁴²	a³¹				

咋 zǒ 怎么,疑问代词:～讲｜～吃。该事体～弄弄呢这件事情怎么办呢?(宁波)。～光景啦怎么样了?｜～话话好呢怎么说好呢?(舟山)。～生怎(临海)。温州为"訾那"[tsʅ⁰na²²] 的合音。采用俗字"咋"。

杭州	嘉兴	湖州	绍上虞	宁波	舟山	台天台	温州	丽水	金华	衢州	建德
			za²	za²	za²	za¹	za⁷				
			dza²¹³	dza¹³	dza²³	tsa³³	tsa³¹²				

訾 zī 【訾那】怎么,怎样,疑问代词:～做｜～讲。《广韵》支韵即移切,又纸韵将此切。《方言》卷十:"曾,訾,何也。湘潭之原荆之南鄙谓何为曾,或谓之訾,若中夏言何为也。"也可合音为 [tsa³¹²]。

杭州	嘉兴	湖州	绍兴	宁波	舟山	台州	温州	丽水	金华	衢州	建德
							zii¹				
							tsʅ³³				

许

xǔ 【几许】【几许儿】多少，疑问代词：～个人？｜有～钞票？《古诗十九首·迢迢牵牛星》:"河汉清且浅，相去复几许？"古为晓母，浙江方言多读 [x] 声母，符合古音；湖州脱落声母；金华为"许儿"的小称音。也有作"何""化"等。另见 10、114 页。

杭州	嘉兴	湖州	绍兴	宁波	舟山	台州	温州	丽水	金华	衢江山	建德
	ho³	u³							heng⁵	he³	
	xo⁴⁴	u⁵²³							xəŋ⁵⁵	xə²⁴¹	

名词

鲎 hòu 彩虹：东～｜出～。《集韵》候韵许候切："鱼名。似蟹。"浙江方言读音符合许候切，但意义不合。《六书故》卷二十："越人谓虹为鲎。"[明]徐光启《农政全书》："谚云：'东鲎晴，西鲎雨。'"可能是借用了同音字。沿用俗字"鲎"。

杭州	嘉兴	湖州	绍兴	宁波	舟山	台州	温州	丽水	金华	衢州	建德
hei⁵	he⁵	heou⁵	he⁵	hoey⁵	hai⁵	hio⁵	hau⁵	hew⁵	hiu⁵		hew²
xei⁴⁴⁵	he³³⁴	høɯ³⁵	hɤ³³	hœɤ⁴⁴	hai⁴⁴	hio⁵⁵	hau⁵¹	xɤɯ⁵²	xiu⁵⁵		xəɯ³³

冱 hù 【冱泽】冰锥儿：门前挂～。《广韵》暮韵胡误切："寒凝。"

杭州	嘉兴	湖州	绍兴	宁波	舟山	台州	温州	丽水	金华	衢州	建德
									u⁶		
									u²³¹		

泽 duó 【冰泽】冰锥儿。又见18页"冱"〖冱泽〗。《集韵》铎韵达各切："冰结也。"

杭州	嘉兴	湖州	绍兴	宁波	舟山	台州	温州	丽水	金华东	衢江山	建德
									dook⁸	dek⁸	
									dɔʔ²¹²	dəʔ²	

岙

ào 山间平地,多用于地名:～山地名(舟山)。陈～地名 | 金～地名(温州)。也作"坳"。

杭州	嘉兴	湖州	绍兴	宁波	舟山	台州	温州	丽水	金华	衢州	建德
oo⁵		oo¹	oo⁵	oo⁵	oo⁵	oo⁵	ea⁵	e¹	au⁵	o¹	
ɔ⁴⁴⁵		ɔ⁴⁴	ɔ³³	ɔ⁴⁴	ɔ⁴⁴	ɔ⁵⁵	ɜ⁵¹	ʌ²⁴	ɑu⁵⁵	ɔ³²	

坞

wù 山谷,常用于地名:山～ | 大～。梅家～地名(杭州)。东～地名 | 早～地名(遂昌)。南～地名(江山)。《广韵》姥韵安古切:"《通俗文》曰:'营居曰坞。'戴延《西征记》曰:'蠡城川南有金门坞。'"《慧琳音义》:"坞者,堆崇峻两丘中间,名之为坞。"也作"险"。险,《广韵》姥韵安古切:"村险,亦壁垒。"古为清上;浙江北部地区读阴平,西南部地区读阴上,东部地区读阴去;普通话读去声。

杭州	嘉兴	湖州	绍兴	宁波	舟山	台州	温州	丽遂昌	金华	衢州	建德
u¹	u¹	u¹	u¹	u⁵	u⁵	u⁵		ue³	u³	u³	u³
u³³	u⁵³	u⁴⁴	u⁵³	u⁴⁴	u⁴⁴	u⁵⁵		uə⁵³³	u⁵³⁵	u³⁵	u²¹³

垄

lǒng 狭长的山谷,常用于地名:山～ | 大～ | 细～儿 | 山后～地名 | 野猫～地名(汤溪)。山坞窠～(建德)。《集韵》东韵庐东切:"土垄。"垄龙,《集韵》肿韵鲁勇切:"《说文》:'丘垄也。'一曰田埒。或省,亦书作'垄',通作'陇'。"可见"垄、龙、垄、陇"互为异体,有平、上二读。现行字词典以"垄"为正字(读上声),以"垅"为"垄"的异体。浙江方言多读阳平,俗常作"垅"。

杭州	嘉兴	湖州	绍兴	宁波	舟山	台州	温州	丽水	金汤溪	衢州	建德
				long²				long²	lao²	long²	laom³
				loŋ¹³				loŋ²²	lao¹¹	loŋ²¹	lɑom²¹³

氿

zhuǐ 水。《集韵》旨韵之诔切:"闽人谓水曰氿。"例如厦门读 [tsui⁵¹]。浙江西南部方言也用"氿",但脱落声母 [tɕ]。

杭州	嘉兴	湖州	绍兴	宁波	舟山	台州	温州	丽龙泉	金华	衢江山	建德
						y³			y³		
						y⁵¹			y²⁴¹		

港

gǎng 大江,多用于江河名:金华~ | 兰溪~ | 衢~ | 江山~ | 紫金~。《广韵》讲韵古项切:"水派。"古为清上,浙江方言均读阴上,符合语音演变规律。俗常作"江",但"江"为阴平,声调不合。

杭州	嘉兴	湖州	绍兴	宁波	舟山	台州	温州	丽水	金华	衢州	建德
gang³	gan³	gan³	gaang³	goo³	gon³	goon¹	guoo³		gang³	gaan³	
kaŋ⁵³	kã⁴⁴	kã⁵²³	kaŋ³³⁴	kɔ³⁵	kõ⁴⁵	kɔ̃⁴²	kuɔ²⁵		kaŋ⁵³⁵	kã³⁵	

浜

bāng 小河沟,多用于地名:~里_地名_ | 前~_地名_ | 东~_地名_(湖州)。钓~_地名_(温岭)。《广韵》耕韵布耕切:"安船沟。"

杭州	嘉兴	湖州	绍兴	宁波	舟山	台州	温州	丽水	金华	衢州	建德
bang¹	ban¹	ban¹	bang¹	ba¹		ban¹					
paŋ³³	pã⁵³	pã⁴⁴	paŋ⁵³	pa⁵³		pã⁴²					

渎

dú 沟渠,水道:新~_地名_(台州)。田~_田间水道_(温州)。水~ | 龙~路_地名_(金华)。《广韵》屋韵徒谷切:"《说文》曰:'沟也,一曰邑中沟。'《尔雅》曰:'江、河、淮、济为四渎。'"台州多读小称音 [doŋ⁴¹]。

杭州	嘉兴	湖州	绍兴	宁波	舟山	台州	温州	丽水	金华	衢州	建德
		dok⁸				dok⁸	deu⁸		dok⁸		
		doʔ²				doʔ²	dʐu²¹²		doʔ²¹²		

凼 dàng 水坑：水汪～（杭州）。水窟～（台州）。［清］徐珂《清稗类钞·经术类》："蓄水为池也。"浙江各地方言声调不一。本字不详，也有作"瀵"，如建德地名"仙人瀵"。粤语等方言通作"氹"，如澳门地名"氹仔"。

杭州	嘉兴	湖州	绍兴	宁波	舟山	台州	温州	丽松阳	金华	衢州	建德
dang⁶	dan⁶	dan²	daang⁶			doon²		dong²	dang²	dan²	do³
$daŋ^{13}$	$dã^{213}$	$dã^{112}$	$dɑŋ^{22}$			$dɔ̃^{31}$		$doŋ^{31}$	$dɑŋ^{313}$	$dã^{21}$	to^{213}

等 děng 水坑：水窟～儿（丽水）。操场上有个～ | 水～儿（汤溪）。丽水为"等儿"的小称音。汤溪声母 [n] 由 [t] 演变而来。本字不详，也有作"丼"，采用同音字"等"。

杭州	嘉兴	湖州	绍兴	宁波	舟山	台州	温州	丽水	金汤溪	衢州	建德
							dang³	den⁵	nai³		
							$taŋ^{25}$	ten^{52}	nai^{535}		

畈 fàn 大片的田地，常用于地名：田～。江洋～地名（杭州）。雅～地名 | ～田蒋地名（金华）。《广韵》愿韵方愿切："田畈。"古为非母，浙江北部方言读 [p] 声母，保留古音。

杭州	嘉兴	湖州	绍兴	宁波	舟山	台州	温州	丽水	金华	衢州	建德
bae⁵	bae¹	bae⁵	baen⁵	bae¹	bae⁵			fan⁵	fa⁵	fan⁵	fae²
$pɛ^{445}$	$pɛ^{53}$	$pɛ^{35}$	$pɛ̃^{33}$	$pɛ^{53}$	$pɛ^{44}$			$fã^{52}$	$fɑ^{55}$	$fã^{53}$	$fɛ^{33}$

垟 yáng 宽广而平坦的田地，常用于地名：田～田地（台州）。～田地名 | 三～地名（温州）。前～地名 | ～店地名（丽水）。也有作"洋"。

杭州	嘉兴	湖州	绍兴	宁波	舟山	台州	温州	丽水	金华	衢州	建德
				ia²	ian²	ian²	i²	ian²			
				ia¹³	iã²³	iã³¹	i³¹	iã²²			

垱 dā ❶畦，田中或旱地上分割成的长条形土地：菜～｜番薯～｜一～细麦 小麦。❷泛称旱地、平地，也用于地名，指山区里较为平缓的小片土地：山～山坡上的旱地｜郑家～地名｜鸧坞～地名。《集韵》盍韵德盍切："地之区处。"俗作"塔"，地名中通作"塔"。

杭州	嘉兴	湖州	绍兴	宁波	舟山	台州	温州	丽水	金汤溪	衢州	建德
									do⁷		
									to⁵⁵		

塍 chéng 田埂：田～｜田～路 田埂路。新～地名（嘉兴）。东～地名（临海）。莘～地名（瑞安）。《广韵》蒸韵食陵切："稻田畦也，畔也。"杭州在"马塍路 地名"里读 [dəŋ²¹³]，宁波、舟山读零声母，声母特殊。

杭州	嘉兴	湖州	绍兴	宁波	舟山	台州	温州	丽龙泉	金华	衢州	建德
zeng²	san²	sen²	zeng²	ing²	ing²	jing²	seng²	xin²	xing²	shyeng⁶	sen²
dzəŋ²¹³	zã³¹	zən¹¹²	dzəŋ²³¹	iŋ¹³	iŋ²³	dziŋ³¹	zəŋ³¹	ʑin²¹	ʑiŋ³¹³	ʒyəŋ²³¹	sen³³

磡 kàn 埂，多指较高的田埂或堤岸：高～（宁波）。石～（建德）。《广韵》勘韵苦绀切："岩崖之下。"也作"墈"。

杭州	嘉兴	湖州	绍兴	宁波	舟山	台州	温州	丽水	金华	衢州	建德
			ken⁵	ki¹	ki⁵	qie⁵	keo⁵	kae⁵	ke⁵	ken⁵	kae²
			kʰẽ³³	kʰi⁵³	kʰi⁴⁴	tɕʰie⁵⁵	kʰø⁵¹	kʰɛ⁵²	kʰɤ⁵⁵	kʰɔ̃⁵³	kʰɛ³³

塳

péng 【塳尘】尘土。《集韵》东韵蒲蒙切："尘也。"

杭州	嘉兴	湖州	绍兴	宁波	舟山	台州	温州	丽水	金华	衢州	建德
boŋ²	boŋ²	boŋ²	boŋ²	boŋ²	bon²	boŋ²	boŋ²	boŋ²	boŋ²	boŋ²	
boŋ²¹³	boŋ³¹	boŋ¹¹²	boŋ²³¹	boŋ¹³	bõ²³	boŋ³¹	boŋ³¹	bɔŋ²²	boŋ³¹³	boŋ²¹	

塕

wěng ❶尘土，灰尘。❷尘土飞扬。《广韵》董韵乌孔切："塕埲，尘起。"《玉篇·土部》："乌孔切，又乌公切，尘也。"

杭州	嘉兴	湖州	绍兴	宁波	舟山	台州	温州	丽水	金华	衢州	建德
						yoŋ¹	ioŋ¹	oŋ³	oŋ³	oŋ³	aom³
						yoŋ⁴²	ioŋ³³	ɔŋ⁵⁴⁴	ɔŋ⁵³⁵	ɔŋ³⁵	aom²¹³

圾

jī 【垃圾】。"垃圾"本字或为"擸𢶍"。擸，《广韵》盍韵卢盍切："《说文》曰：'理持也。'"𢶍，《广韵》盍韵私盍切："搚𢶍，粪。"也作"拉飒""拉圾"等，通作"垃圾"。后字古为擦音声母，浙江方言读[s][ɕ]声母，符合古音。(台湾地区"垃圾"读lèsè)

杭州	嘉兴	湖州	绍_{嵊州}	宁波	舟山	台州	温州	丽水	金华	衢州	建德
xi¹	xi⁰	xi¹	saek⁷	sak⁷	sak⁷	sek⁷	seo⁷	seek⁷	se⁵	sek⁷	sii⁶
ɕi³³	ɕi⁰	ɕi⁴⁴	sɛʔ⁵	saʔ⁵	saʔ⁵	səʔ⁵	sø³¹²	sʌʔ⁵	sɤ⁵⁵	səʔ⁵	sŋ⁴⁵

豛

dū 尾部，底部：～底_{最底下}(杭州、金东)。末～_{末尾}(绍兴)。～塞弄堂_{死胡同}(宁波)。《集韵》屋韵都木切："《博雅》：臀也。"也作"𡰪""𡱒"。

杭州	嘉_{嘉善}	湖州	绍兴	宁波	舟山	台州	温州	丽水	金_{金东}	衢州	建德
duok⁷	dok⁷	dok⁷	dok⁷						dook⁷		
tuoʔ⁵	toʔ⁵	toʔ⁵	toʔ⁵						tɔʔ⁵		

昼

zhòu 白天，特指午时：上～上午（绍兴）。～饭午饭（舟山）。日～饭（台州）。日～中午（温州）。～罢下午（江山）。

杭州	嘉兴	湖州	绍兴	宁波	舟山	台州	温州	丽龙泉	金华	衢江山	建德
ze⁵		ze⁵		jiy⁵	jiy⁵	jiu⁵	jieu⁵	diw⁵		du⁵	
tse³³⁴		tsɤ³³		tɕiɤ⁴⁴	tɕiɤ⁴⁴	tɕiu⁵⁵	tɕiʏu⁵¹	tiu⁴⁵		tu⁵¹	

暝

míng 夜晚：昨～昨天（乐清）。～奤夜里（丽水）。《广韵》径韵莫定切："夕也。"古为浊去，丽水、江山读阳去，符合语音演变规律。

杭州	嘉兴	湖州	绍兴	宁波	舟山	台州	温乐清	丽水	金华	衢江山	建德
							m⁶	man⁶		maŋ⁶	
							m²²	mã²³¹		maŋ³¹	

犝

yǐng 犊子，小牛：牛～（绍兴）。冬冷弗算冷，春冷冻煞～（嘉兴、舟山、舟山）。《集韵》梗韵乌猛切："犊也，一曰牛鸣。"又梗韵於杏切："吴人谓犊曰犝。"

杭州	嘉兴	湖州	绍兴	宁波	舟山	台州	温州	丽水	金华	衢州	建德
	an⁵		aŋ³	a³	an³		ae³				
	ã³³⁴		aŋ³³⁴	a³⁵	ã⁴⁵		e²⁵				

牯

gǔ 用在某些动物名称后，表示雄性的：牛～｜黄～公牛（温州）。也有放在前面的：～猪公猪（舟山）。《广韵》姥韵公户切："牯牛。"《正字通·牛部》："俗呼牡牛曰牯。"牡：雄性。

杭州	嘉兴	湖州	绍兴	宁波	舟山	台州	温州	丽水	金华	衢州	建德
	gu¹	gu³	gu³	gu³	gu¹	gu³	gu³	gu³	gu³	gu³	gu³
	ku⁴⁴	ku³³⁴	ku³⁵	ku⁴⁵	ku⁴²	ku²⁵	ku⁵⁴⁴	ku⁵³⁵	ku³⁵	ku²¹³	

牸 嫲 草 卵 | 025

牸 zì 雌性的（牲畜）：～牛。《广韵》志韵疾置切："牸牛。"牝（pìn）：雌性。

杭州	嘉兴	湖州	绍兴	宁波	舟山	台州	温州	丽水	金华	衢州	建德
								sii⁶	sii⁶		
								zɿ²³¹	zɿ¹⁴		

嫲 má 用在某些动物名称后，表示雌性的：鸡～。

杭州	嘉兴	湖州	绍兴	宁波	舟山	台州	温州	丽水	金华	衢州	建德
								muo³			
								muo⁵⁴⁴			

草 cǎo 雌性的（多指家畜或家禽）：～鸡｜～鹅（舟山）。～街狗 母狗（丽水）。本字为"騲"。騲，《广韵》晧韵采老切："牝马曰騲。"牝（pìn）：雌性。采用俗字"草"。

杭州	嘉兴	湖州	绍兴	宁波	舟山	台州	温州	丽水	金华	衢州	建德
cɔɔ³	cɔɔ³	cɔɔ³	cɔɔ³	cɔɔ³	cɔɔ¹	cɛa³	cɛ³	cɑu³			cɔɔ³
tsʰɔ⁵³	tsʰɔ⁴⁴	tsʰɔ⁵²³	tsʰɔ³⁵	tsʰɔ⁴⁵	tsʰɔ⁴²	tsʰɜ²⁵	tsʰʌ⁵⁴⁴	tsʰɑu⁵³⁵			tsʰɔ²¹³

卵 luǎn ❶ 禽蛋：～汤 鸡蛋汤（温州）。鸡～（金华）。❷ 俗称阴茎、睾丸。部分方言只有①义，部分方言只有②义。丽水①义读 [len⁵⁴⁴]，②义读 [luɛ⁵⁴⁴]。

杭州	嘉兴	湖州	绍兴	宁波	舟山	台州	温州	丽水	金华	衢州	建德
luo⁶	lee⁶	lae³	leon⁴	leo²	leo²	leo¹	laŋ⁴	len³	leng³	len⁵	nae³
luo¹³	lɤ²¹³	lɛ⁵²³	lõ²²³	lø¹³	lø²³	lø⁴²	laŋ¹⁴	len⁵⁴⁴	ləŋ⁵³⁵	lɔ̃⁵³	nɛ²¹³

肫

zhūn【鸡肫】【鸭肫】。《广韵》谆韵章伦切:"鸟藏。"古为章母,丽水、金华、衢州脱落声母 [tɕ] 为零声母,衢州在"鸡肫皮"里保留声母读 [tʃyəŋ⁵³]。

杭州	嘉兴	湖州	绍兴	宁波	舟山	台州	温州	丽水	金华	衢州	建德
zeng¹	zeng¹	zen¹	zen¹	zong¹	zong¹	zeong¹	jiong¹	yn¹	yeng¹	yeng¹	jyen¹
tsəŋ³³	tsəŋ⁵³	tsən⁴⁴	tsẽ⁵³	tsoŋ⁵³	tsoŋ⁵²	tsøŋ⁴²	tɕioŋ³³	yn²⁴	yəŋ³³⁴	yəŋ³²	tɕyen⁴²³

猢

hú【猢狲】猴子。《广韵》模韵户吴切:"猕猢,兽名,似猿。"浙江方言多读如入声。也有作"活"。

杭州	嘉兴	湖州	绍兴	宁波	舟山	台州	温州	丽水	金华	衢州	建德
uek⁸	uek⁷	uek⁸	uok⁸	uak⁸	uak⁸	u²		u²	uek⁸	uek⁸	
uəʔ²	uəʔ⁵	uəʔ²	uoʔ²	uaʔ²	uaʔ²	u³¹		u²²	uəʔ²¹²	uəʔ¹²	

鸟

niǎo 鸟雀,飞鸟:~儿窠(杭州)。麻~麻雀(湖州)。只~飞来了(金华)。~儿(建德)。《广韵》篠韵都了切。古为端母,浙江方言多读 [t] 声母,符合古音。杭州读 [l] 声母,年轻人也读 [n] 或 [n̠] 声母,源自官话。普通话因避讳,读作 [n] 声母,但指男阴时(通作"屌")读 diǎo,声母符合古音。口语中常读作小称音。

杭州	嘉兴	湖州	绍兴	宁波	舟山	台州	温州	丽水	金华	衢州	建德
lioo³	dioo³	dioo³	dioo³	dio³	dio³	dioo¹	diae³	die³	diau⁵	dio³	dioo³
liɔ⁵³	tiɔ⁴⁴	tiɔ⁵²³	tiɔ³³⁴	tiɔ³⁵	tiɔ⁴⁵	tiɔ⁴²	tie²⁵	tiʌ⁵⁴⁴	tiɑu⁵⁵	tiɔ³⁵	tiɔ²¹³

逐

zhú【逐魂】【猫逐魂】【猫头逐魂】猫头鹰。古为浊入,台州、衢江读清入,声母不合。

杭州	嘉兴	湖州	绍上虞	宁波	舟山	台州	温州	丽水	金华	衢衢江	建德
			jik⁸	zok⁸	zok⁸	zok⁷			jiok⁸	jiok⁸	jyek⁷
			dʑiʔ²	dzoʔ²	dzoʔ²	tsoʔ⁵			dʑioʔ²³	dʑioʔ²¹²	tɕyəʔ⁵

翼 yì 【翼膀】【翼梢】【翼梢膀】翅膀。

【老鼠皮翼】【老鼠飞翼】蝙蝠。蝙蝠头部和躯干像老鼠，四肢与尾部之间有一层皮质的膜，类似鸟翼，故名。

杭州	嘉兴	湖州	绍兴	宁波	舟山	台州	温州	丽水	金华	衢州	建德
iek⁸	iek⁸	iek⁸	iek⁸	iek⁸		iai⁸	iaek⁸	iek⁸	iek⁸		i³
ieʔ²	iəʔ²	ieʔ²	ieʔ²	ieʔ²		iai²¹²	iɛʔ²³	iəʔ²¹²	ioʔ¹²		i²¹³

蟢 xǐ 蜘蛛：～儿网（杭州）。《集韵》止韵许已切："蟢子，虫名，蟏蛸也。"蟏蛸（xiāoshāo）：蜘蛛的一种，多在室内墙壁间结网，民间认为是喜庆的预兆。

杭州	嘉兴	湖州	绍兴	宁波	舟山	台州	温州	丽松阳	金华	衢州	建德
xi³	xi³	xi³				xi¹	sii¹	sii³	xi³	sii³	xi³
ɕi⁵³	ɕi⁴⁴	ɕi⁵²³				ɕi⁴²	sɿ³³	sɿ²¹²	ɕi⁵³⁵	sɿ³⁵	ɕi²¹³

蛘 yáng 生在米里的一种小黑甲虫，即米象一类的昆虫：～子（杭州）。生～（台州）。蛀～（武义）。《广韵》阳韵与章切："虫名。"台州为小称音。

杭州	嘉兴	湖州	绍兴	宁波	舟山	台州	温州	丽水	金武义	衢州	建德
iang²	nian²		iang²			ian⁶	i²	ian²	iang²		
iaŋ²¹³	ȵiã³¹		iaŋ²³¹			iã²⁴	i³¹	iã²²	iaŋ⁴²³		

蚁

yǐ 【蚂蚁】【虎蚁】蚂蚁。《广韵》纸韵鱼倚切,今 [a][ɑ] 等韵母特殊。金华又读 [uɑ^{535}],系受前字"虎"[xu^{535}] 韵母同化所致。虎,也作"蚝"。

杭州	嘉兴	湖州	绍兴	宁波	舟山	台州	温州	丽水	金华	衢州	建德
i^6	ȵi^6	mi^5	ȵi^2	ȵi^2	ȵi^2		ŋa^4	ŋua^3	a^7	i^1	i^1
i^{13}	ȵi^{213}	mi^{35}	ȵi^{231}	ȵi^{13}	ȵi^{23}		ŋa^{14}	ŋuɒ^{544}	ɑ^{535}	i^{32}	i^{423}

蟮

shàn 【曲蟮】【曲蟮儿】【蟮儿】【蟮面】蚯蚓。本字为"䗲"。䗲,《广韵》狝韵常演切:"蚕䗲,蚯蚓。"宁波、舟山读零声母,本字或为"蜒"。蜒,《广韵》仙韵以然切:"蚰蜒。"从俗采用"蟮"字。曲,也作"蛐"。

杭州	嘉兴	湖州	绍兴	宁波	舟山	台州	温州	丽青田	金华	衢州	建德
suo^6	see^6	sae^4	sen^6	i^2	i^6	xie^2		ɕyɐ^3	xye^3	shyen^6	sae^6
zuo^{13}	zɤ^{213}	zɛ^{231}	zẽ^{322}	i^{13}	i^{13}	zie^{31}		ɕyɐ^{454}	xyɤ^{535}	ʒyɜ^{231}	sɛ^{45}

蠏

xiǎn 【黄蠏】【蚂蠏】蚯蚓。《广韵》阮韵虚偃切:"寒蠏,又休谨切。"《集韵》阮韵许偃切:"寒蠏,虫名,蚯蚓也,或作蚬。"

杭州	嘉兴	湖州	绍兴	宁波	舟山	台州	温州	丽水	金东阳	衢江山	建德
		xie^3					xy^3	hae^3	hee^3	heng^3	
		ɕie^{523}					ɕy^{25}	xe^{544}	xɤ^{55}	xəŋ^{241}	

鱅

yōng 【鱅鱼】【大头鱅】鱅鱼,胖头鱼。《广韵》钟韵蜀庸切,又余封切:"鱼名。"金华、龙游读 [z] 声母,符合蜀庸切;普通话读零声母,符合余封切。

杭州	嘉兴	湖州	绍兴	宁波	舟山	台州	温州	丽水	金华	衢龙游	建德
									song²	song²	
									zoŋ³¹³	zoŋ²¹	

鲐

tái 【鲐鲐】鲐鱼。《集韵》哈韵堂来切:"《说文》:海鱼也。"

杭州	嘉兴	湖州	绍兴	宁波	舟山	台州	温州	丽水	金华	衢州	建德
							dae²	dae²	de²		
							dẽ²²	de³¹³	de²¹		

蛤

gé 【蛤宝】【蛤巴】【癞蛤宝】癞蛤蟆。《广韵》合韵古沓切:"蚌蛤。"《本草纲目》:"蛙小其声曰蛤,俗名石鸭,所谓蛤子。"

杭州	嘉兴	湖州	绍兴	宁波	舟山	台州	温州	丽松阳	金华	衢州	建德
gek⁸	gak⁷	gak⁷	gek⁷	gak⁷	gak⁷	jiek⁷		kaek⁷	gek⁷	gek⁷	gek⁷
kəʔ²²	kaʔ⁵	kaʔ⁵	keʔ⁵	kaʔ⁵	kaʔ⁵	tɕieʔ⁵		keʔ⁵	kəʔ⁴	kəʔ⁵	kəʔ⁵

蜃

shèn 大蛤蜊,本地人认为蜃是一种神奇的动物,出来时会引起山洪暴发:出~山洪暴发。本字为"蜄"。蜄,《集韵》震韵时刃切:"蛟属,通作蜃。"

杭州	嘉兴	湖州	绍兴	宁波	舟山	台州	温州	丽水	金华	衢州	建德
			sen⁶	song²					xyeng⁶		
			zẽ²²	zoŋ¹³					ʑyəŋ¹⁴		

厣

yǎn 鱼鳞，也指螺蛳口上的角质薄片：鱼～。《广韵》琰韵於琰切："蟹腹下厣。"义为蟹肚子下面的薄壳。台州为小称音。也有作"魇"（yǎn）（见 59 页），如[清]范寅《越谚》卷中："越呼鳞曰魇。"

杭州	嘉兴	湖州	绍兴	宁波	舟山	台州	温州	丽水	金华	衢州	建德
ie³	ie³	ie³	ien³	i³		ie⁹	i³	iae³	ie³	ien³	ie³
ie⁵³	ie⁴⁴	ie⁵²³	iẽ³³⁴	i³⁵		ie⁵¹	i²⁵	ie⁵⁴⁴	ie⁵³⁵	iẽ³⁵	ie²¹³

樵

qiáo 柴。《广韵》宵韵昨焦切："柴也。《说文》：'木也。'"

杭州	嘉兴	湖州	绍兴	宁波	舟山	台州	温州	丽龙泉	金华	衢江山	建德
jioo²		jio²						xiaee²		xiaw²	
dʑiɔ¹¹²		dʑio¹³						ʑiaʌ²¹		ʑiɛɯ²¹³	

箬

ruò ❶箬竹，叶子宽而大。❷多指箬竹的叶子，可用来包粽子、编制斗笠：～壳箬叶（舟山）。～笠（温州）。粽～｜～帽（金华）。《广韵》药韵而灼切："竹箬。"《本草纲目》："箬若竹而弱，故名。生南方平泽，其根与茎皆似小竹，其节箨与叶皆似芦荻，而叶之面青背淡，柔而韧，新旧相代，四时常青。南人取叶作笠及裹茶盐、包米粽，女人以衬鞋底。"

杭州	嘉兴	湖州	绍兴	宁波	舟山	台州	温州	丽水	金华	衢州	建德
niok⁸	niak⁷	niak⁸	niak⁸	niek⁸	niek⁸	niak⁸	nia⁸	niook⁸	niek⁸	niak⁸	
ȵioʔ²	ȵiaʔ⁵	ȵiaʔ²	ȵiaʔ²	ȵiəʔ²	ȵieʔ²	ȵiaʔ²	ȵia²¹²	ȵiɔʔ²³	ȵieʔ²¹²	ȵiaʔ¹²	

莨

láng 【莨萁】一种蕨，可当柴烧。《广韵》唐韵鲁当切："草名。"

杭州	嘉兴	湖州	绍兴	宁波	舟山	台州	温州	丽水	金华	衢州	建德
lang²		lang²	laang²			loon²	luoo⁶	long²	lang²	laan²	no²
laŋ²¹³		lã¹¹²	laŋ²³¹			lɔ̃³¹	luɔ²²	lɔŋ²²	laŋ³¹³	lã²¹	no³³

萁

jī 见30页"䓫"〖䓫萁〗。《广韵》之韵居之切:"菜,似蕨。"也作"萁"。萁,《集韵》之韵居之切:"草名。《博雅》:紫萁,蕨也。"丽水、金华、衢州读零声母,当为见母脱落声母所致。

杭州	嘉兴	湖州	绍兴	宁波	舟山	台州	温州	丽水	金华	衢州	建德
ji¹		ji¹	ji³			ji¹	zii¹	i¹	i¹	i¹	ji¹
tɕi³³		tɕi⁴⁴	tɕi³³⁴			tɕi⁴²	tsʅ³³	i²⁴	i³³⁴	i³²	tɕi⁴²³

藻

piáo 浮萍。《广韵》宵韵符宵切:"《方言》云:'江东谓浮萍为藻。'"台州为小称音。

杭州	嘉兴	湖州	绍兴	宁波	舟山	台州	温州	丽水	金华	衢州	建德
bioo²	bioo²	bio²	bio²		bioo⁶	biae²	bie²	biau²	bio²		bioo²
biɔ¹¹²	biɔ²³¹	bio¹³	bio²³		biɔ²⁴	biɛ³¹	biʌ²²	biɑu³¹³	biɔ²¹		piɔ³³

䄸

zhòu 稻子。《集韵》宥韵直祐切:"稻实。"古为澄母去声,泰顺闽语、江山读[t][d]声母,保留舌上归舌头的特点,方言声调多符合全浊上。闽语常用,例如厦门读[tiu³³]。

杭州	嘉兴	湖州	绍兴	宁波	舟山	台州	温泰顺	丽水	金华	衢江山	建德
							dieu⁶			dɯ⁴	
							tiəu³¹			dɯ²²	

稴

yǎn 谷物干瘪、不饱满：谷～稻谷的秕子（金华）。《集韵》叶韵益涉切："禾不实。"又琰韵於琰切："禾稻不实也。"浙江方言均读入声（金华部分清入字归阴去），符合益涉切。也作"厴"。

杭州	嘉兴	湖州	绍兴	宁波	舟山	台州	温州	丽水	金华	衢州	建德
iek⁷	iek⁷	iek⁷	iek⁷	iek⁷	iek⁷				ie⁵		iek⁷
ieʔ⁵	ieʔ⁵	ieʔ⁵	ieʔ⁵	iəʔ⁵	ieʔ⁵				ie⁵⁵		iəʔ⁵

萝

luó 【包萝】玉米。包，也作"苞"。

【天萝】【天萝瓜】丝瓜。萝，因丝瓜瓤网状纤维密布，故也有作"罗"。

杭州	嘉兴	湖州	绍兴	宁波	舟山	台州	温州	丽水	金华	衢州	建德
				leu²	lou²	leu²	leu²	lu²	lue²	lu²	lu²
				ləu¹³	lou²³	leu³¹	lʏu³¹	lu²²	luɤ³¹³	lu²¹	lu³³

穄

jì 【芦穄】高粱。《广韵》祭韵子例切："黍穄。"《吕氏春秋》曰：'饭之美者，有山阳之穄。'《说文》曰：'糜也，糜音靡。'"注意不是"稷"字，"稷"为职韵子力切，入声。

杭州	嘉兴	湖州	绍嵊州	宁波	舟山	台州	温州	丽水	金华	衢龙游	建德
ji¹	ji⁵	ji⁵	ji¹	ji⁵				zii⁵	zie⁵	ji⁵	ji¹
tɕi⁵³	tɕi³⁵	tɕi³³⁴	tɕi⁵³	tɕi⁴⁴				tsɿ⁵²	tsie⁵⁵	tɕi⁵¹	tɕi⁴²³

薯

shǔ 【番薯】红薯。《广韵》御韵常恕切："薯蓣，俗。"杭州、嘉兴读阳去，符合"薯"字（普通话读上声，或因读半边所讹）。其余点除衢州外读阳平，本字为"藷"。藷，《广韵》鱼韵署鱼切："似薯蓣而大。"（反切上字

"署"为常恕切）衢州的连读调可能来自阳平，也可能来自阳去。为通俗起见，采用"薯"字。番，也作"蕃"。

杭州	嘉兴	湖州	绍兴	宁波	舟山	台州	温州	丽水	金汤溪	衢州	建德
sʮ⁶	sʮ⁶	sii²		sʮ²	sʮ²	sii²	se²	sii²	xi²	shʮ²/⁶	
zʮ¹³	zʮ²¹³	zl̩¹¹²		zʮ¹³	zʮ²³	zl̩³¹	ze³¹	zl̩²²	ʑi¹		ʒy⁵³

倭

wō 【倭豆】蚕豆。《广韵》戈韵乌禾切："东海中国。"舟山市岱山县长涂岛有一种传统糕点叫作"倭井潭硬糕"，也用到"倭"字。

杭州	嘉兴	湖州	绍兴	宁波	舟山	台州	温州	丽水	金华	衢州	建德
				eu¹	ou¹						
				əu⁵³	ou⁵²						

稾

gǎo 谷类植物的茎：~荐稻草编的垫子（绍兴、金华）。~苫稻草帘子，用来盖屋顶或挂在墙上遮挡风雨（汤溪）。本字为"稾"。稾，《广韵》晧韵古老切："禾秆。"今视"稾"为"稿"的异体，采用"稿"字。

杭州	嘉兴	湖州	绍兴	宁波	舟山	台州	温州	丽松阳	金华	衢江山	建德
			goo³	goo³		goo¹		gee³	gau³	gaw³	
			kɔ³³⁴	kɔ³⁵		kɔ⁴²		kʌ²¹²	kɑu⁵³⁵	kɐɯ²⁴¹	

梗

gěng 某些植物的枝或茎：菜~。《广韵》梗韵古杏切，古为开口二等，浙江方言多读合口呼；温州读齐齿呼（但乐清也读合口呼的[kua³⁵]），韵母特殊。杭州又读[kəŋ⁵³]。另见129页。

杭州	嘉兴	湖州	绍兴	宁波	舟山	台州	温州	丽水	金华	衢州	建德
guang³	gan³	gan³	guang³	gua³	guan³	guan¹	giae³	guan³	guang³	guan³	guae³
kuaŋ⁵³	kã⁴⁴	kã⁵²³	kuaŋ³³⁴	kua³⁵	kuã⁴⁵	kuã⁴²	kiɛ²⁵	kuã⁵⁴⁴	kuɑŋ⁵³⁵	kuã³⁵	kuɛ²¹³

匏 páo

某些圆球形的果实，也有长圆形、葫芦形的，如南瓜、瓠瓜：扁～瓠瓜（湖州）。长～瓠瓜｜松～松球（金华）。～儿瓠瓜（建德）。《广韵》肴韵薄交切："瓠也。"浙江方言读 [u] 韵（温州的 [øy] 也相当于其他方言的 [u]），韵母特殊。也有作"匏"。

杭余杭	嘉兴	湖州	绍兴	宁波	舟山	台州	温州	丽水	金华	衢州	建德
bu²		bu²	bu⁴	bu²	bu⁶	bu⁶	beoy²	bu²	bu²	bu²	bu²
bu²²		bu¹¹²	bu²²³	bu¹³	bu¹³	bu²⁴	bøy³¹	bu²²	bu³¹³	bu²¹	pu³³

薐 léng

【菠薐】【菠薐菜】菠菜。也作"稜"（注意左下为"木"）。薐，《集韵》登韵卢登切："菠薐，菜名。"[唐] 韦绚《刘宾客嘉话录》："菜之菠薐，本西国中，有僧将其子来，如苜蓿、蒲陶，因张骞而至也，绚曰：'岂非颇薐国将来，而语讹为菠薐耶？'"

杭州	嘉兴	湖州	绍上虞	宁波	舟山	台州	温州	丽水	金华	衢州	建德
			ling²	leng²	leng²	long²	lang²	lin²		leng²	
			lin²¹³	ləŋ¹³	ləŋ²³	loŋ³¹	laŋ³¹	lin²²		ləŋ³¹³	

蕻 hòng

某些蔬菜的长茎：菜～菜心。～抽出发芽（温州）。嫩～嫩芽｜椿树～香椿芽（衢州）。《广韵》送韵胡贡切："草莱心长。"

杭州	嘉兴	湖州	绍兴	宁波	舟山	台州	温州	丽水	金华	衢州	建德
hong⁵	hong⁵	hong⁵	hong⁵	hong⁵	hong⁵	hong⁵	hong⁵			hong⁵	
xoŋ⁴⁴⁵	hoŋ³⁵	hoŋ³³	hoŋ⁴⁴	hoŋ⁴⁴	hoŋ⁵⁵	hoŋ⁵¹	xoŋ⁵²			xoŋ⁵³	

卜 bo

【萝卜】。"卜"为"蔔"的简体，"蔔"为"菔"的异体。菔，《广韵》德韵蒲北切："芦菔。"又屋韵房六切："芦菔，菜也。"浙江方言的读音多符合房六切。"芦菔"也作"莱菔、萝菔、罗服、萝蔔"等，通作"萝卜"。采用俗字"卜"。

杭州	嘉兴	湖州	绍兴	宁波	舟山	台州	温州	丽水	金华	衢州	建德
bok⁸	bok⁸	bu²	bok⁸	bok⁸	bok⁸	bok⁸	bu⁸	buok⁸	bok⁸	bek⁸	bu²
boʔ²	boʔ²	bu¹¹²	boʔ²	boʔ²	boʔ²	boʔ²	bu²¹²	buoʔ²³	boʔ²¹²	bəʔ¹²	pu³³

藠 jiào

【老藠】【老藠头】【藠蒜】【藠锤】藠头。《集韵》筱韵胡了切:"草名。"《正字通·艸部》:"藠读乔上声,俗呼薤曰藠子,以薤根白如藠也。"

杭州	嘉兴	湖州	绍兴	宁波	舟山	台州	温州	丽水	金华	衢州	建德
				jio²		jioo²	jiae⁴	jie²	jiau³		ga³
				dzio¹³		dziɔ³¹	dziɛ¹⁴	dziʌ²²	tɕiɑu⁵³⁵		kɑ²¹³

蕈 xùn

蘑菇,多指野生的:香~ | 香菇(宁波)。《广韵》寑韵慈荏切:"菌生木上。"《玉篇·艸部》:"慈荏切,地菌也。"

杭州	嘉兴	湖州	绍兴	宁波	舟山	台州	温州	丽水	金华	衢州	建德
jing²	xin⁴	xing⁴	jing²	jing²	xing²	sang⁴	sen²	sing³	xing²	xin³
dziŋ³¹	ʑin²³¹	ʑiŋ²²³	dziŋ¹³	dziŋ²³	ʑiŋ³¹	zaŋ¹⁴	zen²²	siŋ⁵³⁵	ʑiŋ²¹	ɕin²¹³

泡 pāo

柚子:香~ | ~头。本字或为"橐"。橐,《广韵》豪韵普袍切:"橐涨大貌。"金华读如入声,但汤溪读[pʰɔ²⁴]。采用同音字"泡"。

杭州	嘉兴	湖州	绍兴	宁波	舟山	台州	温州	丽松阳	金华	衢州	建德
poo¹	poo¹	poo¹	poo⁵	poo⁵	poo⁵		pea¹	pee¹	pok⁷	po¹	poo¹
pʰɔ³³	pʰɔ⁵³	pʰɔ⁴⁴	pʰɔ³³	pʰɔ⁴⁴	pʰɔ⁴⁴		pʰɜ³³	pʰʌ⁵³	pʰoʔ²	pʰɔ³²	pʰɔ⁴²³

核

hú 果实中坚硬的部分，也指像核的东西：桃～。《广韵》麦韵下革切："果中核。"本字为"槅"。槅，《广韵》没韵户骨切："果子槅也。"今通作"核"。古为匣母，丽水、遂昌、松阳读 [ŋ] 声母，声母特殊。

杭州	嘉兴	湖州	绍兴	宁波	舟山	台州	温州	丽水	金华	衢州	建德
uek^8	uek^7	uek^8	uok^8	uak^8	uak^8	uek^8	y^8	nguaek^8	uek^8	uek^8	uek^8
uəʔ^2	uəʔ^5	uəʔ^2	uoʔ^2	uaʔ^2	uaʔ^2	uəʔ^2	y^{212}	ŋuɛʔ^{23}	uəʔ^{212}	uəʔ^{12}	uəʔ^{12}

处

chù ❶房子。❷家：～底家里（丽水）。本字不详，采用同音近义字"处"。江山读如入声。闽语通作"厝"，例如厦门读 [tsʰu^{11}]。

杭州	嘉兴	湖州	绍兴	宁波	舟山	台州	温泰顺	丽水	金华	衢江山	建德
							qy^5	cy^5		qyeak^7	
							tɕʰy^{35}	tsʰʮ^{52}		tɕʰyɛʔ^5	

寮

liáo 小屋：～檐房檐（杭州）。柴～柴火棚｜寺院～寺院里僧人的住房（温州）。《正字通·宀部》："连乔切，音聊。寮，小窗也。"［宋］陆游《贫居》："囊空如客路，屋窄似僧寮。"

杭州	嘉兴	湖州	绍兴	宁波	舟山	台州	温州	丽水	金永康	衢州	建德
liɔɔ^2							liae^2	lie^2	lia^2		
liɔ^{213}							lie^{31}	liʌ^{22}	liɒ^{33}		

司

sī 【东司】厕所。《五灯会元》卷四："师在东司上，见远侍者过，蓦召文远，远应诺。师曰：'东司上不可与汝说佛法。'"说"东司"的有遂安、浦江、汤溪、永康、建德、寿昌等地，此外很少见于其他方言。日本某些古老寺院里的厕所也叫"东司"。

杭州	嘉兴	湖州	绍兴	宁波	舟山	台州	温州	丽水	金浦江	衢州	建德
									sii¹		sii³
									sɿ⁵³⁴		sɿ²¹³

栖 qī 【鸡栖】鸡的住处，多用木板拼成方形小屋，前面有可升降的门供出入。《广韵》霁韵苏计切："鸡所宿也。"古为擦音声母，丽水、金华读 [s] 声母，符合古音。

杭州	嘉兴	湖州	绍兴	宁波	舟山	台州	温州	丽水	金华	衢州	建德
								sei⁵	sae⁵		
								sei⁵²	sɛ⁵⁵		

㞒 qiǎn 窗户：窗～｜～窗（宁波）。～头窗户（金华）。《广韵》豏韵苦减切："牖也，一曰小户。"牖（yǒu）：窗户。

杭州	嘉兴	湖州	绍兴	宁波	舟山	台州	温州	丽水遂昌	金华	衢州	建德
				kae³				kang³	ka³		kae³
				kʰe³⁵				kʰaŋ⁵³³	kʰɑ⁵³⁵		kʰe²¹³

桁 héng 檩：～条。《广韵》庚韵户庚切："屋桁。"《集韵》庚韵何庚切："屋横木。"

杭州	嘉兴	湖州	绍兴	宁波	舟山	台州	温州	丽水	金华	衢州	建德
aŋ²	an²	an²	aŋ²	a²	an²	an²	ae²	an²	aŋ²	aan²	hae²
aŋ²¹³	ã³¹	ã¹¹²	aŋ²³¹	a¹³	ã²³	ã³¹	ɛ³¹	ã²²	ɑŋ³¹³	ã²¹	xɛ³³

栿 fú 【地栿】❶ 地面上安在柱子间的木头或条石，用来支撑和固定木墙板。❷ 门槛：～里绊了一跌（舟山）。《广韵》屋韵房六切："梁栿。"《集

韵》屋韵房六切:"栿也。"古为奉母,宁波、舟山读[b]声母,保留古音。

杭州	嘉兴	湖州	绍兴	宁波	舟山	台州	温州	丽水	金汤溪	衢州	建德
				bok⁸	bok⁸	fok⁸	u⁸		feek⁸	fou⁴	fek⁸
				boʔ²	boʔ²	voʔ²	u²¹²		vʌʔ²³	vou¹¹³	vəʔ¹²

櫼

jiān ❶楔子:木头～。❷揳:代锄头～起把锄头用楔子揳好(温州)。《集韵》侵韵咨林切:"楔也。"古为精母,汤溪、建德声母符合知章母来源,不符合精母。台州作名词时多读小称音[tɕiŋ³⁵]。

杭州	嘉兴	湖州	绍兴	宁波	舟山	台州	温州	丽水	金汤溪	衢州	建德
zeng¹	zen¹	zen¹	jing¹	jing¹	jing¹	zang¹			jiai¹	zeng¹	zen¹
tsəŋ⁵³	tsən⁴⁴	tsẽ³⁵	tɕiŋ⁵³	tɕiŋ⁵²	tɕiŋ⁴²	tsaŋ³³			tɕiai²⁴	tsəŋ³²	tsen⁴²³

筧

jiǎn 引水的长竹管,安在房檐下或田间:水～。～桥地名(杭州)。《广韵》铣韵古典切:"以竹通水。"古为见母,金华读如精母,声母特殊。也作"枧"。

杭州	嘉兴	湖州	绍兴	宁波	舟山	台州	温州	丽水	金华	衢州	建德
jie⁵		jie³	jien⁵	ji³			jiae³	zie³	jien³	jie³
tɕie⁴⁴⁵	tɕie⁵²³	tɕiẽ³³	tɕi³⁵			tɕie⁵⁴⁴	tsie⁵³⁵	tɕiẽ³⁵	tɕie²¹³

堍

tù 桥两头靠近岸边的地方:桥～头。

杭州	嘉兴	湖州	绍兴	宁波	舟山	台州	温州	丽水	金华	衢州	建德
	tu¹		tu⁵	tu⁵							
	tʰu⁵³		tʰu³³	tʰu⁴⁴							

镬

huò 锅：大～｜～头灶。《广韵》铎韵胡郭切："鼎镬。"

杭州	嘉兴	湖州	绍兴	宁波	舟山	台州	温州	丽水	金华	衢州	建德
uok^8	ok^7	uok^8	uok^8	ok^8	ok^8	ok^8	o^8	eek^8	ok^8	uek^8	u^3
uoʔ^{22}	oʔ^{25}	uoʔ^{22}	uoʔ^{22}	oʔ^2	oʔ^2	oʔ^2	o^{212}	ʌʔ^{23}	oʔ^{212}	uəʔ^{12}	u^{213}

鏊

ào 【鏊盘】【鏊盆】一种平底的锅。《广韵》号韵五到切："饼鏊。"《集韵》号韵鱼到切："烧器。"

杭州	嘉兴	湖州	绍兴	宁波	舟山	台州	温州	丽水	金永康	衢州	建德
						ngoo^6			nga^6	ngo^6	
						ŋɒ^{24}			ŋɒ^{14}	ŋɒ^{231}	

甑

zèng 甑子，蒸米饭等的用具，略像木桶，有屉子而无底，也有陶制的：饭～。《集韵》证韵子孕切："《说文》：甗也。"甗（yǎn）：古代蒸煮用的炊具，中间用箅子隔为上下两层，类似今天的蒸锅。

杭州	嘉兴	湖州	绍兴	宁波	舟山	台州	温州	丽水	金华	衢州	建德
zeng^1	zeng^1	zeng^1	jing^5	zeng^5	jin^5		jing^5			zhyeng^5	zen^2
tsəŋ^{53}	tsəŋ^{53}	tsəŋ^{52}	tɕiŋ^{55}	tsəŋ^{51}	tɕin^{52}		tɕiŋ^{55}			tʃyəŋ^{53}	tsen^{33}

籲

gǎn 盖子：镬～锅盖（绍兴）。《集韵》感韵古禫切："盖也。"也作"匼"。匼，《字汇·匚部》："古坎切，音感，器盖，一曰覆头也。"台州为小称音。另见107页。

杭州	嘉嘉善	湖州	绍兴	宁波	舟山	台州	温州	丽水	金永康	衢开化	建德
	keo^3		gen^5			jie^9	gang^3	gen^3	geng^3	geeng^3	
	kø^{55}		kẽ^{33}			tɕie^{51}	kaŋ^{25}	ken^{544}	kəŋ^{545}	kʉŋ^{53}	

筅

xiǎn　【筅帚】竹制的炊帚。筅,《广韵》铣韵苏典切:"洗帚,饭具。""筅"为"筅"的异体。杭州又读 [çie⁴⁴⁵]。

【狼筅桩】竖在地上架着晒衣竿的竹竿。"狼筅"为古时兵器,在毛竹顶端装上铁枪头,带多层锋利的枝杈,戚继光抗倭时曾使用。戚家军里多浙人,"狼筅桩"系借用兵器名而来。汤溪读 [lo¹¹sie³³tçiɑo⁵²]。

杭州	嘉兴	湖州	绍兴	宁波	舟山	台州	温州	丽水	金华	衢州	建德
xie³	xie³	xie³	xien³	xi³	xi¹	xie¹		xyae³	sia³	xien³	xie³
çie⁵³	çie⁴⁴	çie⁵²³	çiɛ³³⁴	çi³⁵	çi⁵²	çie⁴²		çyɛ⁵⁴⁴	sia⁵³⁵	çiɛ³⁵	çie²¹³

庪

jiè　【碗庪】【碗庪橱】【庪橱】放餐具和食物的橱子,里面有木栅。《集韵》怪韵居拜切:"所以庪食器者,或作槶。"庪(guǐ):放置,保存。

杭州	嘉兴	湖州	绍兴	宁波	舟山	台州	温州	丽水	金华	衢州	建德
			ga⁵	ga⁵	ga⁵	ga⁵	ga⁵		ga⁵	ga⁵	ga²
			ka³³	ka⁴⁴	ka⁴⁴	ka⁵⁵	ka⁵¹		ka⁵⁵	ka⁵³	ka³³

瓯

ōu　碗。《广韵》侯韵乌侯切:"瓦器。"《洪武正韵》尤韵乌侯切:"小盆,今俗谓碗深者为欧。"

杭州	嘉兴	湖州	绍兴	宁波	舟山	台州	温州	丽水	金华	衢江山	建德
				oey¹			au¹			u¹	
				œy⁵³			au³³			u⁴⁴	

箸

zhù　筱子。《广韵》御韵迟倨切:"匙箸。"舟山又读 [dzʅ²³]。也有作"筯"。

杭州	嘉兴	湖州	绍兴	宁波	舟山	台州	温州	丽水	金华	衢江山	建德
			zii⁶	ji²	ji²	zii⁶	zei⁶	zii⁶	jy⁶		jie⁶
			dzɿ²²	dʑi¹³	dʑi²³	dzɿ²⁴	dzei²²	dzɿ²³¹	dʑy¹⁴		dʑiə³¹

答 dā

坛子：酒～｜菜～。台州为小称音。本字不详，采用同音字"答"。

杭州	嘉兴	湖州	绍兴	宁波	舟山	台州	温州	丽水	金华	衢州	建德
						deo⁹			de⁵	dek⁷	
						tø⁵¹			tɤ⁵⁵	tə/⁵	

埕 chéng

坛子：酒～｜氨水～｜～头泥。《通雅·器用》："瓽，大瓮。今俗曰坛，曰埕。"〔元〕李文蔚《燕青博鱼》第二折："隔壁三家醉，开埕十里香。"〔明〕汤显祖《牡丹亭·劝农》："便是这酒埕子漏了，则怕酒少，烦老官儿遮盖些。"

杭州	嘉兴	湖州	绍兴	宁波	舟山	台州	温州	丽水庆元	金华	衢州	建德
				jing²	jing²			zeng²	zan²		
				dʑiŋ¹³	dʑiŋ²³			dzəŋ³¹	tsæ⁵²		

䴢 bèng

一种像瓮的陶器，比瓮小：米～｜酒～（台州）。《字汇·瓦部》："蒲孟切，彭去声，瓶瓮。"台州多读小称音 [bã⁴¹]。

杭州	嘉兴	湖州	绍兴	宁波	舟山	台州	温州	丽水	金汤溪	衢州	建德
bang⁶	ban⁶	ban⁶	bang⁶	ba²	ban⁶	ban⁶	biae⁶		ba⁶		pae⁶
baŋ¹³	bã²¹³	bã²⁴	baŋ²²	ba¹³	bã¹³	bã²⁴	biɛ²²		ba³⁴¹		pʰɛ⁴⁵

簏

lù ❶箱子。❷盒子：饭～儿（瓯海）。头梳～（江山）。《广韵》屋韵卢谷切："箱簏。《说文》云：竹高箧也。"箧（qiè）：小箱子。也作"簶""盝"。

杭州	嘉海盐	湖州	绍兴	宁波	舟山	台州	温瓯海	丽云和	金武义	衢江山	建德
luok⁸	lok⁸	luok⁸	lok⁸			lok⁸	leu⁶	lewk⁸	look⁸	lok⁸	
luoʔ²	loʔ²³	luoʔ²	loʔ²			loʔ²	lɤu²¹²	ləɯʔ²³	loʔ³	loʔ²	

籅

bù 竹篓：鸡～鸡笼（绍兴）。猪～装猪崽的大竹篓（丽水、金华）。《正字通·竹部》："簿口切，今俗呼竹庄之类，可以盛简牍，盖细箧簏也。"台州多读小称音 [bu⁴¹]。

杭州	嘉兴	湖州	绍兴	宁波	舟山	台州	温州	丽水	金华	衢州	建德
bu⁶	bu⁶	bu⁴	bu²	bu²	bu²	bu²	bu⁴	bu²	bu³		bu⁶
bu¹³	bu²¹³	bu²³¹	bu²³¹	bu¹³	bu²³	bu³¹	bu¹⁴	bu²²	pu⁵³⁵		pu⁴⁵

鋬

pàn 器物上的提梁：壶～｜桶～｜镬～。《集韵》谏韵普患切："器系。"古为滂母，温州、丽水读 [p] 声母，声母特殊。

杭州	嘉兴	湖州	绍兴	宁波	舟山	台州	温州	丽水	金华	衢州	建德
pae⁵			paen⁵				ba⁵	ban⁵			pae²
pʰɛ⁴⁴⁵			pʰɛ̃³³				pa⁵¹	pã⁵²			pʰɛ³³

坼

chè 裂缝：一条～。《集韵》陌韵耻格切："《说文》：裂也。"也作"擆、擦、斥、拆、宅"。为避免过于生僻并减少混淆，采用"坼"字。

杭州	嘉兴	湖州	绍兴	宁波	舟山	台州	温州	丽水	金华	衢州	建德
cak⁷	cak⁷	cak⁷	cak⁷			cak⁷		cak⁷	cek⁷	cak⁷	
tsʰaʔ⁵	tsʰaʔ⁵	tsʰaʔ⁵	tsʰaʔ⁵			tsʰaʔ⁵		tsʰaʔ⁵	tsʰəʔ²⁴	tsʰaʔ⁵	

物

wù 【物事】物品，东西：啥～。古为微母，浙江方言读 [m] 声母，保留古音。庆元"物"单字音 [mɤʔ³⁴]，"物事"读 [mɤ²²sɤ³³⁵]，可能是受后字"事"影响所致。

杭州	嘉兴	湖州	绍兴	宁波	舟山	台州	温州	丽庆元	金华	衢州	建德
mek⁷						mek⁸	meo⁵	mee⁸			
məʔ⁵						məʔ²	mø⁵¹	mɤ²²			

袩

wǎn 衣袖：衫袖～（温州）。《集韵》阮韵委远切："袜也，一曰袖耑屈。"耑（duān）："端"的古体字。《方言》卷四："袩褗谓之袖。"[晋]郭璞注："衣褾，音褾，江东呼袩，音婉。"褾（biǎo）：袖口。

杭州	嘉兴	湖州	绍兴	宁波	舟山	台州	温州	丽庆元	金华	衢江山	建德
							fa⁴	ieng³		aen³	
							va¹⁴	iəŋ³³		ɛ̃²⁴¹	

裥

jiǎn 衣服上的褶子，也指皱纹：百～裙（宁波）。面皮打～脸上有皱纹（台州）。皱～皱纹（建德）。《广韵》裥韵古苋切："裥裙。"

杭州	嘉兴	湖州	绍兴	宁波	舟山	台州	温州	丽水	金华	衢州	建德
gae³	gae³	gae³	gaen³	gae³	gae³	giae¹	ga³		ga³	gan³	gae³
kɛ⁵³	kɛ⁴⁴	kɛ⁵²³	kɛ̃³³⁴	kɛ³⁵	kɛ⁴⁵	kie⁴²	ka²⁵		kɑ⁵³⁵	kã³⁵	kɛ²¹³

鯗

xiǎng 剖开后晾干的鱼：黄鱼～｜白～。《广韵》养韵息两切："干鱼，腊也。"

杭州	嘉兴	湖州	绍兴	宁波	舟山	台州	温州	丽水	金华	衢州	建德
xiang³	xian³	xian³	xiang³	xia³	xian³	xian¹	xi³	xian³	siang³	xian³	xie³
ɕiaŋ⁵³	ɕiã⁴⁴	ɕiã⁵²³	ɕiaŋ³³⁴	ɕia³⁵	ɕiã⁴⁵	ɕiã⁴²	ɕi²⁵	ɕiã⁵⁴⁴	siɑŋ⁵³⁵	ɕiã³⁵	ɕie²¹³

薧 kǎo　鱼干：～儿鲞小鱼干（杭州）。～头小鱼干（舟山）。鱼～（台州）。龙头～龙头鱼晒成的鱼干（台州、金华）。《广韵》晧韵苦浩切："干鱼……亦作槁。"古为清上，浙江方言多读阴去，声调特殊。也有作"鯌"。

杭州	嘉兴	湖州	绍兴	宁波	舟山	台州	温州	丽水	金华	衢州	建德
kɔ⁰³		kɔ⁰³	kɔ⁰⁵	kɔ⁰³	kɔ⁰⁵			ke⁵	kau⁵	kɔ⁵	
kʰɔ⁵³			kʰɔ³³⁴	kʰɔ⁴⁴	kʰɔ⁴⁵	kʰɔ⁵⁵		kʰʌ⁵²	kʰɑu⁵⁵	kʰɔ⁵³	

齑 jī　【咸齑】【盐齑菜】腌过的蔬菜。例如腌过的雪里蕻。

【虾齑】一种虾酱。《集韵》齐韵笺西切："《说文》：䪡也。郑康成曰：凡醯酱所和，细切为齑。一曰捣辛物为之。"醯（xī）：醋。

杭州	嘉兴	湖州	绍兴	宁波	舟山	台州	温州	丽水	金华	衢州	建德
						ji¹	ji¹	ji¹	ji¹	ji¹	ji¹	zii³				
tɕi⁵³	tɕi⁴⁴	tɕi⁵³	tɕi⁵³	tɕi⁵²	tɕi⁴²	tsɿ²⁵					

醭 bú　醋、酱油等表面生出的白色的霉：米醋发～醋发霉（舟山）。～气霉变味（丽水）。《广韵》屋韵普木切："醋生白醭。"

杭州	嘉兴	湖州	绍兴	宁波	舟山	台州	温州	丽水	金华	衢州	建德
				pok⁷	pok⁷			pek⁷		pek⁷	
				pʰoʔ⁵	pʰoʔ⁵			pʰʌʔ⁵		pʰəʔ⁵	

殕 fǒu　食物等腐败变质后长的白毛：白～。白～毛｜出白～食物长毛（台州）。生白～食物长毛（金华）。《广韵》麌韵芳武切："食上生白毛。"古为敷母，开化读 [pʰ] 声母，保留古音。

杭州	嘉兴	湖州	绍上虞	宁波	舟山	台州	温州	丽水	金华	衢开化	建德
			fo³	fu³	fu⁵	fu¹	feoy³		fu³	pu³	
			fo³⁵	fu³⁵	fu⁴⁴	fu⁴²	føy²⁵		fu⁵³⁵	pʰu⁵³	

馃

guǒ 米粉等做成的特色食品，种类多样，有饺子形、有圆饼形，有的有馅儿、有的无馅儿、有的甜、有的咸，清明节一般都要吃"馃"：清明～。油炸～油条（温州）。鸡子～鸡蛋饼（衢州）。包萝～儿玉米饼（建德）。《集韵》果韵古火切："饼也。"也有作"粿"。粿，《广韵》果韵古火切："净米。"义不合。

杭州	嘉兴	湖州	绍兴	宁波	舟山	台州	温州	丽水	金华	衢州	建德
gu³			gu³	geu³		gu¹	gu³	guo³	gue³	gu³	gu³
ku⁵³			ku³³⁴	kəu³⁵		ku⁴²	ku²⁵	kuo⁵⁴⁴	kuɤ⁵³⁵	ku³⁵	ku²¹³

饧

xíng 【饧糖】饴糖。《广韵》清韵徐盈切："饴也。"繁体为"餳"（注意右边是"昜"）。

杭州	嘉兴	湖州	绍兴	宁波	舟山	台州	温州	丽水	金汤溪	衢州	建德
jing²	xin²	jing²	jing²	jing²					sei²	jing²	xin²
dʑin²¹³	ʑin¹¹²	dʑin²³¹	dʑin¹³	dʑin²³					zei¹¹	dʑin²¹	ɕin³³

敹

liàn 【敹槌】洗衣服时捶打用的棒槌。《广韵》霰韵郎甸切："捶打物也。"

杭州	嘉兴	湖州	绍兴	宁波	舟山	台州	温州	丽水	金汤溪	衢州	建德
				li²	li⁶	lie⁶	li⁶		liae²	lie⁶	
				li¹³	li¹³	lie²⁴	li²²		lie²²	lie³⁴¹	

筊 掠 熜 眨

筊 hàng

【筊竿】【竹筊】晒衣服用的竹竿。《广韵》宕韵下浪切:"衣架。"丽水"竹筊"多合音为[tiɔŋ^52]。

杭州	嘉兴	湖州	绍兴	宁波	舟山	台州	温州	丽水	金华	衢州	建德
						oon^6	uoo^6	oŋ^6	aŋ^6	aan^6	ho^6
						ɜ^24	uɔ^22	ɔŋ^231	ɑŋ^14	ã^231	xo^45

掠 luè

❶梳头:头发～～渠(宁波)。～头(遂昌)。❷梳子:～儿(杭州)。原义为"梳头",例如[金]董解元《西厢记诸宫调》:"镜儿里不住照,把须鬓掠了重掠。"后演变为指梳子。遂昌只有①义,台州、金华只有②义,为"掠儿"的小称音。

杭州	嘉兴	湖州	绍上虞	宁波	舟山	台州	温州	丽遂昌	金华	衢江山	建德
liak^8	liak^7		liak^8	liak^8	liek^8	lian^9	liae^6	liak^6	lian^6	liak^8	
liaʔ^2	liaʔ^5		liaʔ^2	liaʔ^2	lieʔ^2	liã^41	lie^212	liaʔ^23	liã^14	liaʔ^2	

熜 cōng

【火熜】烘篮,烤火取暖用具:铜～。本字为"熜"。熜,《广韵》东韵仓红切:"煴也。"煴(yūn):微火,无焰的火。

杭州	嘉兴	湖州	绍兴	宁波	舟山	台州	温州	丽水	金东阳	衢州	建德
cong^1			cong^1	cong^1	cong^1	cong^1			com^1	cong^1	caom^1
tsʰoŋ^33			tsʰoŋ^53	tsʰoŋ^53	tsʰoŋ^52	tsʰoŋ^42			tsʰom^445	tsʰoŋ^32	tsʰaom^423

眨 chòng

【瞌眨】瞌睡:打～。

杭州	嘉兴	湖州	绍兴	宁波	舟山	台州	温乐清	丽水	金华	衢州	建德
cong^5	cong^5	cong^5	cong^1	cong^5	cong^5	cong^5	qiong^5	qiong^5	qiong^5	chyong^5	caom^2
tsʰoŋ^445	tsʰoŋ^334	tsʰoŋ^35	tsʰoŋ^53	tsʰoŋ^44	tsʰoŋ^55	tɕʰioŋ^51	tɕʰioŋ^52	tɕʰioŋ^55	tɕʰyoŋ^53	tsʰaom^33	

箕

jī ❶ 簸箕：粪～簸箕（金华）。❷ 簸箕形的指纹：我有两只胼斗形指纹，八只～（杭州）。《玉篇·箕部》："居宜切，簸箕也。"丽水脱落声母 [tɕ]，读为零声母。

杭州	嘉兴	湖州	绍兴	宁波	舟山	台州	温州	丽水	金华	衢州	建德
ji¹	ji¹	ji¹	ji¹	ji¹	ji¹	ji¹	zii¹	i¹	ji¹	ji¹	ji¹
tɕi³³	tɕi⁵³	tɕi⁴⁴	tɕi⁵³	tɕi⁵³	tɕi⁵²	tɕi⁴²	tsŋ³³	i²⁴	tɕi³³⁴	tɕi³²	tɕi⁴²³

笥

sì 【土笥】装土用的簸箕。《集韵》之韵新兹切："竹器。"

杭州	嘉兴	湖州	绍兴	宁波	舟山	台州	温州	丽水	金华	衢州	建德
				sii¹	sii¹						
				sŋ⁵³	sŋ⁵²						

樬

cōng 两头尖的扁担，用于挑柴等：柴～｜担～｜～担。《广韵》东韵仓红切："尖头担也。"

杭州	嘉兴	湖州	绍兴	宁波	舟山	台州	温州	丽松阳	金华	衢州	建德
cong¹	cong¹					qiong¹	qieng¹	qiong¹	chyong¹	caom¹	
tsʰoŋ⁵³	tsʰoŋ⁵³					tɕʰioŋ³³	tɕʰiəŋ⁵³	tɕʰioŋ³³⁴	tʃʰyoŋ³²	tsʰaom⁴²³	

缚

fù 捆东西的绳：柴～头用藤条做的捆柴火的绳子（上虞）。三两蟹四两～一只三两重的螃蟹捆绑的绳子却有四两重｜解～解开捆绑的绳子｜～头绳结（台州）。稿～用两股稻草连接而成的绳子（汤溪）。《广韵》过韵符卧切。《集韵》过韵符卧切："束也。"又遇韵符遇切："缚绳也。"后者也作"䌥"。上虞、汤溪符合符卧切，鄞州符合符遇切，台州符合符卧、符遇二切。另见 75 页。

杭州	嘉兴	湖州	绍上虞	宁鄞州	舟山	台州	温州	丽水	金汤溪	衢州	建德
			bu⁶	bu⁶		bu⁶			bee⁶		
			bu³¹	bu¹³		bu²⁴			bɤ³⁴¹		

沙

shā 【沙鎙】镰刀。本字或为"铩"。铩,《广韵》鉴韵所鉴切:"大镰。"音不甚合。采用同音字"沙"。

杭余杭	嘉兴	湖州	绍兴	宁波	舟山	台州	温州	丽缙云	金华	衢州	建德
so⁵			so¹	so¹	so¹			su¹	sua¹	so¹	
so⁴³⁵			so⁵³	so⁵³	so⁵²			su⁴⁴⁵	sua³³⁴	so⁴²³	

鎙

jié 镰刀:~子 | 稻~ | 草~。又见48页"沙"〖沙鎙〗。《广韵》屑韵古屑切:"镰别名也。"台州为小称音。

杭余杭	嘉兴	湖州	绍兴	宁波	舟山	台州	温州	丽水	金华	衢州	建德
ji¹	jiek⁷	jiek⁷	jiok⁷	ji¹	ji¹	jie⁹	ji⁷	jiaek⁷	jie⁵	jiek⁷	ji⁶
tɕi⁴⁴	tɕiɤʔ⁵	tɕie⁵	tɕio⁵	tɕi⁵³	tɕi⁵²	tɕie⁵¹	tɕi³¹²	tɕiɛʔ⁵	tɕie⁵⁵	tɕiəʔ⁵	tɕi⁴⁵

簟

diàn 【地簟】【篾簟】【簟笋】晒粮食用的竹席,约二丈长,一丈宽。《广韵》忝韵徒玷切:"竹席。"

杭州	嘉兴	湖州	绍兴	宁波	舟山	台温岭	温州	丽水	金华	衢州	建德
die⁶			dien⁴	de²	di²	die²	di⁴	diae²	dia³	dien⁶	tie⁶
die²¹³			diẽ²²³	de¹³	di²³	die³¹	di¹⁴	die²²	tia⁵³⁵	diẽ²³¹	tʰie⁴⁵

簾

liè 用宽竹片编成的帘子,用来晾晒物品或用于建筑场合:番薯~ | 烟~(丽水)。鱼~放在水流里拦截鱼的竹帘(衢州)。毛竹~儿(建德)。《集

韵》帖韵力协切:"竹爹所以干物。""竹爹"为竹编物。台州为小称音。有的方言(如舟山)本字或为"籋"。籋,《广韵》叶韵良涉切:"编竹为之。"

杭州	嘉兴	湖州	绍兴	宁波	舟山	台州	温州	丽水	金华	衢州	建德
				liek⁸	liek⁸	lie⁹	li⁸	liaek⁸	lia⁶	liek⁸	nie³
				liəʔ²	lieʔ²	lie⁴¹	li²¹²	lieʔ²³	lia¹⁴	liəʔ¹²	nie²¹³

篝 jiǎng

桌子、锅盖、面板、箩筐等器具背面的掌。《集韵》漾韵七亮切:"竹也。"《广韵》养韵即两切:"剖竹未去节也。"金华符合七亮切。

杭州	嘉兴	湖州	绍兴	宁波	舟山	台州	温州	丽水	金华	衢州	建德
						ciae⁵	gan³		ciang⁵		
						tsʰie⁵¹	kã⁵⁴⁴		tsʰiɑŋ⁵⁵		

罾 zēng

一种用竹竿做支架的四角形的渔网:扳鱼~(湖州)。扳~(绍兴、宁波)。拗~(台州、丽水、金华)。绍兴把三角形的渔网叫作"虾罾"。《广韵》登韵作滕切:"鱼网。"台州为小称音。

杭州	嘉兴	湖州	绍兴	宁波	舟山	台州	温苍南	丽水	金华	衢州	建德
zen¹	zeng¹	zeng¹	zeng¹	zeng¹	zeong⁹	zang¹	jin¹		zeng³		
tsən⁴⁴	tsəŋ⁵³	tsəŋ⁵³	tsəŋ⁵²	tsøŋ⁵²	tsøŋ³⁵	tsaŋ⁴⁴	tɕin²⁴		tsəŋ⁵³⁵		

墟 xū

集市。《广韵》鱼韵去鱼切。《集韵》鱼韵丘于切:"古者九夫为井,四井为邑,四邑为丘,丘谓之虚,或从土。"本指有许多人家聚居的村落,如[晋]陶渊明《归园田居》:"暖暖远人村,依依墟里烟。"后转指乡村集市。古为溪母,今读如晓母,声母特殊。也有作"圩"(xū)。

杭州	嘉兴	湖州	绍兴	宁波	舟山	台州	温州	丽庆元	金华	衢江山	建德
			xy¹					xyea¹		he¹	
			ɕy⁵³					ɕyE³³⁵		xə⁴⁴	

钿

tián 钱：铜～｜洋～｜本～。几～一斤多少钱一斤？（嘉兴）。《广韵》先韵徒年切："金花。"另见 134 页。

杭州	嘉兴	湖州	绍兴	宁波	舟山	台州	温州	丽水	金华	衢州	建德
die²	die²	die²	dien²	di²	di²	die²	di²	diae²	die²	dien²	die²
die²¹³	die³¹	die¹¹²	diẽ²³¹	di¹³	di²³	die³¹	di³¹	diɛ²²	die³¹³	diẽ²¹	tie³³

骰

tóu 【骰子】色（shǎi）子，游戏用具或赌具。《广韵》侯韵度侯切："骰子，博陆采具，出《声谱》。"

杭州	嘉兴	湖州	绍兴	宁波	舟山	台州	温州	丽水	金永康	衢州	建德
dei²	de²	deou²	de²					dew²	dew²	de²	dew²
dei²¹³	de³¹	dɵʉ¹¹²	dɤ²³¹					dɤɯ²²	dəɯ³³	de²¹	təɯ³³

鹞

yào 【鹞子】【鹞儿】【纸鹞】【纸鹞儿】风筝。杭州又读 [ȵio¹³]。

杭州	嘉兴	湖州	绍兴	宁波	舟山	台州	温州	丽水	金华	衢州	建德
ioo⁶	ioo⁶	ioo⁵	ioo⁶	io²	io⁶	ioo⁶	iae⁶	ie⁶	iau⁶	io⁶	ioo²
iɔ¹³	iɔ²¹³	iɔ³⁵	iɔ²²	iɔ¹³	iɔ¹³	iɔ²⁴	iɛ²²	iʌ²³¹	iɑu¹⁴	iɔ²³¹	iɔ³³

嗨

xué 【嗨头】❶逗笑的话或举动：～嗨脑（杭州）。❷手腕，花招：掼～耍花招（建德）。❸有派头，出众。

杭州	嘉兴	湖州	绍兴	宁波	舟山	台州	温州	丽松阳	金华	衢州	建德
xyek⁷	xyek⁷	xiek⁷	xiok⁷	xyek⁷	xyok⁷	hyek⁷		xyaek⁷	xyek⁷	shyek⁷	xyek⁷
ɕyəʔ⁵	ɕyəʔ⁵	ɕieʔ⁵	ɕioʔ⁵	ɕyəʔ⁵	ɕyoʔ⁵	hyeʔ⁵		ɕyɛʔ⁵	ɕyəʔ⁴	ʃyəʔ⁵	ɕyəʔ⁵

喙

huì 嘴。《广韵》废韵许秽切："口喙。"《集韵》霁韵呼惠切："口也。"古为晓母，泰顺闽语、龙泉、常山读 [tɕʰ] 声母，声母特殊。闽语常用，也读送气塞擦音声母，例如建瓯读 [tsʰy²²]。

杭州	嘉兴	湖州	绍兴	宁波	舟山	台州	温泰顺	丽龙泉	金华	衢常山	建德
							qy⁵	qy²		qy³	
							tɕʰy⁵³	tɕʰy²¹		tɕʰy⁵²	

厣

yè 【酒厣】【笑厣】酒窝。《广韵》叶韵於叶切："面上厣子。"台州、丽水、金华为小称音。

杭州	嘉兴	湖州	绍兴	宁波	舟山	台州	温州	丽水	金华	衢州	建德
iek⁷	iek⁷	iek⁷				ie⁹	i⁷	iaek⁷	ien⁵	iek⁷	
ieʔ⁵	ieʔ⁵	ieʔ⁵				ie⁵¹	i³¹²	iɛʔ⁵	iẽ⁵⁵	iəʔ⁵	

糍

cí 【目糍】眼泪。本字不详，采用同音字"糍"。

杭州	嘉兴	湖州	绍兴	宁波	舟山	台州	温州	丽庆元	金华	衢开化	建德
								see²		siie²	
								sɤ⁵²		zɿə²³¹	

泗

sì ❶ 鼻涕。❷ 擤。《广韵》至韵息利切:"涕泗也。"《毛诗故训传》:"自目曰涕,自鼻曰泗。"

杭州	嘉兴	湖州	绍兴	宁波	舟山	台州	温州	丽龙泉	金华	衢江山	建德
							sii⁵	si³		xi⁵	
							sɿ⁵¹	si⁵¹		ɕi⁵¹	

澜

lán 口水:~防兜围嘴儿(温州)。~衫围嘴儿(丽水)。《广韵》寒韵落干切:"大波。"

杭州	嘉兴	湖州	绍兴	宁波	舟山	台州	温州	丽水	金华	衢州	建德
	lae²		laen⁶	lae²	lae⁶	lae²	la⁴	lan²			
	lɛ³¹		lɛ̃²²	lɛ¹³	lɛ¹³	lɛ³¹	la¹⁴	lã²²			

头

tóu 【头颈】脖子。嘉兴、新昌符合阳平;杭州、湖州、温州、庆元、汤溪、建德符合阳去;宁波、舟山阳平阳去同调;台州、常山从连读调看,既符合阳平,也符合阳去。读阳去的本字为"脰"。脰,《集韵》候韵大透切:"《说文》:项也。"为通俗起见,采用"头"字。

杭州	嘉兴	湖州	绍新昌	宁波	舟山	台州	温州	丽庆元	金汤溪	衢常山	建德
dei⁶	dei²	deou⁶	diw²	doey²	dai²	dio²/⁶	deu⁶	diw⁶	dew⁶	du²/⁶	tew⁶
dei¹³	dei³¹	døɯ²⁴	diɯ²²	dœy¹³	dai²³	dio⁻²²	dʏu⁻²²	tiɯ³¹	dəɯ⁻⁷³	du⁻²²	tʰəɯ⁴⁵

项

xiàng 【项颈】【项颈颈】脖子。《广韵》讲韵胡讲切:"颈项。"

杭州	嘉兴	湖州	绍兴	宁波	舟山	台州	温州	丽水	金华	衢州	建德
	an⁶		aang⁴	oo²		oon¹	uoo⁴	ong³	ang³	aan⁶	
	ã²¹³		aŋ²²³	ɔ¹³		ɔ⁴²	uɔ¹⁴	ɔŋ⁵⁴⁴	aŋ⁵³⁵	ã²³¹	

吭

háng 【吭咙】喉咙。《广韵》唐韵胡郎切:"鸟喉。"《集韵》唐韵寒刚切:"咽也。"

杭州	嘉兴	湖州	绍兴	宁波	舟山	台州	温州	丽水	金华	衢开化	建德
										oong²	
										ɔŋ²³¹	

胗

zhēng 【手胗头】【手胗子头】【手臂胗头】胳膊肘儿。《集韵》耕韵甾茎切:"足筋。"古为庄母,丽水、金华声母不合,金华声母 [n] 可能由 [t] 演变而来。

杭州	嘉兴	湖州	绍兴	宁波	舟山	台州	温州	丽水	金华	衢州	建德
	zang¹	za⁵	zan⁵	zan¹	ziae¹	dan¹	nang¹				
tsaŋ⁵³	tsa⁴⁴	tsã⁴⁴	tsã⁴²	tsiɛ³³	tã²⁴	naŋ³³⁴					

骹

qiāo 统称下肢。"骹"同"跤",《广韵》肴韵口交切:"胫骨近足细处。"《说文·骨部》:"胫也。"闽语常用,例如厦门读 [kʰa⁵⁵],浙江南部方言也使用。

杭州	嘉兴	湖州	绍兴	宁波	舟山	台州	温州	丽龙泉	金华	衢江山	建德
							kuoo¹	kaee¹		kaw¹	
							kʰuɔ³³	kʰɑʌ⁴³⁴		kʰɐɯ⁴⁴	

髈

pǎng 腿:脚~腿|蹄~肘子(杭州)。~蹄猪肘子(金华)。《广韵》荡韵匹朗切:"髀,吴人云髈。"髀(bì):大腿。也作"膀"。

杭州	嘉兴	湖州	绍兴	宁波	舟山	台州	温州	丽水	金华	衢州	建德
pang³	pan¹	pan³	paang³	poo¹	pon¹	poon⁵	puoo³	pong³	pang³	paan³	
pʰaŋ⁵³	pʰã⁵³	pʰã⁵²³	pʰaŋ³³⁴	pʰɔ³	pʰɔ̃⁵²	pʰɔ̃⁵⁵	pʰuɔ²⁵	pʰɔŋ⁵⁴⁴	pʰɑŋ⁵³⁵	pʰã³⁵	

髁 kē 【脚膝髁】【脚膝髁头】膝盖。《广韵》戈韵苦禾切:"膝骨。"也作"骱"。骱,《广韵》歌韵苦何切:"膝骨。"

杭州	嘉兴	湖州	绍兴	宁波	舟山	台州	温州	丽水	金华	衢州	建德
ko⁵			ko¹	keu¹	kou¹	kue¹		ku¹	kue¹	kek⁷	ku¹
kʰo⁴⁴⁵			kʰo⁵³	kʰəu⁵³	kʰou⁵²	kʰuə⁴²		kʰu²⁴	kʰuɤ³³⁴	kʰə⁷⁵	kʰu⁴²³

执 zhí 【执头】指头:手～|手拇～|脚拇～。也有作"节"。

杭州	嘉_{嘉善}	湖州	绍兴	宁_{奉化}	舟山	台州	温州	丽水	金华	衢州	建德
zek⁷				jiek⁷		jiek⁷		zeek⁷	jiek⁷		zhyek⁷
tsəʔ⁵				tɕiɿʔ⁵		tɕieʔ⁵		tsʌʔ⁵	tɕiə²⁴		tʃyəʔ⁵

胴 luó 斗形的指纹:一～穷,两～富。《广韵》戈韵落戈切:"手指纹也。"

杭州	嘉兴	湖州	绍兴	宁波	舟山	台州	温州	丽水	金华	衢州	建德
lo²	lu²	leu²	lo²	leu²	lou²	leu²	lai²	lei²	lue²	lu²	lu²
lo²¹³	lu³¹	ləu¹¹²	lo²³¹	ləu¹³	lou²³	ləu³¹	lai³¹	lei²²	luɤ³¹³	lu²¹	lu³³

怀 huái 胸怀:～里。《广韵》皆韵户乖切:"抱也,和也,来也,思也。"汤溪名词读[guɑ¹¹],动词"抱"义读[dʑiɑ¹¹]。古为匣母,浙江方言读[g][dʑ]声母,声母特殊。

杭州	嘉兴	湖州	绍兴	宁波	舟山	台州	温州	丽水	金华	衢州	建德
ga²		gua²	guae²	gua²	gua²	gua²		gua²	guɒ²		
ga³¹		gua²³¹	guɛ¹³	gua²³	gua³¹	ga³¹		gun²²	guɒ³¹³		

朏

kū 【朏臀】屁股。

【脚朏头】膝盖。《广韵》没韵苦骨切:"朏臀,俗又作腒。"

杭州	嘉兴	湖州	绍兴	宁波	舟山	台州	温州	丽景宁	金华	衢江山	建德
						kuek⁷	ky⁷		kuoek⁷		kok⁷
						kʰuə?⁵	kʰy³¹²		kʰuœ?⁵		kʰo?⁵

雀

què 阴茎:~儿(杭州)。《广韵》药韵即略切:"鸟雀。"以小动物名指称男阴,原理与"鸟(屌)、鸡鸡、鸡巴"等相同。古为精母,杭州、金华读不送气声母,符合古音,但在"麻雀"里读送气声母,可能是受普通话影响所致。

杭州	嘉兴	湖州	绍兴	宁波	舟山	台州	温州	丽水	金华	衢州	建德
jiɔɔ⁵							ji⁷		ziek⁷		
tɕiɔ⁴⁴⁵							tɕi³¹²		tsiə?⁴		

膫

liáo 俗称阴茎:~子阴茎(金华)。"膫"同"膋",《广韵》萧韵落萧切:"肠间脂也。"[清]曹雪芹、[清]高鹗《红楼梦》第六十五回:"撞丧醉了,夹着你那膫子挺你的尸去!"也有作"髎""屪"。髎,《广韵》萧韵落萧切:"髋骨名。"《正字通·骨部》:"连乔切,音辽。骨空处也。……马尻骨谓之八髎。"屪,《字汇·尸部》:"力宵切,男阴名。"从字形、意义和文献用例考虑采用"膫"字。

杭州	嘉兴	湖州	绍兴	宁波	舟山	台州	温州	丽遂昌	金华	衢州	建德
liɔɔ²								liaw²	liau²	liɔ²	liɔɔ²
liɔ²¹³								lieɯ²²¹	liɑui³¹³	liɔ²¹	liɔ³³

脧

zuī 阴茎。《广韵》灰韵臧回切:"赤子阴也。"

杭州	嘉兴	湖州	绍兴	宁波	舟山	台州	温州	丽水	金华	衢江山	建德
										zuea¹	
										tsuɛ⁴⁴	

頹

tuí 阴茎。本字不详,采用同音字"頹"。

杭州	嘉兴	湖州	绍兴	宁波	舟山	台州	温州	丽水	金华	衢开化	建德
						dai²			duae²		
						dai³¹			due²³¹		

脬

pāo 【卵脬】❶ 睾丸:捧～拍马屁(丽水)。❷ 女阴。

【老核子脬】阴囊。永康为小称音。《广韵》肴韵匹交切:"腹中水府。"《集韵》爻韵披交切:"《说文》:膀光也。"

杭州	嘉兴	湖州	绍兴	宁波	舟山	台州	温州	丽水	金永康	衢州	建德
poo¹	poo¹	poo¹	poo¹	poo⁵	poo¹	poo¹	puoo¹	pe¹	paa⁹	po¹	poo¹
pʰɔ³³	pʰɔ⁵³	pʰɔ⁴⁴	pʰɔ⁵³	pʰɔ⁴⁴	pʰɔ⁵²	pʰɔ⁴²	pʰuɔ³³	pʰɤ²⁴	pʰɔ³²⁴	pʰɔ³²	pʰɔ⁴²³

尿

sóng ❶ 精液。❷ 无能,没本事:～相熊样儿(杭州)。繁体字为"㞞",②俗也作"㞞、㞞、熊"。汤溪指精液时读阳去的 [zɑo³⁴¹] 或 [ʑiɑo³⁴¹],表示无能、没本事时读阳平的 [zɑo¹¹],当为避讳所致。

杭州	嘉兴	湖州	绍兴	宁波	舟山	台州	温州	丽水	金华	衢州	建德
zong²	song⁶	zong²	zong²				song²	song²	song²	saom²	
dzoŋ²¹³	zoŋ²¹³	dzoŋ¹¹²	dzoŋ²³¹				zɲ²²	zoŋ³¹³	zoŋ²¹	saom³³	

屄

bī 女阴，也可借指女孩儿。有的方言仅用于骂人话或女孩儿昵称。本字或为"庳"。庳，《集韵》支韵宾弥切："下也，一曰鷩牝名。"《说文·广部》："中伏舍。"即两旁高中间低的房子。也指低洼处，例如"堕高埋庳"义为削平高丘，填塞洼地。采用俗字"屄"。临海为小称音。

杭州	嘉兴	湖州	绍兴	宁波	舟山	台临海	温州	丽龙泉	金华	衢州	建德
bi¹	bi¹	bi¹	bi¹	bi¹	bi¹	bi⁹	bei¹	bi¹	bi¹	bi¹	bi¹
pi³³	pi⁵³	pi⁴⁴	pi⁵³	pi⁵³	pi⁵²	pi⁴⁵²	pei³³	pi³³⁵	pi³³⁴	pi³²	pi⁴²³

朏

pì 女阴。《广韵》质韵譬吉切："牝朏。"牝（pìn）：雌性。也有作"匹"。

杭州	嘉兴	湖州	绍兴	宁波	舟山	台州	温州	丽水	金华	衢州	建德
				piek⁷	piek⁷	piek⁷		pik⁷	piek⁷	piek⁷	piek⁷
				pʰiəʔ⁵	pʰieʔ⁵	pʰieʔ⁵		pʰiʔ⁵	pʰiəʔ⁴	pʰiəʔ⁵	pʰiəʔ⁵

尿

suī 小便，名词：射～撒尿（金华）。《广韵》啸韵奴吊切："小便也，或作溺。"《六书故》卷八："息遗切，小浚也。"浚（sǒu）：同溲，小便。不过把息遗切的音写作"尿"也有可能是训读写法。普通话有 niào、suī 二音，分别与奴吊、息遗二切对应。浙江方言符合息遗切。沿用俗字"尿"。

杭州	嘉兴	湖州	绍兴	宁波	舟山	台州	温州	丽水	金华	衢州	建德
xi¹	sii¹	sei¹	xi¹	sy¹	sy¹	sy¹	sii¹	sy¹	sae¹	shy¹	xi¹
ɕi³³	sʅ⁵³	sei⁴⁴	ɕi⁵³	sʮ⁵³	sʮ⁵²	sʮ⁴²	sʅ³³	sʮ²⁴	se³³⁴	ʃy³²	ɕi⁴²³

浼

wò 屎：～急造茅坑比喻临时抱佛脚（宁波）。射～拉屎（金华）。《广韵》过韵乌卧切："泥著物也，亦作污。"《集韵》过韵乌卧切："污也，或作汙。"把屎叫作"浼"的只限于吴语区。俗常作"屙""污"。

杭州	嘉兴	湖州	绍兴	宁波	舟山	台州	温州	丽水	金华	衢州	建德
u⁵	u⁵	u⁵	u⁵	eu⁵	ou⁵		u⁵	u⁵	ue⁵	u⁵	u²
u⁴⁴⁵	u³³⁴	u³⁵	u³³	əu⁴⁴	ou⁴⁴		u⁵¹	u⁵²	uɤ⁵⁵	u⁵³	u³³

秽

huì 粪便。

杭州	嘉兴	湖州	绍兴	宁波	舟山	台州	温州	丽水	金华	衢江山	建德
										ho⁵	
										xo⁵¹	

瘰

lěi 皮肤上起的小疙瘩或凸起的肉瘤：～儿（杭州）。面孔里生只～（舟山）。涨～青春痘（台州）。《广韵》贿韵落猥切："瘰瘰，皮外小起。"本字或为"膼"。膼，《广韵》贿韵落猥切："膼脮，肿貌。"采用较简单的"瘰"字。

杭州	嘉兴	湖州	绍兴	宁波	舟山	台州	温州	丽水	金华	衢州	建德
lei³	le⁶	lei³	le⁴	lai²	lai⁶	le¹	lai⁴	lei³	lae³		le³
lei⁵³	le²¹³	lei⁵²³	le²²³	lʁi¹³	lai¹³	lə⁴²	lai¹⁴	lei⁵⁴⁴	le⁵³⁵		le²¹³

瘃

zhú 【冻瘃】冻疮。《广韵》烛韵陟玉切："寒疮也。"

杭州	嘉兴	湖州	绍兴	宁波	舟山	台州	温州	丽水	金华	衢州	建德
	zok⁷		zok⁷	zok⁷	zok⁷						
	tsoʔ⁵		tsoʔ⁵	tsoʔ⁵	tsoʔ⁵						

魇

yǎn 痂，伤口或疮口表面上凝结成的块状物，愈合后会自行脱落：结～儿（杭州）。～儿疤（温州）。《集韵》琰韵於琰切："疡痂也。"台州为小称音。也有作"厣"（yǎn）（见 30 页）。

杭州	嘉兴	湖州	绍兴	宁波	舟山	台州	温州	丽水	金华	衢州	建德
ie³	ie³	ie³	ien³	i³	i³	ie⁹	i³	iae³	ie³	ien³	ie³
ie⁵³	ie⁴⁴	ie⁵²³	iẽ³³⁴	i³⁵	i⁴⁵	ie⁵¹	i²⁵	iɛ⁵⁴⁴	ie⁵³⁵	iẽ³⁵	ie²¹³

瘌

là 【瘌痢头】头上长黄癣，也指头上长黄癣的人。

杭州	嘉兴	湖州	绍兴	宁波	舟山	台州	温州	丽水	金华	衢州	建德
lek⁸	lak⁷	lak⁸						loɔk⁸	lek⁸	lak⁸	lo³
ləʔ²²	laʔ²⁵	laʔ²²						loʔ²³	ləʔ²¹²	laʔ¹²	lo²¹³

癞

lài 【癞头】头上长黄癣，也指头上长黄癣的人。《广韵》泰韵落盖切："疾也。《说文》作'疠'：'恶疾也。'今为疫疠字。"

杭州	嘉兴	湖州	绍兴	宁波	舟山	台州	温州	丽水	金华	衢州	建德
			la⁶	la²	la⁶	la⁶	la⁶		la⁶		la⁶
			la²²	la¹³	la¹³	la²⁴	la²²		lɑ¹⁴		lɑ⁴⁵

聳

péng 【聋聳】【耳朵聋聳】聋子。[清]王浚卿《冷眼观》第十三回："但你不该对着聋聳骂瞎子。"《汉语大字典》未收此字，汉语拼音据《中华字海》。

杭州	嘉兴	湖州	绍兴	宁波	舟山	台州	温州	丽水	金华	衢州	建德
baŋ²	ban²	ban²	baŋ⁶	ba²	ban²	ban⁶	biae⁶	ban²	baŋ²	bian²	bae²
baŋ²¹³	bã³¹	bã¹¹²	baŋ²²	ba¹³	bã²³	bã²⁴	biɛ²²	bã²²	bɑŋ³¹³	biã²¹	pe³³

嬷

mó 泛称年老的妇女，有的方言指比父母年长的女性，有的方言指奶奶，多重叠使用：阿～对年长女性的尊称（温州）。《字汇·女部》："俗呼母为嬷嬷。"另见 60 页。

杭州	嘉兴	湖州	绍兴	宁波	舟山	台州	温州	丽水	金汤溪	衢州	建德
	mo²	mo¹	mo¹			mo¹			mo⁷		ma²
	mo²³¹	mo⁵³	mo⁵²			mo³³			mo⁵⁵		ma¹³

嬷

mó 【老嬷】老婆：讨～。浙江方言与"马"字同音或近音。本字或为"母"。母，《广韵》厚韵莫厚切："父母。"《六书故》卷九："古书母马同音，皆莫古切。今世俗母马同音，皆莫假切。"莫假切的"母"后来即作"妈"字。采用表音字"嬷"。另见 60 页。

杭萧山	嘉兴	湖州	绍兴	宁波	舟山	台州	温州	丽水	金华	衢州	建德
mo⁶			mo⁴					muo³	mea³	ma²	mo²
mo³¹			mo⁻³¹					muo⁵⁴⁴	mɤa⁵³⁵	ma²¹	mo³³

䗈

jiě 妈。《集韵》哿韵子我切："《博雅》：'䗈媞，母也。'"《字汇·母部》："兹野切，音姐，羌人呼母。"

杭州	嘉兴	湖州	绍兴	宁波	舟山	台州	温州	丽庆元	金华	衢江山	建德
								jia³		jia¹	
								tɕia³³		tɕia⁴⁴	

姆

m̄ 【姆妈】妈妈。浙江方言均读自成音节的 [m]，或由后字"妈"声母延长而来。采用俗字"姆"。

婺 妗 姊 伢 | 061

杭州	嘉兴	湖州	绍兴	宁波	舟山	台州	温乐清	丽水	金华	衢州	建德
m¹	m²	m¹	m⁵	m²	m⁵	m¹	m¹		m⁵	m⁶	m³
m³³	m³¹	m⁴⁴	m³³	m¹³	m⁴⁴	m⁴²	m³³		m⁵⁵	m⁻³³	m²¹³

婺 mí 妈。《广韵》支韵武移切:"齐人呼母。"

杭州	嘉兴	湖州	绍兴	宁波	舟山	台州	温州	丽水	金华	衢开化	建德
								mei¹	mae⁵	mae³	
								mei²⁴	mɛ⁵⁵	mɛ⁵³	

妗 jìn 舅妈:娘~舅妈（台州）。~娘儿舅妈（温州）。《集韵》沁韵巨禁切:"俗谓舅母曰妗。"古为浊去，浙江方言声调不合。

杭州	嘉兴	湖州	绍兴	宁波	舟山	台州	温州	丽水	金永康	衢州	建德
			jing²			jing²	jiang⁴	jin²	gieing⁴		
			dzin²³¹			dzin³¹	dzian¹⁴	dzin²²	giein³²³		

姊 zǐ 姐:~妹｜大~｜~夫。《广韵》旨韵将几切，注意与"姐"（马韵兹野切）的韵母不同，不能写作"姐"。

杭州	嘉兴	湖州	绍兴	宁波	舟山	台州	温州	丽水	金华	衢州	建德
ji³	ji³	ji³	ji³	ji³	ji³	zɿ¹	zɿ³	zɿ³	zi³	zɿ³	ji³
tɕi⁵³	tɕi⁴⁴	tɕi⁵²³	tɕi³³⁴	tɕi³⁵	tɕi⁴⁵	tsɿ⁴²	tsɿ²⁵	tsɿ⁵⁴⁴	tsi⁵³⁵	tsɿ³⁵	tɕi²¹³

伢 yá 孩子:小~儿（杭州）。细~鬼儿小孩儿（武义）。

杭州	嘉兴	湖州	绍兴	宁波	舟山	台州	温州	丽水	金武义	衢州	建德
ia²		nga²	nga²						ua²	nga²	
ia²¹³		ŋa¹¹²	ŋa¹³						ua⁻⁵³	ŋa²¹	

囡 nān ❶ 女儿：一个儿，一个～。～儿女儿（温州）。七儿八～形容子女多（建德）。❷ 女孩儿：葛个～生得好这个女孩儿长得漂亮（金华）。❸ 泛指孩子：小～头（嘉兴）。本字为"女"，也有作"奶""娜"，采用通行俗字"囡"。很多方言为"女儿"的小称音。有的方言在"儿囡儿女"里读另外的音，如宁波读 [no¹³]，汤溪读 [no¹¹³]。

杭州	嘉兴	湖州	绍兴	宁波	舟山	台州	温州	丽水	金华	衢州	建德
nuo¹	nee²	nuo³	neon²	neo²	neo²	nae¹	na²	nong³	nan⁶	na⁶	no³
nuo³³	nɤ³¹	nuo⁵²³	nõ²³¹	nø¹³	nø²³	ne⁴²	na³¹	nɔŋ⁵⁴⁴	nã¹⁴	na²³¹	no²¹³

农 nóng 人：一个～｜浙江～｜大～｜好～｜别～。也可用作单数人称代词词尾，例如汤溪"我农我" [a¹¹nɑo¹¹³]、"尔农你" [n¹¹nɑo¹¹³]、"渠农他" [ɡɯ¹¹nɑo⁰]。《庄子·让王》："石户之农。"[唐]成玄英疏："农，人也，今江南唤人作农。"常作"侬"，或写作训读字"人"。

杭州	嘉兴	湖州	绍新昌	宁波	舟山	台州	温州	丽龙泉	金汤溪	衢江山	建淳安
			noon²			nang²	neng²	nao²	nang²		loom²
			nɔ̃²²			naŋ³¹	nəŋ²¹	nɑo¹¹	naŋ²¹³		lɔm⁴⁴⁵

孺 rú 【孺人】妇人，已婚妇女：老～（台州）。～子（金华）。新～新娘（温州）。～家妇人（建德）。《广韵》遇韵而遇切："稚也。"古时称大夫的妻子，明清时为七品官的母亲或妻子的封号，也指妇人。[明]佚名《梼杌闲评》：

"小娘叫对你说,明日老太太同嬬人们下园来看花。"本字或为"嬬"。嬬,《广韵》虞韵人朱切:"妻名。"

杭州	嘉兴	湖州	绍兴	宁波	舟山	台州	温州	丽水	金华	衢江山	建德
						sy²	zii²		xy⁶	xye²	y⁶
						zʮ³¹	zl̩³¹		çy⁻⁵⁵	ʑyə²¹³	y⁴⁵

产

chǎn 【产母】【产娘】【产妇】产妇。

【做产母】【做产】坐月子。《广韵》产韵所简切,古为擦音声母,浙江方言多读 [s] 声母,符合古音;杭州读 [tsʰ] 声母,可能是受官话影响所致;建德读 [ts] 声母,声母特殊。

杭州	嘉兴	湖州	绍兴	宁波	舟山	台州	温州	丽水	金华	衢州	建德
cae³	so³	su³	so³	sae³	san¹	sae¹		san³	sua³	san³	zae³
tsʰe⁵³	so⁴⁴	su⁵²³	so³³⁴	sɛ³⁵	sã⁵²	sɛ⁴²		sã⁵⁴⁴	suɑ⁵³⁵	sã³⁵	tse²¹³

珓

jiào 占卜用具,用一正一反两片竹片制成,或以铜钱充当:打~杯 打卦(温州)。阴~|阳~(建德)。《集韵》效韵居效切:"杯珓,巫以占吉凶器者。"

杭州	嘉兴	湖州	绍兴	宁波	舟山	台州	温州	丽水	金华	衢州	建德
			goɔ⁵	goɔ¹			guoɔ⁵	ge⁵	gau⁵		goɔ²
			kɔ³³	kɔ⁵³			kuɔ⁵¹	kʌ⁵²	kau⁵⁵		kɔ³³

动词

望 wàng 看,动词:~书|~电影|~得见。泰顺、丽水还可用在动叠式、动量式后表示尝试:尔去问问~_{你去问问看}(泰顺,音[mɔ̃²²³])。算算~_{算算看}|试记~_{试试看}(丽水)。古为微母,浙江方言多读[m]声母,保留古音。另见152页。

杭州	嘉兴	湖州	绍兴	宁波	舟山	台州	温州	丽水	金华	衢州	建德
fang⁶	man⁶	man⁵	maang⁶	moo²	mon⁶	moon⁶	muoo⁶	mong⁶	mong⁶		
vaŋ¹³	mã²¹³	mã³⁵	mɑŋ²²	mɔ¹³	mõ¹³	mɔ̃²⁴	muɔ²²	mɔŋ²³¹	mɔŋ¹⁴		

相 xiàng 看:~毛病(宁海)。~书|~电影|头前间屋~着爻_{前面这间房子看到了}(三门)。东望西~_{东张西望}(汤溪)。宁海、台州还可用在动叠式、动量式后表示尝试:你忖忖~_{你想想看}|试记~_{试试看}(台州)。《广韵》漾韵息亮切:"视也。"

杭州	嘉兴	湖州	绍兴	宁_{宁海}	舟山	台_{三门}	温州	丽_{云和}	金_{汤溪}	衢州	建德
				xian⁵	xian⁵	xian⁵		xian⁵	see⁵		
				ɕiã³⁵	ɕiã⁴⁴	ɕiã⁵⁵		ɕiã⁵⁵	sɤ⁵²		

觑 qù 看,多指眯着眼看:近~眼儿_{近视眼}(杭州)。花~眼_{近视眼}(舟山)。眯~着眼看(金华)。眼睛~起来看(建德)。金华还可用在动叠式、动量式后表示尝试,读音弱化为[tsʰiº][tsʰieº][tɕʰiº][tɕʰieº]:试试~|侬想想~|去问问渠~|望记~|两个人比记~。《广韵》御韵七虑切:"伺视也。"《分韵撮要》:

"窃视曰觑。"汉语书面语有"面面相觑""不可小觑"。也有作"瞭、覗、眙、瞥"。瞭,《广韵》霁韵七计切:"视也。"覗,《广韵》脂韵取私切:"盗视。"眙,《广韵》志韵丑吏切:"直视。"瞥,《广韵》霁韵苦计切:"省视。"均与方言读音不完全吻合。采用"觑"字。

杭州	嘉兴	湖州	绍兴	宁波	舟山	台州	温州	丽水	金华	衢龙游	建德
qi¹			qi⁵	cy⁵	qi⁵	cii⁵	cii⁵	cii¹	ci⁵	qi⁵	qi¹
tɕʰi³³			tɕʰi³³	tsʰʮ⁴⁴	tɕʰi⁴⁴	tsʰɿ⁵⁵	tsʰɿ⁵¹	tsʰɿ²⁴	tsʰɿ⁵⁵	tɕʰi⁵¹	tɕʰi⁴²³

睒 shà

眨:~眼睛。眼睛一~(舟山)。《集韵》洽韵色洽切:"目睫动貌。"

杭州	嘉兴	湖州	绍兴	宁波	舟山	台州	温州	丽水	金华	衢州	建德
sak⁷	sak⁷	sak⁷	saek⁷	sak⁷	sak⁷						
saʔ⁵	saʔ⁵	saʔ⁵	sɛʔ⁵	saʔ⁵	saʔ⁵						

撑 chēng

睁:眼睛~开。本字或为"瞠"。瞠,《广韵》庚韵丑庚切:"直视貌。"

杭州	嘉兴	湖州	绍兴	宁波	舟山	台州	温州	丽水	金华	衢州	建德
					can¹		can¹	cang¹	qian¹	cae¹	
					tsʰã⁴²		tsʰã²⁴	tsʰɑŋ³³⁴	tɕʰiã³²	tsʰɛ⁴²³	

睑 jiá

合上眼睛,眨眼睛:眼睛~起来。《广韵》洽韵古洽切:"眼细暗。"本字或为"合"。合,《广韵》合韵古沓切:"合集。"

杭州	嘉兴	湖州	绍兴	宁波	舟山	台州	温州	丽水	金华	衢州	建德
gek⁷	gak⁷	gek⁷	gek⁷	gak⁷	gak⁷	giek⁷	gy⁷	gaek⁷	ge⁵	gak⁷	gi⁶
kəʔ⁵	kaʔ⁵	kəʔ⁵	ke⁵	kaʔ⁵	kaʔ⁵	kieʔ⁵	ky³¹²	kɛʔ⁵	kɤ⁵⁵	kaʔ⁵	ki⁴⁵

喷 pèn 用鼻子闻。《广韵》慁韵普闷切："吐气。"《说文·口部》："一曰鼓鼻。"韵母读音不甚合，汤溪与"碰"同音。

杭州	嘉兴	湖州	绍兴	宁波	舟山	台州	温泰顺	丽景宁	金汤溪	衢开化	建德
							pong^1	peng^1	pao^5	peeng^1	
							pʰoŋ^{42}	pʰəŋ^{324}	pʰɑo^{52}	pʰɤŋ^{44}	

齆 wèng 鼻子堵塞不通气：～鼻头。《广韵》送韵乌贡切："鼻塞曰齆。"注意"齆"为异体。湖州、绍兴读自成音节的鼻音，宁波、舟山读 [n] 声母，声母特殊。

杭州	嘉兴	湖州	绍兴	宁波	舟山	台州	温州	丽水	金华	衢州	建德
ong^5	ong^5	m^2	ng^5	nong^1	nong^5	ong^1	ong^5				
oŋ^{445}	oŋ^{334}	m^{112}	ŋ^{33}	noŋ^{53}	noŋ^{44}	oŋ^{42}	oŋ^{51}				

擤 xǐng 捏住鼻子，用气排出鼻涕。《五音集韵》梗韵虎梗切："捻鼻中麤也。"浙江部分方言读洪音（汤溪读 [xai^{535}]），部分方言读细音。

杭州	嘉兴	湖州	绍兴	宁波	舟山	台州	温州	丽水	金华	衢州	建德
heng^5	hong^5	hen^5	xing^3	xing^3	xing^3	heng^1		xing^3	xing^3	heng^3	hen^3
xəŋ^{445}	hoŋ^{334}	hən^{35}	ɕiŋ^{334}	ɕiŋ^{35}	ɕiŋ^{45}	həŋ^{42}		ɕiŋ^{544}	ɕiŋ^{535}	xəŋ^{35}	xen^{213}

咥 dié 吃，也泛指喝、吸等：～饭吃饭｜～茶喝茶｜～烟抽烟。《广韵》屑韵丁结切："蛇咥氏，蕃姓。"又屑韵徒结切："啮也。"啮（niè）：咬。松阳、江山读音符合丁结切，意义接近徒结切。

杭州	嘉兴	湖州	绍兴	宁波	舟山	台州	温州	丽松阳	金华	衢江山	建德
								diaek^7		diek^7	
								tiɛʔ^5		tiəʔ^5	

啮

niè 咬：～弗动。《广韵》屑韵五结切："噬也。"噬（shì）：咬。

杭州	嘉兴	湖州	绍兴	宁波	舟山	台州	温州	丽水	金华	衢常山	建德
								nguaek8 e6		ngeek8	
								ŋuɛʔ23	ɤ14	ŋɤʔ34	

呷

xiā 喝：侬酒～去｜侬茶～口起你先喝口水（金华）。《广韵》狎韵呼甲切："《说文》曰：'吸呷也。'"

杭州	嘉兴	湖州	绍兴	宁波	舟山	台州	温州	丽水	金华	衢常山	建德
						haek7		ha7		hua5	hak7
						hɛʔ5		ha312		xuɑ55	xaʔ5

唱

wà 大口喝：碗酒几口部～～肚里去—碗酒几口就灌下去了（汤溪）。《广韵》没韵乌没切："咽也。"

杭州	嘉兴	湖州	绍兴	宁波	舟山	台州	温州	丽水	金汤溪	衢州	建德
						uek7			uei7		
						uəʔ5			uei55		

渳

mǐ 小口饮：～两口｜老酒～～。《广韵》纸韵绵婢切："水貌。《说文》：'饮也。'"

杭州	嘉兴	湖州	绍兴	宁波	舟山	台州	温州	丽水	金华	衢州	建德
mi1	mi1	mi1	mi1	mi2	mi5	mi5	mei1	mi1	mi1		mi3
mi33	mi53	mi44	mi53	mi13	mi44	mi55	mei33	mi24	mi32		mi213

嗍 suō

吮吸,嘬：～蛳螺吸螺蛳（舟山）。《集韵》觉韵色角切："《说文》：'吮也。'"也作"欶、嗽、嗾"。[汉]班固《汉书·佞幸传·邓通》："文帝尝病痈,邓通常为上嗽吮之。"[清]胡文英《吴下方言考》卷十："嗍,咀吮物也,吴中谓咀物令出曰嗍。"今通作"嗍"。

杭州	嘉兴	湖州	绍兴	宁波	舟山	台州	温州	丽水	金汤溪	衢州	建德
suok[7]	sok[7]	suok[7]	sok[7]	sok[7]	sok[7]				sou[7]		
suoʔ[5]	soʔ[5]	suoʔ[5]	soʔ[5]	soʔ[5]	soʔ[5]				sou[55]		

欶 zú

吮吸,舔吸,吸食：～奶｜吃糖要～～吃。《广韵》术韵子聿切："饮也。《玉篇》云：'吮也。'"

杭州	嘉兴	湖州	绍兴	宁波	舟山	台州	温州	丽水	金华	衢州	建德
			zok[7]	zok[7]	zok[7]	zeok[7]	jy[7]	jyk[7]	jyek[7]	zhyek[7]	jyek[7]
			tsoʔ[5]	tsoʔ[5]	tsoʔ[5]	tsøʔ[5]	tçy[312]	tçy[7]	tçyəʔ[4]	tʃyəʔ[5]	tçyəʔ[5]

哽 gěng

噎,浙江北部地区专指被鱼骨头噎住：骨头～牢（嘉兴）。《广韵》梗韵古杏切："哽咽。"也作"鲠"。鲠,《广韵》梗韵古杏切："刺在喉。"古为清上,宁波、舟山、台州读浊声母阳平,其他点声调不一。

杭州	嘉兴	湖州	绍兴	宁波	舟山	台州	温州	丽水	金华	衢龙游	建德
gang[5]	gan[3]	gan[3]	gang[3]	ga[2]	gan[2]	gan[2]	giae[3]	gan[2]	gang[5]	gae[5]	gae[2]
kaŋ[445]	kã[44]	kã[523]	kaŋ[334]	ga[13]	gã[23]	gã[31]	kiɛ[25]	gã[22]	kaŋ[55]	kɛ[51]	kɛ[33]

疲 fàn

呕吐。《广韵》愿韵芳万切："吐疲。"《集韵》愿韵方愿切："心恶病。"古为清去,汤溪读阴平,建德读上声,声调不合。

杭州	嘉兴	湖州	绍兴	宁波	舟山	台州	温州	丽水	金汤溪	衢州	建德
fae⁵	fae⁵	fae⁵	faen⁵	fae⁵	fae⁵	fae⁵	fa⁵	fan⁵	fo¹	fan⁵	fae³
fɛ⁴⁴⁵	fɛ³³⁴	fɛ³⁵	fɛ³³	fɛ⁴⁴	fɛ⁴⁴	fɛ⁵⁵	fa⁵¹	fã⁵²	fo²⁴	fã⁵³	fɛ²¹³

哅 hǒu

气喘：气急大～气喘吁吁（舟山）。～～声（台州）。～臭病哮喘（衢州）。《集韵》侯韵呼侯切："喉中声。"

杭州	嘉兴	湖州	绍兴	宁波	舟山	台州	温州	丽水	金华	衢州	建德
		heou³				hai³	ho⁵		hew¹	hiu¹	hɯ⁵	hew³
		hɵʉ⁵²³				hai⁴⁵	ho⁵⁵		xɤɯ²⁴	xiu³³⁴	xɯ⁵³	xəɯ²¹³

讴 ōu

叫，喊：～王老师｜～渠归来吃饭。

杭萧山	嘉兴	湖州	绍兴	宁波	舟山	台州	温州	丽遂昌	金华	衢龙游	建德
ei¹			e¹	oey¹	ai¹	oo¹		aw¹	eu¹	oo¹	ew¹
ei⁴⁴			ɤ⁵³	œɤ⁵³	ai⁵²	ɔ⁴²		ɐɯ⁴⁵	eu³³⁴	ɔ³³⁴	əɯ⁴²³

叫 jiào

哭。零声母的读音为脱落声母 [tɕ] 所致。

杭州	嘉兴	湖州	绍兴	宁波	舟山	台州	温州	丽云和	金永康	衢江山	建德
		jioo⁵	jioo⁵	jio⁵	jio⁵			iaoo⁵	ia⁵	iaw⁵	
		tɕiɔ³⁵	tɕiɔ³³	tɕio⁴⁴	tɕio⁴⁴			iɑɔ⁵⁵	iɒ⁵⁴	ieɯ⁵¹	

吠 fèi

狗叫：只狗吓农很会～（汤溪）。《广韵》废韵符废切："犬声。"古为奉母，浙江方言读 [b] 声母，保留古音。

杭州	嘉兴	湖州	绍新昌	宁波	舟山	台州	温州	丽水	金汤溪	衢州	建德
			bi⁶				bei⁶	bi⁶	bie⁶		
			bi¹³				bei²²	bi²³¹	bie³⁴¹		

謶

zuó 骂：～农（温州）。～人（云和）。《集韵》铎韵疾各切："詈也。"

杭州	嘉兴	湖州	绍兴	宁波	舟山	台临海	温州	丽云和	金东阳	衢州	建德
suok⁸			sok⁸	sok⁸	sok⁸	sok⁸	so⁸	sok⁸	suok⁸	sok⁸	
zuoʔ²			zoʔ²	zoʔ²	zoʔ²	zoʔ²³	zo²¹²	zoʔ²³	zuoʔ³²⁴	zoʔ¹²	

齼

bà 牙齿外露：～牙｜～牙齿。《集韵》祸韵步化切："齿出白。"（"白"疑为"貌"之误）汤溪说 [bə³⁴¹]，或为"鲍"字。鲍，《集韵》爻韵蒲交切："齿露。"汤溪韵合调不合。

杭州	嘉兴	湖州	绍兴	宁波	舟山	台州	温州	丽水	金华	衢州	建德
ba²	bo⁶	buo⁶	bo⁶	bo²	bo⁶	bo⁶	bo⁶	buo²	bea⁶	ba⁶	
ba²¹³	bo²¹³	buo²⁴	bo²²	bo¹³	bo¹³	bo²⁴	bo²²	buo²²	bɤa¹⁴	bɑ²³¹	

捋

luō 顺手卷、抹：～手臂。～手打臂捋起袖子，摩拳擦掌（金华）。《广韵》末韵郎括切："手捋也，取也，摩也。"

杭州	嘉兴	湖州	绍兴	宁波	舟山	台州	温州	丽水	金华	衢州	建德
lek⁸	lek⁷	lek⁸	lok⁸	lak⁸	lak⁸	leok⁸	lai⁸	leek⁸	lek⁸	lek⁸	lu³
ləʔ²	ləʔ⁵	ləʔ²	loʔ²	laʔ²	laʔ²	ləʔ²	lai²¹²	lʌʔ²³	ləʔ²¹²	ləʔ¹²	lu²¹³

搣

miè 捻，拧：～纸搣捻纸捻｜帮把螺丝～～紧（金华）。《广韵》薛韵亡列切："手拔，又摩也，批也，捽也。"古为浊入，浙江部分方言读作阴入，声调特殊。

杭州	嘉兴	湖州	绍兴	宁波	舟山	台州	温州	丽水	金华	衢州	建德
miek[7]	miek[7]	miek[8]	miek[8]	miek[8]	miek[8]	miek[7]	mi[8]		miaek[7]	mie[5]	miek[8]	mie[3]
mieʔ[5]	mieʔ[5]	mieʔ[2]	mieʔ[2]	miəʔ[2]	mieʔ[2]	mieʔ[5]	mi[212]		miɛʔ[5]	mie[55]	miəʔ[12]	mie[213]

㨳

nù 揉：～粉揉面｜衣裳～记｜～来～去。《集韵》屋韵女六切："揞㨳，不申。"金华又读 [n̠ioʔ⁴]。

杭州	嘉兴	湖州	绍兴	宁波	舟山	台州	温州	丽水	金华	衢州	建德
niok[8]	nyek[7]	niok[8]	niok[8]	nyek[8]	nyok[8]	nyok[8]			niok[8]	niok[8]	nyek[8]	y[6]
n̠ioʔ[2]	n̠yəʔ[5]	n̠ioʔ[2]	n̠ioʔ[2]	n̠yəʔ[2]	n̠yoʔ[2]	n̠yoʔ[2]			n̠ioʔ[23]	n̠ioʔ[212]	n̠yəʔ[12]	y[45]

挼

ruó 抚摩，揉搓：打一记～一记打一下揉一下（舟山）。《集韵》戈韵奴禾切："同挼。"挼，《广韵》戈韵奴禾切："挼莎。《说文》曰：'摧也。一曰两手相切，摩也。'俗作'挼'。"古为泥母，浙江方言读 [n] 声母，符合古音。

杭州	嘉兴	湖州	绍兴	宁波	舟山	台州	温州	丽水遂昌	金华	衢州	建德
no[2]	mu[2]	leu[2]	no[2]	neu[2]	nou[2]	neu[2]	ne[2]	nu[2]	na[2]	nu[2]	
no[213]	nu[31]	ləu[112]	no[231]	nəu[13]	nou[23]	nəu[31]	ne[31]	nu[221]	nɑ[313]	nu[21]	

拓

tà ❶ 涂抹：～面油抹面霜。❷ 煎：～饼。本字为"揭"。揭，《集韵》合韵託合切："冒也，一曰摹也。"今通作"拓"。

杭州	嘉兴	湖州	绍兴	宁波	舟山	台州	温州	丽水	金华	衢州	建德
tek[7]	tak[7]	tak[7]	taek[7]	tak[7]	tak[7]	tek[7]	ta[7]	took[7]		tak[7]	
tʰəʔ[5]	tʰaʔ[5]	tʰaʔ[2]	tʰɛʔ[5]	tʰaʔ[5]	tʰaʔ[5]	tʰaʔ[5]	tʰa[312]	tʰəʔ[5]		tʰaʔ[5]	

扚 dí

用手指掐：～黄豆芽根（舟山）。～人｜～点儿葱来（金华）。《广韵》锡韵都历切："引也。"《字汇·手部》："丁历切，音的，引也，又手掐。"[明]冯梦龙《挂枝儿·散伙》："耳朵儿扚住在床前跪，不信你精油嘴一味里嚼蛆。"

杭州	嘉兴	湖州	绍兴	宁波	舟山	台州	温州	丽青田水	金华	衢州	建德
diek⁷	diek⁷	diek⁷	diek⁷	diek⁷	diek⁷		dei⁷	dik⁷	diek⁷		diek⁷
tieʔ⁵	tieʔ⁵	tieʔ⁵	tieʔ⁵	tiəʔ⁵	tieʔ⁵	tei³¹²	ʔdiʔ⁴²	tiəʔ⁴			tiəʔ⁵

丢 dū

❶ 用指头、棍棒等轻击，戳：～鼓（宁波）。～个洞（温州）。～木鸟儿啄木鸟（金华）。❷ 投掷，投击：一块石头～过去（宁波）。～飞镖｜～堡垒—种游戏（建德）。本字或为"毂"（dú）。毂，《集韵》沃韵都毒切："《说文》：'椎击物也。'"普通话里通作"丢"，采用"丢"字。

杭州	嘉兴	湖州	绍兴	宁波	舟山	台州	温州	丽水	金华	衢州	建德
duok⁷	dok⁷	duok⁷	dok⁷	dok⁷	dok⁷	dok⁷	do⁷	duok⁷	dok⁷	dek⁷	dek⁷
tuoʔ⁵	toʔ⁵	tuoʔ⁵	toʔ⁵	toʔ⁵	toʔ⁵	toʔ⁵	to³¹²	tuoʔ⁵	toʔ⁴	təʔ⁵	təʔ⁵

搒 péng

拍，拍打：～台桌｜衣裳～记得渠把衣服拍打一下（金华）。《广韵》庚韵薄庚切："笞打。"

杭州	嘉兴	湖州	绍兴	宁波	舟山	台州	温州	丽水	金华	衢州	建德
								ban²	baŋ²		bae²
								bã²²	baŋ³¹³		pɛ³³

榷 què

敲，击打：～门｜～背｜乞别农～了被别人打了（庆元）。《广韵》觉韵苦角切："击也。"

杭州	嘉兴	湖州	绍兴	宁波	舟山	台州	温州	丽庆元	金华	衢江山	建德
								kok⁷		kaak⁷	
								kʰoʔ⁵		kʰɒʔ⁵	

撤

dūn 击打，踹：一拳～过去（丽水）。《集韵》魂韵都昆切："击也。"

杭州	嘉兴	湖州	绍兴	宁波	舟山	台州	温州	丽水	金华	衢州	建德
deng¹						deong⁵		den¹	deng¹		
təŋ⁵³						tøŋ⁵⁵		ten²⁴	təŋ³³⁴		

掴

guó 用巴掌打：～一光打一个耳光（舟山）。温州见于"面掌掴巴掌"一词，例如：一个面掌掴甩嘞过一巴掌打了过去。《广韵》麦韵古获切："打也。"《玉篇·手部》："古获切，掌耳。"也作"敆""攗"。

杭州	嘉兴	湖州	绍兴	宁波	舟山	台州	温州	丽松阳	金华	衢州	建德
guek⁷	guak⁷	guak⁷	guak⁷	guak⁷	guek⁷	guak⁷	go⁷		guak⁷		
kuəʔ⁵	kuaʔ⁵	kuaʔ⁵	kuaʔ⁵	kuaʔ⁵	kuəʔ⁵	kuaʔ⁵		ko³¹²	kuaʔ⁵		

揎

xuān 打（耳光）：～面掴打耳光（遂昌）。《广韵》仙韵须缘切："手发衣也。"即手伸出袖子。成语"裸袖揎拳"义为挽起衣袖，露出拳头，形容要打架的样子。

杭州	嘉兴	湖州	绍兴	宁波	舟山	台州	温州	丽遂昌	金华	衢州	建德
xyo¹								xyaen¹	xyen⁵		
ɕyo³³								ɕyɛ⁴⁵	ɕyɔ̃⁵³		

搻 sǒng 推：～车。《集韵》董韵损动切："推也。"也作"扨"。扨，《广韵》肿韵息拱切："执也。"意义不合。从形声关系和意义考虑，采用"搻"字。

杭州	嘉兴	湖州	绍兴	宁波	舟山	台州	温州	丽水	金华	衢州	建德
soŋ³		soŋ⁵	soŋ³	soŋ³	soŋ³	soon¹	soŋ³		soŋ³	soŋ³	saom³
soŋ⁵³		soŋ³⁵	soŋ³³⁴	soŋ³⁵	soŋ⁴⁵	sɔ̃⁴²	soŋ²⁵		soŋ⁵³⁵	soŋ³⁵	saom²¹³

掼 guàn ❶投掷：～手榴弹。❷丢弃：～垃圾。❸捶打：～衣裳。❹摔，跌：～倒。

杭州	嘉兴	湖州	绍兴	宁波	舟山	台州	温州	丽水	金华	衢州	建德
guae⁶	guae⁶	guae⁶	guaen⁶	guae²	guae⁶	guae⁶	ga⁶	guan⁶	gua⁶	guan⁶	kuae⁶
guɛ¹³	guɛ²¹³	guɛ²⁴	guɛ̃²²	guɛ¹³	guɛ¹³	guɛ²⁴	ga²²	guã²³¹	guɑ¹⁴	guã²³¹	kʰuɛ⁴⁵

撮 cuō 拾：～起来。《广韵》末韵仓括切："六十四黍为圭，四圭为撮。撮，手取。"《说文·手部》："四圭也，一曰两指撮也。"

杭州	嘉兴	湖州	绍兴	宁波	舟山	台州	温州	丽水	金华	衢州	建德
cek⁷	cek⁷	cek⁷	cek⁷	cak⁷	cak⁷	ceok⁷	cai⁷	ceek⁷	cek⁷	cek⁷	
tsʰəʔ⁵	tsʰəʔ⁵	tsʰəʔ⁵	tsʰeʔ⁵	tsʰaʔ⁵	tsʰaʔ⁵	tsʰøʔ⁵	tsʰai³¹²	tsʰʌʔ⁵	tsʰəʔ⁴	tsʰəʔ⁵	

掇 duō 用双手端着拿、搬：帮末张凳～来 把那张凳子搬过来（金华）。《广韵》末韵丁括切："拾掇也。"

杭州	嘉兴	湖州	绍兴	宁波	舟山	台州	温州	丽水	金华	衢龙游	建德
dek⁷	dek⁷	dek⁷	dok⁷	dak⁷	dak⁷	deok⁷	deo⁷	deek⁷	de⁵	dek⁷	
təʔ⁵	təʔ⁵	təʔ⁵	toʔ⁵	taʔ⁵	taʔ⁵	tøʔ⁵	tø³¹²	tʌʔ⁵	tɤ⁵⁵	təʔ⁴	

擎

qíng　举：手～起。《广韵》庚韵渠京切："举也。"

杭州	嘉兴	湖州	绍兴	宁波	舟山	台州	温州	丽水	金华	衢州	建德
			jing²	jing²			jiang²		jing²	jin²	jin²
			dʑiŋ²³¹	dʑiŋ¹³			dʑiaŋ³¹		dʑiŋ³¹³	dʑin²¹	tɕin³³

缚

fù　系（jì），捆绑：～鞋带｜些柴～～好。《广韵》药韵符钁切："系也。"又过韵符卧切；《集韵》过韵符卧切："束也。"又遇韵符遇切："缚绳也。"后者也作"紨"。普通话读 [u] 韵去声，符合符遇切；宁波、舟山、上虞（音 [buˀ³¹]）符合符卧切；其他点符合符钁切。古为奉母，浙江方言多读 [b] 声母，保留古音；衢州读 [v] 声母；绍兴、温州脱落声母。另见 47 页。

杭州	嘉兴	湖州	绍兴	宁波	舟山	台临海	温州	丽水	金华	衢州	建德
buok⁸	bok⁸	buok⁸	uok⁸	beu²	bou⁶	bok⁸	o⁸	buok⁸	bok⁸	fek⁸	
buoʔ²	boʔ²	buoʔ²	uoʔ²	bəu¹³	bou¹³	boʔ²³	o²¹²	buoʔ²³	boʔ²¹²	vəʔ¹²	

扼

è　折叠，包裹：～纸人儿｜～粽（温州）。帮粽箬～上去 把箬叶包到粽子上去（丽水）。《广韵》麦韵於革切："持也，握也，捉也。"

杭州	嘉兴	湖州	绍兴	宁波	舟山	台州	温州	丽水	金华	衢江山	建德
						ngak⁷	a⁷		ngeek⁸		ak⁷
						ŋaʔ⁵	a³¹²		ŋʌʔ²³		aʔ⁵

掅

gé　用力抱，夹住：两个人～作一起 两个人抱在一起｜柴～归来 把柴抱回来（丽水）。一～柴 一合抱的柴火（温州）。本字或为"挟"。挟，《广韵》帖韵胡颊切："怀也，持也，藏也，护也。"舟山又读 [dʑieʔ²]。古为匣母，浙江方言读 [g]

[dʑ] 声母，声母特殊。采用俗字"揿"。

杭州	嘉兴	湖州	绍兴	宁波	舟山	台州	温州	丽水	金华	衢州	建德
gek⁸	gek⁸	gek⁸	jiek⁸	jiek⁸	gak⁸	giek⁸	gi⁸	jiaek⁸	gua⁶	gak⁸	gek⁸
gəʔ²	gəʔ²	gəʔ²	dʑieʔ²	dʑiəʔ²	gaʔ²	gieʔ²	dʑi²¹²	dʑieʔ²³	gua¹⁴	gaʔ²	kəʔ¹²

揿

qìn 摁，按压，掐：～门铃｜～图钉。～项颈颈掐脖子（丽水）。本字为"搇"。搇，《集韵》沁韵丘禁切："按也。"采用俗字"揿"。

杭州	嘉兴	湖州	绍兴	宁波	舟山	台州	温州	丽水	金华	衢州	建德
qing⁵	qing⁵	qin⁵	qing⁵	qing⁵	qing⁵		qin⁵	qing⁵	qing⁵	qin²
tɕʰiŋ⁴⁴⁵	tɕʰiŋ³³⁴	tɕʰiŋ³⁵	tɕʰiŋ³³	tɕʰiŋ⁴⁴	tɕʰiŋ⁴⁴		tɕʰiŋ⁵²	tɕʰiŋ⁵⁵	tɕʰiŋ⁵³	tɕʰiŋ³³

覆

fù 正面朝下趴，倒扣，覆盖：～地上｜碗～桌上。《广韵》屋韵芳福切："反覆，又倒也。"古为敷母，浙江方言多读 [pʰ] 声母，保留古音。舟山读 [f] 声母。

杭州	嘉兴	湖州	绍兴	宁波	舟山	台州	温州	丽水	金华	衢州	建德
puok⁷	pok⁷	puok⁷	pok⁷	pok⁷	fok⁷	pok⁷	pu⁷	peek⁷	pok⁷	pek⁷	pek⁷
pʰuoʔ⁵	pʰoʔ⁵	pʰuoʔ⁵	pʰoʔ⁵	pʰoʔ⁵	foʔ⁵	pʰoʔ⁵	pʰu³¹²	pʰʌʔ⁵	pʰoʔ⁴	pʰəʔ⁵	pʰəʔ⁵

枭

xiāo 掀开，打开：～开。代被～开把被子掀开（温州）。门帘～挈来把门帘掀起来（金华）。[清] 李伯元《官场现形记》第五回："枭开帐子，让张聋子亲自来看。""枭"有悬挂义，如"枭首示众"，但是否本字尚难定论。

杭州	嘉兴	湖州	绍上虞	宁波	舟山	台州	温州	丽水	金华	衢州	建德
xioo¹	xioo¹	xioo¹	xioo¹	xio¹	xio¹	xioo¹	xiae¹		xiau¹	xio¹	xioo¹
ɕiɔ³³	ɕiɔ⁵³	ɕiɔ⁴⁴	ɕiɔ³⁵	ɕio⁵³	ɕio⁵²	ɕiɔ⁴²	ɕie³³		ɕiau³³⁴	ɕiɔ³²	ɕiɔ⁴²³

敁 tǒu ❶把包裹着的东西打开或甩抖开：～开（舟山）。帮草席～开把草席展开（丽水）。❷喘（气）：气都～弗转喘不过来（金华）。《集韵》厚韵他口切："展也。"

杭州	嘉兴	湖州	绍兴	宁波	舟山	台州	温州	丽水	金华	衢州	建德
tei³	te³	tei³	te³		toey³	tai³	tio¹	tau³	tew³	tiu³	te³	tew³
tʰei⁵³	tʰe⁴⁴	tʰei⁵²³	tʰɤ³³⁴		tʰœY³⁵	tʰai⁴⁵	tʰio⁴²	tʰau²⁵	tʰɤɯ⁵⁴⁴	tʰiu⁵³⁵	tʰe³⁵	tʰəɯ²¹³

反 fǎn 用手翻动、扒拉：～鱼鳅捉泥鳅｜～番薯（丽水）。件衣裳晓弗得囥囥哪只箱里，～弗着那件衣服不知道放在哪个箱子里了，找不到｜～上～落到处翻找｜～屋翻修屋顶（汤溪）。《广韵》阮韵府远切："反覆，又不顺也。"本义为翻来覆去。古为非母，温州、丽水读[p]声母，保留古音；汤溪读[m]声母，由保留重唇的[p]演变而来。

杭州	嘉兴	湖州	绍兴	宁波	舟山	台州	温州	丽水	金汤溪	衢州	建德
						fae¹	ba³	ban³	mo³		
						fɛ⁴²	pa²⁵	pã⁵⁴⁴	mo⁵³⁵		

搲 wā 用手抓取、扒取：饭～一口。《集韵》麻韵乌瓜切："手捉物。"《类篇》卷十二上手部："乌瓦切。吴俗谓手爬物曰搲。"古有平、上二声，浙江方言读阴平。俗也作"挖"。挖，本字"穵"。穵，《广韵》黠韵乌八、乌黠二切，入声，与方言读音不合。

杭州	嘉兴	湖州	绍兴	宁波	舟山	台州	温州	丽水	金华	衢州	建德
ua¹	o¹	u¹	uo¹	o¹		uo¹	ua¹				
ua³³	o⁵³	u⁴⁴	uo⁵³	o⁵³		uo⁵²	ua⁴²				

搕

ké ❶ 捉：～鱼｜～贼。❷ 拿：东西～牢_{东西拿住}。《广韵》陌韵苦格切："手把着也。"《集韵》祃韵丘驾切："持也。"浙江方言多读阴去（建德阳平阴去同调），符合丘驾切。俗常作"抲"。抲，《广韵》歌韵虎何切："担抲，俗。"音义皆不合。

杭州	嘉兴	湖州	绍兴	宁波	舟山	台州	温州	丽水	金华	衢州	建德
ko⁵	ko¹	ka⁵	ko⁵	ko⁵	ko¹	ko⁵	ko⁵	kuo⁵	kua⁵	ka⁵	ko²
kʰo⁴⁴⁵	kʰo⁵³	kʰa³⁵	kʰo³³	kʰo⁴⁴	kʰo⁵²	kʰo⁵⁵	kʰo⁵¹	kʰuo⁵²	kʰua⁵⁵	kʰɑ⁵³	kʰo³³

褪

tùn 脱，卸除（穿着、套着的东西），去除（外皮）：～帽｜蛇～壳。《正字通·衣部》："他困切，吞去声。卸衣也，又花谢也。"

杭州	嘉兴	湖州	绍兴	宁波	舟山	台州	温州	丽水	金华	衢州	建德
tuo⁵	tee⁵	tae⁵	teon⁵	teng⁵	teng⁵	teong⁵	tang⁵	ten⁵	teng⁵	teng⁵	ten²
tʰuo⁴⁴⁵	tʰɤ³³⁴	tʰe³⁵	tʰø̃³³	tʰəŋ⁴⁴	tʰəŋ⁴⁴	tʰøŋ⁵⁵	tʰaŋ⁵¹	tʰen⁵²	tʰəŋ⁵⁵	tʰəŋ⁵³	tʰen³³

煺

tuì 用滚水烫除已宰杀的猪、鸡等身上的毛：～猪｜～鸡毛。本字为"煺"。煺，《广韵》灰韵他回切："煺𤍜毛。"《集韵》灰韵通回切："以汤除毛。"古为清平，浙江方言多读阴平，符合语音演变规律。今通作"煺"。

杭州	嘉兴	湖州	绍兴	宁波	舟山	台州	温州	丽水	金华	衢州	建德
tuei¹	te¹	tei¹	tea¹	tai¹	tai¹	te¹	tai¹	tei¹	tae¹	te³	te¹
tʰuei³³	tʰe⁵³	tʰei⁴⁴	tʰE³⁵	tʰɐi⁵³	tʰai⁵²	tʰə⁴²	tʰai³³	tʰei²⁴	tʰɛ³³⁴	tʰe³⁵	tʰe⁴²³

擘

bò 掰开：～开来。《广韵》麦韵博厄切："分擘。"

杭州	嘉兴	湖州	绍兴	宁波	舟山	台州	温州	丽水	金华	衢州	建德
bak⁷	bak⁷	bak⁷									
paʔ⁵	paʔ⁵	paʔ⁵									

脿 pò ❶掰，分开：拨把橘子～开（杭州）。～六谷掰玉米（绍兴）。❷撕，扯：裤裆～开咪（舟山）。❸臂或腿伸张开：脚～开（绍兴）。《广韵》陌韵普伯切："脿，破物也。"《集韵》陌韵匹陌切："破物也。"又麦韵匹麦切："分也，或作'劈'。"

杭州	嘉兴	湖州	绍兴	宁波	舟山	台州	温州	丽水	金华	衢州	建德
pak⁷	pak⁷	pak⁷	pak⁷	pak⁷	pak⁷	pak⁷	pa⁷	pak⁷	pek⁷	pak⁷	pa⁶
pʰaʔ⁵	pʰaʔ⁵	pʰaʔ⁵	pʰaʔ⁵	pʰaʔ⁵	pʰaʔ⁵	pʰaʔ⁵	pʰa³¹²	pʰaʔ⁵	pʰəʔ⁴	pʰaʔ⁵	pʰɑ⁴⁵

拗 ǎo ❶折：棒儿～掉当柴烧（杭州）。棒头～渠断（宁波）。❷使弯曲，扭，扳：～手骨掰手腕（杭州）。代铅丝～转把铅丝拧弯（温州）。丫枝都～到地了（金华）。《玉篇·手部》："乌狡切，拗折也。"金华❷读 [ɑu⁵⁵]。

杭州	嘉兴	湖州	绍兴	宁波	舟山	台州	温州	丽水	金华	衢州	建德
oo³	oo¹	oo¹	oo³	oo³	oo³	oo⁵	uoo³	e³	au³	o³	
ɔ⁵³	ɔ⁵³	ɔ⁴⁴	ɔ³³⁴	ɔ³⁵	ɔ⁴⁵	ɔ⁵⁵	uɔ²⁵	ʌ⁵⁴⁴	ɑu⁵³⁵	ɔ³⁵	

㧅 bìng 拔，拽拉：～菜头拔萝卜（松阳）。～萝卜｜虫牙～掉去（金华）。《广韵》劲韵畀政切："㧅除也。"金华声母 [m] 由 [p] 演变而来。

杭州	嘉兴	湖州	绍兴	宁波	舟山	台州	温州	丽松阳	金华	衢州	建德
								ban⁵	mang⁵	bian⁵	
								pã²⁴	mɑŋ⁵⁵	piã⁵³	

𰠩 duǐ 使劲拉、扯：衣裳～～直（宁波）。你代把裤脚～一～（温州）。《改并四声篇海·力部》都罪切："着力牵也。"

杭州	嘉兴	湖州	绍兴	宁波	舟山	台州	温州	丽水	金东阳	衢州	建德
			dea³	dai³	dai³	de¹	dai³	dei³	de³		
tɐ³³⁴	tɐi³⁵	tai⁴⁵				tə⁴²	tai²⁵		tei⁵⁴⁴	te⁵⁵	

挈 qiè 提：～菜篮。带～父母留给子女财物（金华）。～箕干农活时挑东西用的簸箕（汤溪）。《广韵》屑韵苦结切："提挈，又持也。"

杭州	嘉兴	湖州	绍兴	宁波	舟山	台州	温州	丽水	金华	衢州	建德
			qiek⁷	qiek⁷	qiek⁷	qiek⁷	qi⁷		qiaek⁷	qie⁵	
tɕʰieʔ⁵	tɕʰiəʔ⁵	tɕʰieʔ⁵	tɕʰieʔ⁵				tɕʰi³¹²	tɕʰiɛʔ⁵		tɕʰie⁵⁵	

荡 dàng 涮洗：～痰盂（宁波）。葛茶杯～记得渠把茶杯涮一下（金华）。本字为"盪"。盪，《广韵》荡韵徒朗切："涤盪，摇动貌。《说文》曰：'涤器也。'"简化字作"荡"。另见 99 页。

杭州	嘉兴	湖州	绍兴	宁波	舟山	台州	温州	丽水	金华	衢州	建德
dang⁶	dan⁶	dan⁴	daang⁴	doo²	don²	doon²	duoo⁴	dong²	dang³	daan⁶	do³
daŋ¹³	dã²¹³	dã²³¹	daŋ²²³	dɔ¹³	dõ²³	dɔ̃³¹	duɔ¹⁴	dɔŋ²²	taŋ⁵³⁵	dã²³¹	to²¹³

滗 bì 挡住渣滓或泡着的东西，把液体倒出：～药丨水～掉。《广韵》质韵鄙密切："去滓。"

杭州	嘉兴	湖州	绍兴	宁波	舟山	台州	温州	丽水	金华	衢州	建德
biek⁷	biek⁷	biek⁷	biek⁷	biek⁷	biek⁷	biek⁷	bi⁷	bik⁷	biek⁷	biek⁷	biek⁷
pieʔ⁵	pieʔ⁵	pieʔ⁵	pieʔ⁵	piəʔ⁵	pieʔ⁵	pieʔ⁵	pi³¹²	piʔ⁵	piəʔ⁴	piəʔ⁵	piəʔ⁵

捋

lǔ 拧干：～毛巾。《集韵》术韵劣戌切："去滓汁曰捋。"本字或为"挨"。挨，《广韵》屑韵练结切："拗挨，出《玉篇》。"

杭州	嘉嘉善	湖州	绍兴	宁波	舟山	台州	温州	丽水	金东阳	衢州	建德
liek⁸	lik⁷					liek⁸	li⁸	liaek⁸	leik⁸		
lieʔ²	liɿʔ⁵					lieʔ²	li²¹²	liɛʔ²³	leiʔ³²⁴		

绞

jiǎo 把湿衣物拧干：～衣裳｜面布～～燥把毛巾拧干。

杭州	嘉兴	湖州	绍兴	宁波	舟山	台州	温州	丽遂昌	金华	衢州	建德
gɔɔ³	gɔɔ³	gɔɔ³	gɔɔ³	gɔɔ³	gɔɔ³	gɔɔ¹		gaw³	gau³	gɔ³	gɔɔ³
kɔ⁵³	kɔ⁴⁴	kɔ⁵²³	kɔ³³⁴	kɔ³⁵	kɔ⁴⁵	kɔ⁴²		kɐɯ⁵³³	kɑu⁵³⁵	kɔ³⁵	kɔ²¹³

斫

zhuó 砍（树木等）：～树｜～柴。《广韵》药韵之若切："刀斫。"缙云、寿昌读 [t] 声母，本字或为"斲"。斲，《广韵》觉韵竹角切："削也。"《集韵》觉韵竹角切："《说文》：'斫也。'"缙云、寿昌保留知母读 [t] 的古音，武义脱落声母读 [iɔʔ⁵]。为简便起见，采用"斫"字。

杭州	嘉兴	湖州	绍兴	宁波	舟山	台州	温州	丽缙云	金华	衢州	建德
	zok⁷	zuok⁷	zok⁷	zok⁷	zok⁷	zok⁷	jia⁷	do⁷	zok⁷		zo⁶
tsoʔ⁵	tsuoʔ⁵	tsoʔ⁵	tsoʔ⁵	tsoʔ⁵	tsoʔ⁵	tɕia³¹²	to⁴²³	tsoʔ⁴		tsoʔ⁴⁵	

劗

zuān 剁：～肉｜～骨头。《广韵》桓韵借官切："剃发。"《玉篇·刀部》："子践、子丸二切，鬋发也，减也，切也。"《淮南子·主术训》："是犹以斧劗毛，以刃抵木也。"也有作"斩"。

082 | 剚 剺 剢

杭州	嘉兴	湖州	绍兴	宁波	舟山	台州	温州	丽水	金华	衢州	建德
zae¹	zae¹	zae¹	zaen⁶	zae¹	zae¹	zae¹		zan¹	za¹	zan¹	zae¹
tsɛ³³	tsɛ⁵³	tsɛ⁴⁴	dzɛ̃²²	tsɛ⁵³	tsɛ⁵²	tsɛ⁴²		tsã²⁴	tsa³³⁴	tsã³²	tsɛ⁴²³

剚 pī ❶切削成薄片：肉～渠薄眼把肉片得薄一点儿（宁波）。❷剥离植物外皮：～菜叶｜叶～掉去（金华）。《集韵》齐韵篇迷切："削也。"也作"剧、柀、批"。

杭州	嘉兴	湖州	绍兴	宁波	舟山	台州	温州	丽水	金华	衢州	建德
pi¹	pi¹	pi¹	pi¹	pi⁵	pi¹	pi¹	pei¹	pi¹	pie¹		
pʰi³³	pʰi⁵³	pʰi⁴⁴	pʰi⁵³	pʰi⁴⁴	pʰi⁵²	pʰi⁴²	pʰei³³	pʰi²⁴	pʰie³³⁴		

剺 lí 用刀子或其他利器划：执头～开手指划破了（嘉善）。手拨被茅草～开咪（宁波）。《广韵》之韵里之切："剥也。"《说文·刀部》："剥也，划也。"古为浊平，浙江各地方言声调不一。

杭州	嘉兴嘉善	湖州	绍兴	宁波	舟山	台州	温州	丽水	金华	衢江山	建德
li¹			li⁴	li²	li²	li²	lei⁶	lik⁸	li³	lea⁴	li³
li⁵³			li²²³	li¹³	li²³	li³¹	lei²²	liʔ²³	li⁵³⁵	lᴇ²²	li²¹³

剢 luò 割：否听话，头代渠～落爻如果不听话，就把他的头割下来（温州）。《广韵》铎韵卢各切："去皮节，又剔也。"也作"斫"。

杭州	嘉兴	湖州	绍兴	宁波	舟山	台州	温州	丽水	金华	衢州	建德
luok⁸		luok⁸					lo⁸				
luoʔ²		luoʔ²					lo²¹²				

掘 坌 挢 轧 | 083

掘 jué 用锄头挖：～契一个洞挖了一个洞｜～毛芋｜～藏挖掘宝藏（金华）。《广韵》物韵衢物切："掘地。"

杭州	嘉兴	湖州	绍兴	宁波	舟山	台州	温州	丽水	金华	衢州	建德
jyek⁸	jyek⁸	jiek⁸	jiok⁸				jiai⁸		jyek⁸	guek⁸	
dzyəʔ²	dzyəʔ²	dzieʔ²	dzioʔ²				dziai²¹²		dzyeʔ²³	guəʔ²¹²	

坌 bèn 翻（土），刨：～地｜有眼勿识泰山，灰堆～出鸭蛋（宁波）。《广韵》恩韵蒲闷切："尘也。亦作'坋'。"

杭州	嘉兴	湖州	绍兴	宁波	舟山	台州	温州	丽水	金华	衢州	建德
beng⁶	ben⁶	ben⁶	beng²	beng²		bang²					
bəŋ²¹³	bən²⁴	bẽ²²	bəŋ¹³	bəŋ¹³		baŋ³¹					

挢 jiǎo 撬：～锁。《集韵》宵韵渠娇切："举手谓之挢。"又笑韵渠庙切："举也。"古有平、去二声，湖州、绍兴、温州、汤溪读阳上，声调不合。意义也不甚合。

杭州	嘉嘉善	湖州	绍兴	宁镇海	舟山	台州	温州	丽水	金汤溪	衢州	建德
jioo⁶	jioo⁶	jioo⁴	jioo⁴	jio²	jio²	jioo²	jiae⁴	jie²	jie⁴		
dziɔ¹³	dziɔ¹³	dziɔ²³¹	dziɔ²²³	dzio²⁴	dzio²³	dziɔ³¹	dziɛ¹⁴	dziʌ²²	dziə¹¹³		

轧 gá ❶剪：～头理发。❷碾：～米｜～钢。❸挤，动词：～公交车。❹结交：～朋友｜～姘头。《广韵》黠韵乌黠切："车辗。"古为影母，浙江方言读 [g][k] 声母，声母不合。[清] 李伯元《官场现形记》第十回："陶子尧到了上海这许多时候，也晓得这轧姘头事情是不轻容易的。"本字不详，采用俗字"轧"。另见 121 页。

杭州	嘉兴	湖州	绍兴	宁波	舟山	台州	温州	丽水	金华	衢州	建德
gek⁸	gak⁸	gak⁸	gaek⁸	gak⁸	gak⁸	gak⁸	ga⁸	gook⁸	gek⁸		gek⁸
gəʔ²	gaʔ²	gaʔ²	geʔ²	gaʔ²	gaʔ²	gaʔ²	ga²¹²	gɔʔ²³	gəʔ²¹²		kəʔ¹²

鐴 bèi 摩擦：鞋底～一～再走进来（杭州）。～自来火划火柴（宁波）。～剃刀（金华）。《集韵》霁韵蒲计切："治刀使利。"

杭州	嘉兴	湖州	绍兴	宁波	舟山	台州	温州	丽水	金华	衢州	建德
bi⁶	bi⁶	bi⁶	bi⁶	bi²	bi⁶	bi⁶	bei⁶	bi⁶	bi⁶	bi⁶	pi⁶
bi¹³	bi²¹³	bi²⁴	bi²²	bi¹³	bi¹³	bi²⁴	bei²²	bi²³¹	bi¹⁴	bi²³¹	pʰi⁴⁵

揩 kāi 擦，抹：～桌｜～油｜～布抹布。《广韵》皆韵口皆切："揩擵，摩拭。"

杭州	嘉兴	湖州	绍兴	宁波	舟山	台州	温州	丽水	金华	衢州	建德
ka¹	ka¹	ka¹	ka¹	ka¹	ka¹	ka¹	kua¹	ka¹	kae¹	ka¹	
kʰa³³	kʰa⁵³	kʰa⁴⁴	kʰa⁵³	kʰa⁵³	kʰa⁵²	kʰa⁴²		kʰuɒ²⁴	kʰɑ³³⁴	kʰɛ³²	kʰɑ⁴²³

缴 jiǎo 用毛巾、抹布等擦拭：～桌｜～身擦洗身体。《广韵》筱韵古了切："缠也。"义不甚合。有的方言本字或为"摷"。摷，《广韵》小韵子小切："拭也。"

杭州	嘉兴	湖州	绍兴	宁波	舟山	台州	温州	丽水	金汤溪	衢江山	建德
				jio⁵	jio¹	jioo¹	jiae³	jie³	jie³	giaw³	
				tɕio⁴⁴	tɕio⁵²	tɕio⁵²	tɕiɛ²⁵	tɕiʌ⁵⁴⁴	tɕiə⁵³⁵	kiɐɯ²⁴¹	

拄 zhǔ 用拐杖或棍子顶着支撑：～拐杖｜～棍。《广韵》麌韵知庾切："拄从，旁指。"音义不甚合。本字或为"柱"。柱，《集韵》遇韵株遇切：

"掱也，刺也。"古为知母，丽水、金华读 [t] 声母，保留古音。从词性和通俗角度考虑，采用"拄"字。

杭州	嘉兴	湖州	绍兴	宁波	舟山	台州	温州	丽水	金华	衢州	建德
zy⁵	jy⁵	zii³	jy⁵	zy⁵	zy¹	zy⁵	zii⁵	dy⁵	du⁵	zhy⁵	jy²
tsʮ⁴⁴⁵	tɕy³³⁴	tsɿ⁵²³	tɕy³³	tsʮ⁴⁴	tsʮ⁵²	tsʮ⁵⁵	tsɿ⁵¹	ty⁵²	tu⁵⁵	tʃy⁵³	tɕy³³

畚　chā

春：～米春米。《广韵》洽韵楚洽切："春去皮也。或作'䂃'，俗作'㘝'。"

杭州	嘉兴	湖州	绍兴	宁波	舟山	台州	温州	丽水	金华	衢州	建德
cak⁷				cak⁷					cook⁷		
tsʰaʔ⁵				tsʰaʔ⁵					tsʰɔʔ⁵		

莳　shì

移栽植物，插（秧）：～秧。《广韵》志韵时吏切："种莳。"《广雅·释地》："种也。"

杭州	嘉兴	湖州	绍兴	宁波	舟山	台州	温州	丽水	金华	衢江山	建德
										se⁶	
										zə³¹	

絻　mán

缀，缀合：～裆裤连裆裤，不开裆的裤子。《广韵》桓韵母官切："连也。"也有作"㡢"（mǎn）。㡢，《广韵》桓韵母官切："无穿孔状。"宁波又读 [m¹³]。

杭州	嘉兴	湖州	绍兴	宁波	舟山	台州	温州	丽水	金华	衢州	建德
muo⁶	mee²	mae²		meu²	meo²	meo²	meo²			miẽ⁶	mae²
muo¹³	mɤ³¹	mɛ¹¹²		məu¹³	mø²³	mø³¹	mø³¹			miẽ²³¹	mɛ³³

绲

gǔn ❶ 沿着衣服等的边缘缝上布条、带子等，缝合：～边（杭州）。～条绲边儿（宁波）。帮夹袄～起把夹袄的里子缝起来（丽水）。～鞋口绲鞋帮的边儿（金华）。❷ 挽（衣袖、裤腿）：衫袖头～契来袖口挽起来｜裤脚裤腿～高点儿（金华）。《广韵》混韵古本切："带也。"

杭州	嘉兴	湖州	绍兴	宁波	舟山	台州	温州	丽水	金华	衢州	建德
gueng³	gueng³	gun³	kueon³	gueng³	gueng³		gang³	guen³	gueng³	gueng³	guen³
kuaŋ⁵³	kuaŋ⁴⁴	kun⁵²³	kuõ³³⁴	kuaŋ³⁵	kuaŋ⁴⁵		kaŋ²⁵	kuen⁵⁴⁴	kuaŋ⁵³⁵	kuaŋ³⁵	kuen²¹³

绗

háng 用针线缝，固定面儿和里子以及所絮的棉花等。《广韵》映韵下更切："刺缝。"

杭州	嘉兴	湖州	绍兴	宁波	舟山	台州	温州	丽水	金永康	衢州	建德
ang²	an²	an²	ang²	oo²	on²	oon²		ong²	ang²	aan⁶	ho²
aŋ²¹³	ã³¹	ã¹¹²	aŋ²³¹	o¹³	õ²³	ɔ̃³¹		ɔŋ²²	aŋ³³	ã²³¹	xo³³

缉

qī 纳（鞋底、袜底）：～鞋底。《广韵》缉韵七入切："绩也。"绩：把麻搓捻成线或绳。本字或为"刺"。刺，《广韵》昔韵七迹切："穿也。"

杭州	嘉兴	湖州	绍兴	宁波	舟山	台州	温州	丽水	金华	衢州	建德
qiek⁷	qiek⁷	qiek⁷	qiek⁷	qiek⁷	qiek⁷	qiek⁷	cei⁷	qik⁷	ciek⁷	qiek⁷	qiek⁷
tɕʰieʔ⁵	tɕʰieʔ⁵	tɕʰieʔ⁵	tɕʰieʔ⁵	tɕʰieʔ⁵	tɕʰieʔ⁵	tɕʰieʔ⁵	tsʰei³¹²	tɕʰiʔ⁵	tsʰiʔ²⁴	tɕʰieʔ⁵	tɕʰiəʔ⁵

湔

jiān 清洗衣物的局部，例如领子脏了，不把整件衣服放到水里洗，而只把领子单独洗一下：被单～渠记把床单上脏的地方洗一下（舟山）。件棉袄～～囡契把棉袄上脏的地方洗一下，收起来（金华）。《广韵》仙韵子仙切："洗也。"汉语书面语里有"湔洗""湔雪"等词。

杭州	嘉兴	湖州	绍兴	宁波	舟山	台温岭	温州	丽水	金华	衢州	建德
jie¹	jie¹	jie¹			zak⁷	jie³			zia¹		
tɕie³³	tɕie⁵³	tɕie⁴⁴			tsaʔ⁵	tɕie⁴²			tsia³³⁴		

汰 dà

漂洗，洗涤：～衣裳。《广韵》泰韵徒盖切："涛汰。《说文》曰：'淅瀰也。'"《玉篇·水部》："徒盖切，洗也。"

杭州	嘉兴	湖州	绍兴	宁波	舟山	台州	温州	丽水	金华	衢州	建德
da⁶	da⁶	da⁶	da⁶		da⁶	da²	dua⁶	da⁶	dae⁶	ta⁶
da¹³	da²¹³	da²⁴	da²²		da²⁴	da³¹	duɒ²³¹	dɑ¹⁴	dɛ²³¹	tʰɑ⁴⁵

淘 táo

搅拌：～糊。《集韵》豪韵徒刀切："淘淘，水流也。"《正字通·水部》："音陶。淅米也。又荡也。又淘淘，水流貌。又澄汰，与洮同。"也作"洮"。洮，《集韵》豪韵徒刀切："盪也。"

杭州	嘉兴	湖州	绍兴	宁波	舟山	台州	温州	丽水	金华	衢州	建德
dɔɔ²	dɔɔ²	dɔɔ²	dɔɔ²	dɔɔ²	dɔɔ²	dɔɔ²	dea²	de⁶	dau²		dɔɔ²
dɔ²¹³	dɔ³¹	dɔ¹¹²	dɔ²³¹	dɔ¹³	dɔ²³	dɔ³¹	dɜ³¹	dʌ²³¹	dɑu³¹³		tɔ³³

撩 liāo

捞：～饭｜～浮萍。《广韵》萧韵落萧切："取物，又理也。"也作"捞"。捞，《广韵》豪韵鲁刀切，《集韵》萧韵怜萧切。普通话读开口呼，符合鲁刀切的"捞"；浙江方言有 [i] 介音，符合"撩"或怜萧切的"捞"；为便于区别，采用"撩"字。

杭州	嘉兴	湖州	绍兴	宁波	舟山	台州	温州	丽水	金华	衢开化	建德
liɔɔ¹	liɔɔ²	liɔɔ¹	liɔɔ²	lio²	lio²	liɔɔ²	liae²	lie²	liau²	lieew²	liɔɔ²
liɔ³³	liɔ³¹	liɔ⁴⁴	liɔ²³¹	lio¹³	lio²³	liɔ³¹	lie³¹	liʌ²²	liɑu³¹³	liɤɯ²³¹	liɔ³³

装 zhuāng ❶ 做（饭菜），多指做菜：～午饭｜～肉吃。❷ 做，弄，搞：儿子结婚钞票还无没～好（宁波）。尔～何物你干什么？｜何物～眼吃吃弄点什么吃？｜讴渠拨尔～记叫他给你弄一下（台州）。走山上～柴上山弄柴｜你再～下添你再搞一下试试（温州）。❸ 贪。

杭州	嘉兴	湖州	绍兴	宁波	舟山	台州	温州	丽水	金华	衢州	建寿昌
				zoo^1		zoon^1	jyoo^1	jiong^1	jyang^1	zhyaan^1	jyaan^1
				tsɔ^{53}		tsɔ̃^{42}	tɕyo^{33}	tɕiɔŋ^{24}	tɕyaŋ^{334}	tʃyã^{32}	tɕyã^{112}

煆 hàn 蒸，多指用箅子或蒸笼蒸馒头、包子等：～馒头。生～生煎包（湖州）。咸带鱼～～渠（舟山）。～搁筛箅子（建德）。《广韵》翰韵呼旰切："火干。"《正字通·火部》："炙也。"［清］徐珂《清稗类钞·饮食类》："春饼，唐已有之。捣面使极薄，煆熟，即置炒肉丝于中，卷而食之。"

杭州	嘉兴	湖州	绍兴	宁波	舟山	台州	温州	丽水	金华	衢江山	建德
hae^5	hen^5	hai^5	hai^5	he^1	heo^5	hae^5	he^5		haang^5	hae^2	
he^{35}	hẽ^{33}	hɐi^{44}	hai^{44}	hə^{42}	hø^{51}	xe^{52}	xɤ^{55}	xɒŋ^{51}	xe^{33}		

炸 zhá ❶ 用水煮：～鸡卵煮鸡蛋｜～粽｜～芋｜～包萝煮玉米（金华）。❷ 用油炸：油～馃油条（嘉兴）。本字为"煠"。煠，《广韵》洽韵士洽切："汤煠。"也有作"渫"。按简化字作"炸"。有的方言只指水煮或只指油炸。温州指水煮读 [za^{212}]，指油炸读 [dza^{212}]。

杭州	嘉兴	湖州	绍兴	宁波	舟山	台州	温州	丽水	金华	衢州	建德
sak^8	sak^8	sak^8	saek^8	sak^8	sak^8	saek^8	sa^8	sook^8	sua^6	sak^8	so^3
zaʔ^2	zaʔ^2	zaʔ^2	zɛʔ^2	zaʔ^2	zaʔ^2	zɛʔ^2	za^{212}	zɔʔ^{23}	zua^{14}	zaʔ^{12}	so^{213}

氽

cuān 把食物放到沸水里稍微一煮：鱼圆儿～汤｜片儿～（杭州）。～猪肉（台州）。宁波又读[tɕʰiɤ⁵³]。杭州等地"片儿氽"的"氽"通作"川"。

杭州	嘉兴	湖州	绍兴	宁波	舟山	台州	温州	丽水	金华	衢州	建德
cyo¹	cee¹	cae¹	ceon¹	ceo¹	ceo¹	ceo¹	ceo¹	cuae¹	ce¹	cen¹	cae¹
tsʰɥo³³	tsʰɤ⁵³	tsʰɛ⁴⁴	tsʰø̃⁵³	tsʰø⁵³	tsʰø⁵²	tsʰø⁴²	tsʰø³³	tsʰuɛ²⁴	tsʰɤ³³⁴	tsʰʒ³²	tsʰɛ⁴²³

焐

wù 把食物放在水里较长时间地烧煮：～肉｜～粽。本字不详，或为"煀"。煀，《龙龛手鉴》乌古切。[明]冯惟敏《僧尼共犯》第二折："透瓶香满街沽，烂猪头满锅煀。""煀"为清上，浙江方言多读阴去（建德阳平阴去同调），少数点读阴平，声调不合。采用较通俗的"焐"字。

杭州	嘉兴	湖州	绍兴	宁波	舟山	台州	温州	丽水	金华	衢州	建德
u¹	u⁵	u¹	u⁵	u⁵	u⁵	u¹		u⁵	u⁵	u⁵	u²
u³³	u³³⁴	u⁴⁴	u³³	u⁴⁴	u⁴⁴	u⁴²		u⁵²	u⁵⁵	u⁵³	u³³

盐

yán 腌：～菜｜～萝卜。《广韵》艳韵以赡切："以盐腌也。"作动词的"盐"古为浊去，浙江方言多读阳去（宁波阳平阳去同调），符合语音演变规律。名词"盐"盐韵余廉切，古为浊平，普通话和浙江方言都读阳平。

杭州	嘉兴	湖州	绍兴	宁波	舟山	台州	温州	丽水	金华	衢州	建德
ie⁶	ie⁵	ie⁵	ien⁶	i²	i⁶	ie⁶	i⁶	iae⁶	ie⁶	ie⁶	ie⁶
ie¹³	ie³³⁴	ie³⁵	iẽ²²	i¹³	i¹³	ie²⁴	i²²	iɛ²³¹	ie¹⁴	ie⁷	ie⁴⁵

挟

jiā 夹（菜）：～菜。《集韵》洽韵讫洽切：《说文》：'持也。'"（反切上字"讫"为居乙切）又帖韵吉协切："持也。"温州符合讫洽切，其他点符合吉协切，其中丽水脱落声母为零声母。

杭州	嘉兴	湖州	绍兴	宁波	舟山	台州	温州	丽水	金华	衢州	建德
jiek⁷	jiek⁷					jiek⁷	ga⁷	iaek⁷	jia⁵		jie⁶
tɕieʔ⁵	tɕieʔ⁵					tɕieʔ⁵	ka³¹²	iɛʔ⁵	tɕia⁵⁵		tɕie⁴⁵

搛 jiān

夹（菜）：～菜。《集韵》添韵坚嫌切："夹持也。"

杭州	嘉兴	湖州	绍兴	宁余姚	舟山	台州	温州	丽水	金华	衢州	建德
jie¹			jie¹	jien¹	jien¹	ji¹					
tɕie³³		tɕie⁴⁴	tɕiẽ⁵³	tɕiẽ⁴⁴	tɕi⁵²						

筛 shāi

籭：～酒｜～茶。酒～盛酒并用来斟酒的壶（金华）。《广韵》脂韵疏夷切："筛竹……又竹器也。"本字为"籭"。籭，《广韵》支韵所宜切："盪也。"又佳韵山佳切："竹名。"浙江方言读 [a] 等韵，读音符合山佳切，意义符合所宜切（古时饮酒喝茶时要用器具过滤酒糟或茶叶）。今通作"筛"。

杭州	嘉兴	湖州	绍兴	宁波	舟山	台州	温州	丽水	金华	衢州	建德
sa¹	sa¹	sa¹	sa¹			sa¹	suɑ¹	sa¹	sae¹	sa¹	
sa³³	sa⁵³	sa⁴⁴	sa⁵³			sa³³	suɒ²⁴	sɑ³³⁴	sɛ³²	sɑ⁴²³	

䀇 zhù

盛放：～饭｜用袋～䀇用袋子装起来｜袋里～满罢。《集韵》御韵陟虑切："吴俗谓盛物於器曰䀇。"古为知母，云和、武义、永康、龙游等地读 [t][ʔd][l] 声母，保留舌上归舌头的特点。

杭州	嘉兴	湖州	绍兴	宁波	舟山	台州	温州	丽水	金华	衢龙游	建德
			zii⁵	ji⁵	ji⁵	zii⁵	zei⁵	di⁵	jy⁵	di⁵	
			tsɿ³³	tɕi⁴⁴	tɕi⁴⁴	tsɿ⁵⁵	tsei⁵¹	ti⁵²	tɕy⁵⁵	ti⁵¹	

畚

běn 用簸箕撮：～垃圾｜～斗簸箕（杭州）。垃圾～～掉（宁波）。～米｜～谷稻谷（金华）。《广韵》混韵布忖切："草器。"[清]胡文英《吴下方言考》："吴中谓以箕运物为畚。"古为清上，浙江方言多读阴平，声调不合。本字或为"坌"。坌，《广韵》文韵府文切："扫弃之也，又方问切。"汤溪动词读 [mai²⁴]，声母 [m] 由 [p] 演变而来；在名词"～斗撮粮食用的簸箕"里读 [fai³³]，声母为轻唇音。东阳扫进义说 [pɤ⁴²³]，为阴去调，符合方问切（《广韵》去声字作"坌""拚"）。采用俗字"畚"。

杭州	嘉兴	湖州	绍兴	宁波	舟山	台州	温州	丽水	金华	衢州	建德
beng¹	beng¹	ben¹	ben¹	beng¹	beng¹	beng¹	bang³	bae⁵	beng¹	beng¹	ben¹
pəŋ³³	pəŋ⁵³	pən⁴⁴	pẽ⁵³	pəŋ⁵³	pəŋ⁵²	pəŋ⁴²	paŋ²⁵	pe⁵²	pəŋ³³⁴	pəŋ³²	pen⁴²³

戽

hù 用勺子等扬（水），萧山、绍兴也用于"戽浴洗澡"一词。《广韵》暮韵荒故切："戽斗。"戽斗是汲水灌田的斗形农具。

杭萧山	嘉兴	湖州	绍兴	宁波	舟山	台州	温州	丽水	金华	衢州	建德
fu¹			fu⁵	fu⁵	fu⁵	hu⁵	fu⁵	hu⁵	hu⁵	hu⁵	hu²
fu⁴⁴		fu³³	fu⁴⁴	fu⁴⁴	hu⁵⁵	fu⁵¹	xu⁵²	xu⁵⁵	xu⁵³	xu³³	

羯

jié 阉，多指阉猪、牛：～猪。《广韵》月韵居谒切："犗羯。"《集韵》月韵居谒切："《说文》：'羊殺犗也。'"犗（jiè）：阉割过的牛。

杭州	嘉兴	湖州	绍兴	宁波	舟山	台州	温州	丽水	金华	衢州	建德
			jiek⁷	jiek⁷	jiek⁷	jiek⁷	ji⁷	jiaek⁷	jie⁵		ji⁶
			tɕieʔ⁵	tɕieʔ⁵	tɕieʔ⁵	tɕieʔ⁵	tɕi³¹²	tɕieʔ⁵	tɕie⁵⁵		tɕi⁴⁵

獤

dūn 阉：～猪专指阉母猪（温州）。～猪牯阉公猪｜～鸡嬷阉母鸡（庆元）。《广韵》魂韵都昆切："去畜势，出《字林》。"

杭州	嘉兴	湖州	绍兴	宁波	舟山	台州	温州	丽庆元水	金浦江华	衢州	建德
							deo¹	dan¹	den¹		
							tø³³	ʔdæ³³⁵	tən⁵³⁴		

鐉

xiàn 阉（鸡）：～鸡阉鸡、阉过的鸡。《篇海类编》先谏切。《正字通·金部》："音线，今俗雄鸡去势谓之鐉，与宦牛、阉猪、骟马义同。"

杭州	嘉兴	湖州	绍兴	宁波	舟山	台州	温州	丽水	金华	衢州	建德
xie⁵	xie⁵	xie⁵	xien⁵	xi⁵					sie⁵	xien⁵	xie²
ɕie⁴⁴⁵	ɕie³³⁴	ɕie³⁵	ɕiẽ³³	ɕi⁴⁴					sie⁵⁵	ɕiẽ⁵³	ɕie³³

徛

jì 站立：～起来。《广韵》纸韵渠绮切："立也。"粤语通作"企"。另见 150 页。

杭余杭	嘉兴	湖安吉	绍嵊州	宁波	舟山	台州	温州	丽水	金华	衢江山	建德
gae⁶		gea⁴	gea⁴		ji²	ge⁴	gae²	ge³	gea⁴		ge³
gɛ²¹³		gɛ²⁴³	gɛ²²		dʑi³¹	ge¹⁴	ge²²	kɛ⁵³⁵	gɛ²²		kɛ²¹³

隑

ái 站立。《广韵》咍韵五来切："企立。"

杭州	嘉兴	湖州	绍兴	宁余姚	舟岱山	台州	温州	丽水	金华	衢州	建德
			ngea²	nie²	ngae²						
			ŋɛ²³¹	n̠ie¹³	ŋe²³						

跍

kū 蹲：～倒｜～了半日。《广韵》模韵苦胡切："跍，蹲貌。"古为溪母，浙江方言读 [k][g] 声母，声母不合。

杭州	嘉兴	湖州	绍兴	宁波	舟山	台州	温州	丽水	金永康	衢开化	建德
	gu⁴	gu²	gu²	gu²					gu¹	gu²	gu¹
	gu²²³	gu¹³	gu²³	gu³¹					ku²⁴	gu³³	ku⁴⁴

趪 bì

❶ 走：～路（金华）。❷ 跑：～出去（舟山）。～快点（建德）。❸ 追赶：我去拨渠～牢_{我去追上他}（台州）。《集韵》职韵弼力切："走也。"

杭州	嘉兴	湖州	绍兴	宁波	舟山	台州	温州	丽水	金华	衢州	建德
				biek⁸	biek⁸	biek⁸	biek⁸	bi⁸		biek⁸	biek⁸	biek⁸
	bieʔ²	biəʔ²	bieʔ²	bieʔ²	bi²¹²				biəʔ²¹²	biəʔ¹²	piaʔ¹²

赾 shì

跑。《广韵》祭韵时制切："逾也。"

杭州	嘉兴	湖州	绍兴	宁波	舟山	台州	温州	丽水	金华	衢州	建德
						sei⁸					
						zei²¹²					

趰 zá

窜，快行：～进～出（杭州）。白兔～去哚｜我学堂去～一埭_{我去一趟学校}（宁波）。后门介～出逃去哚_{从后门窜出去了}（舟山）。《集韵》盍韵疾盍切："疾走貌。"

杭州	嘉兴	湖州	绍兴	宁波	舟山	台州	温州	丽水	金华	衢州	建德
sak⁸	sak⁸	sak⁸	sak⁸	sak⁸	sak⁸	saek⁸				jiek⁸	sa³
zaʔ²	zaʔ²	zaʔ²	zaʔ²	zaʔ²	zaʔ²	zɛʔ²				dziəʔ¹²	sɑ²¹³

躐 liè

追赶：～去。《广韵》叶韵良涉切："践也。"

杭州	嘉兴	湖州	绍兴	宁波	舟山	台州	温州	丽遂昌	金东阳	衢州	建德
								liaek⁸	liek⁸		
								liɛʔ²³	liəʔ³²⁴		

跷 qiāo

❶ 抬腿：脚～起高｜把腿抬起来（台州）。❷ 瘸：～脚｜瘸腿。《广韵》宵韵去遥切："揭足。"义为抬腿。

杭州	嘉兴	湖州	绍兴	宁波	舟山	台州	温州	丽水	金华	衢州	建德
qioo¹	qioo¹	qioo¹	qioo¹	qio¹	qio¹	qioo¹	qiae¹	qie¹	qiau¹	qio¹	qioo¹
tɕʰiɔ³³	tɕʰiɔ⁵³	tɕʰiɔ⁴⁴	tɕʰiɔ⁵³	tɕʰio⁵³	tɕʰio⁵²	tɕʰiɔ⁴²	tɕʰie³³	tɕʰiʌ²⁴	tɕʰiɑu³³⁴	tɕʰiɔ³²	tɕʰiɔ⁴²³

跁 pán

迈，跨越：～过去｜葛条沟阔猛爻_{太宽了}，我一脚～弗过（台州）。《广韵》衔韵白衔切："步渡水。"也作"跰"。

杭州	嘉兴	湖州	绍兴	宁波	舟山	台州	温州	丽水	金华	衢常山	建德
bae²	bae²	baen²	bae²	bae²	bae²	biae²	ban²		bie²		
bɛ³¹	bɛ¹¹²	bɛ̃²³¹	bɛ¹³	bɛ²³	bɛ³¹	biɛ³¹	bā²²		biɛ³⁴¹		

揭 jiē

挑（担）：～担｜侬～得动弗？（金华）。《广韵》月韵其谒切："担揭物也，本亦作'揭'。"《集韵》月韵其谒切，又薛韵巨列切："担也。"

杭州	嘉兴	湖州	绍兴	宁波	舟山	台州	温州	丽遂昌	金华	衢江山	建德
								gaek⁸	ge⁶	gek⁸	
								gɛʔ²³	gɤ¹⁴	gəʔ²	

掮 qián

用肩扛（káng）东西：行李～到车站去。[清]吴敬梓《儒林外史》第十四回："掮着一把伞，手里拿着一个衣包。"《老残游记》第十三回："只见外边有人掮了一卷行李。"

杭州	嘉兴	湖州	绍兴	宁波	舟山	台州	温州	丽水	金华	衢州	建德
jie²	jie²	jie²									
dzie²¹³	dzie³¹	dzie¹¹²									

扛

gāng 抬：~轿。《广韵》江韵古双切："举鼎。《说文》云：'扛，横关对举也.'秦武王与孟说扛龙纹之鼎，脱膑而死。"本字或为"掆"。掆，《广韵》唐韵古郎切："举也。"今通作"扛"。

杭州	嘉兴	湖州	绍兴	宁波	舟山	台州	温州	丽水	金华	衢州	建德
gang¹	gan¹	gan¹	gaang¹	goo¹	gon²	goon¹		gong¹	gang¹	gaan¹	
kaŋ³³	kã⁵³	kã⁴⁴	kaŋ⁵³	kɔ⁵³	gõ²³	kɔ̃⁴²		kɔŋ²⁴	kaŋ³³⁴	kã³²	

驮

tuó ❶用背负载。❷抱：~出｜~动~否动 抱得动还是抱不动？（温州）。❸拿：~东西｜~得动｜~出来。《广韵》歌韵徒河切："骑也。"《集韵》戈韵唐何切："马负物。"汤溪义为"端"。

杭州	嘉兴	湖州	绍兴	宁波	舟山	台州	温州	丽青田	金华	衢州	建德
do²	du²	deu²	do²	deu²	dou²	deu²	deu²	du²	due²		
do²¹³	du³¹	dəu¹¹²	do²³¹	dəu¹³	dou²³	dəu³¹	dɤu³¹	du²¹	duɤ³¹³		

擐

huàn 用脊背背（bēi），用肩膀扛（káng）：~小人。《广韵》谏韵胡惯切："擐甲。"成语"擐甲执兵"义为身披铠甲，手拿武器，指全副武装。古为匣母去声，浙江方言读[g]声母，声母特殊，声调也不合。

杭州	嘉兴	湖州	绍嵊州	宁宁海	舟山	台州	温州	丽水	金华	衢州	建德
			guaen⁶	guae⁴	guae²	guae²	ga⁴				
			guẽ²⁴	guɛ³¹	guɛ²³	guɛ³¹	ga¹⁴				

趋

qiú 肢体蜷曲，蜷缩：～拢来蜷起来（嘉善）。脚～仔困蜷着腿睡｜该块布会～掉（宁波）。～头缩脑｜小黄鱼炸嘞～拢咪小黄鱼炸得收缩起来了（舟山）。《集韵》尤韵渠尤切："足不伸也，或作趋。"

杭州	嘉嘉善	湖州	绍兴	宁波	舟山	台州	温州	丽水	金华	衢州	建德
gei²	ge²		ge²	goey²	gai²	jiu²		gau²		gew²	
gei²¹³	gə³¹		gɤ²³¹	gœɤ¹³	gai²³	dʑiu³¹		gɑu³¹		gɤɯ²²	

伛

yǔ 弯曲身体：人～来（温岭）。《广韵》麌韵於武切："不伸也，尪也。《荀卿子》曰：'周公伛背。'"尪(wāng)：胫、脊或胸部弯曲的病。

杭州	嘉兴	湖州	绍兴	宁波	舟山	台温岭	温州	丽水	金华	衢州	建德
ei⁵	e⁵	eou⁵	ie⁵	oey⁵		ai⁵	io¹				
ei⁴⁴⁵	e³³⁴	øɯ³⁵	iɤ³³	œɤ⁴⁴		ai⁴⁴	io³³				

射

shè 统称解大小便、放屁：～尿｜～浣屎｜～屁。《广韵》祃韵神夜切："射弓也。"古为船母，浙江方言多读塞擦音声母，符合语音演变规律。照射义的"射"为昔韵食亦切，与解手义的"射"读音不同，如金华读[zəʔ²¹²]。

杭州	嘉兴	湖州	绍兴	宁波	舟山	台州	温州	丽水	金华	衢州	建德
za⁶	sa⁶	za⁶	za⁶	za²	za⁶				jia⁶	zae⁶	ca⁶
dza¹³	za²¹³	dza²⁴	dza²²	dza¹³	dza¹³				dʑia¹⁴	dzɛ²³¹	tsʰɑ⁴⁵

入

rù 肏：～侬咯娘。尔家姆妈～屄（建德）。《广韵》缉韵人执切："得也，内也，纳也。"金华"入"作普通动词表示装入、进入时读[ȵiəʔ²¹²]，符合语音演变规律，可见[zieʔ²¹²]的说法是较晚时从外面传入的。俗常作"日"。

杭州	嘉兴	湖安吉	绍兴	宁波	舟山	台州	温州	丽水	金华	衢州	建德
sek⁸		sek⁸	xiek⁸					xyaek⁸	xiek⁸	shyek⁸	sek⁸
zəʔ²		zəʔ²³	ʑieʔ²					ʑyɛʔ²³	ʑiəʔ²¹²	ʒyəʔ¹²	səʔ¹²

戳 chuō 肏。

杭州	嘉兴	湖州	绍兴	宁波	舟山	台州	温州	丽水	金华	衢开化	建寿昌
cok⁷	cuok⁷									qiook⁷	cook⁷
tsʰɔʔ⁵	tsʰuoʔ⁵									tɕʰiɔʔ⁵	tsʰɔʔ³

匐 fú 趴：～倒困趴着睡（绍兴）。《广韵》屋韵房六切："匍匐，伏地貌。"古为奉母，浙江方言读[b]声母，保留古音。

杭州	嘉兴	湖州	绍兴	宁波	舟山	台州	温州	丽遂昌	金华	衢州	建德
			bok⁸	bok⁸	bok⁸			bewk⁸			
			boʔ²	boʔ²	boʔ²			bəɯʔ²³			

跴 lèi 倒下，躺倒：眠床床～～电视看看（舟山）。～倒摔倒（台州）。根树～得路上｜到床上～记（金华）。《集韵》队韵卢对切："足跌。"

杭州	嘉兴	湖州	绍兴	宁波	舟山	台州	温州	丽水	金华	衢州	建德
lae⁶		lea⁶	lai²	lai⁶	le⁶	lai⁶	lei⁶	lae⁶			le⁶
lɛ¹³		lᴇ²²	lɐi¹³	lai¹³	ləˀ²⁴	lai²²	lei²³¹	lɛ¹⁴			le⁴⁵

蹶 jué 跌倒，僵直倒下：弗小心～去了。《广韵》月韵居月切："失脚。"

杭州	嘉兴	湖州	绍兴	宁波	舟山	台州	温州	丽水	金华	衢州	建德
jyek⁷		jiok⁷	jyek⁷	jyok⁷						zhyak⁷	
tɕyəʔ⁵		tɕioʔ⁵	tɕyəʔ⁵	tɕyoʔ⁵						tʃyaʔ⁵	

伏 fú 孵：～小鸡。《广韵》宥韵扶富切："鸟菢子。"古为奉母去声，浙江方言读[b][pʰ]声母，保留重唇音，声调均为阳去（宁波阳平阳去同调）。本字或为"菢"。菢，《广韵》号韵薄报切："鸟伏卵。"但浙江方言读[u]韵，韵母特殊。俗常作"孵"。孵，《广韵》虞韵芳无切："孵化。"古为敷母平声，方言读音与此不合。

杭州	嘉兴	湖州	绍兴	宁波	舟山	台州	温州	丽水	金华	衢州	建德
bu⁶	bu⁶	bu⁶	bu⁶	bu²	bu⁶	bu⁶	bu⁶	bu⁶	bu⁶	bu⁶	pu⁶
bu¹³	bu²¹³	bu²⁴	bu²²	bu¹³	bu¹³	bu²⁴	bu²²	bu²³¹	bu¹⁴	bu²³¹	pʰu⁴⁵

庵 tún 驻，暂住，停留：侬葛两日～哪里咯？——我～得招待所里｜～两日再去（金华）。《集韵》魂韵徒浑切："居也。"

杭州	嘉兴	湖州	绍兴	宁波	舟山	台州	温州	丽水	金华	衢州	建德
				deng²	deng²	deng⁶			deng²		
				dəŋ¹³	dəŋ²³	dəŋ²⁴			dəŋ³¹³		

困 kùn 睡：～觉。本字为"睏"，按简化字作"困"。

杭州	嘉兴	湖州	绍兴	宁波	舟山	台州	温州	丽水	金华	衢州	建德
kueng⁵	kueng⁵	kun⁵	kueon⁵	kueng⁵	kueng⁵	kueng⁵	keo⁵	kuae⁵	kueng⁵	kueng⁵	kuen²
kʰuəŋ⁴⁴⁵	kʰuəŋ³³⁴	kʰun³⁵	kʰuø̃³³	kʰuəŋ⁴⁴	kʰuəŋ⁴⁴	kʰuəŋ⁵⁵	kʰø⁵¹	kʰuɛ⁵²	kʰuəŋ⁵⁵	kʰuəŋ⁵³	kʰuen³³

嬉

xī 游玩：到上海～。《广韵》之韵许其切：“一曰游也。”

杭富阳	嘉兴	湖州	绍兴	宁波	舟山	台州	温州	丽水	金华	衢州	建德
xi^{1}			xi^{1}	xi^{1}	xi^{1}	xi^{1}	sii^{1}	sii^{1}	xi^{1}	sii^{1}	xi^{1}
ɕi^{53}			ɕi^{53}	ɕi^{53}	ɕi^{52}	ɕi^{42}	sɿ^{33}	sɿ^{24}	ɕi^{334}	sɿ^{32}	ɕi^{423}

荡

dàng 闲逛：～街（宁波）。～～横横东走西逛（舟山）。《广韵》荡韵徒朗切：“大也。”古为浊上，浙江方言多读阳去，音义皆不甚合。本字或为“趤”。趤，《集韵》宕韵大浪切：“趤趤，逸游。”采用俗字“荡”。另见 80 页。

杭州	嘉兴	湖州	绍兴	宁波	舟山	台州	温州	丽水	金华	衢州	建德
dang^{6}	dan^{6}	dan^{6}	daang^{6}	da^{2}	dan^{6}	doon^{6}	duoo^{6}	dong^{6}	dang^{6}	daan^{6}	to^{3}
daŋ^{13}	dã^{213}	dã^{24}	dɑŋ^{22}	da^{13}	dã^{13}	dɔ̃^{24}	duɔ^{22}	dɔŋ^{231}	dɑŋ^{14}	dã^{231}	t^{h}o^{213}

嘈

zào 【罗嘈】吵闹，玩耍。也有作“啰皂”“啰嘈”。采用俗字“嘈”。

杭余杭	嘉兴	湖州	绍兴	宁波	舟山	台州	温州	丽水	金汤溪	衢州	建德
soo^{2}	soo^{6}								se^{6}	so^{6}	
zɔ^{22}	zɔ^{213}								zə^{341}	zɔ^{231}	

噤

jìn 因寒冷或受到惊吓而发抖：打寒～（绍兴）。吓嘞刮刮会～吓得不住地发抖（宁波）。《集韵》寝韵渠饮切：“寒貌。”

杭州	嘉兴	湖州	绍兴	宁波	舟山	台州	温州	丽水	金华	衢州	建德
		jin^{4}	jing^{4}	jing^{2}	jing^{2}						
		dʑin^{231}	dʑiŋ^{223}	dʑiŋ^{13}	dʑiŋ^{23}						

疰

zhù 【疰夏】苦夏，指夏天食量减少，身体消瘦，没精神。《广韵》遇韵之戍切：“疰病。”

杭州	嘉兴	湖州	绍兴	宁波	舟山	台州	温州	丽水	金华	衢州	建德
zy^{5}	jy^{5}	zii^{5}	jy^{5}	zy^{5}	zy^{5}	zy^{5}					jy^{2}
tsʯ^{445}	tɕy^{334}	tsɿ^{35}	tɕy^{33}	tsʯ^{44}	tsɥ^{44}	tsʯ^{55}					tɕy^{33}

肒

huàn 发炎化脓。《广韵》换韵胡玩切：“皰肒。”《说文·肉部》：“搔生创也。”古为匣母山摄合口一等，浙江方言声韵母特殊，声调参差不一。

杭州	嘉兴	湖州	绍兴	宁波	舟山	台州	温州	丽水	金华	衢州	建德
			guen^{4}	gueng^{2}	gueng^{2}	gueng^{6}	gang^{4}	gong^{6}			
			guẽ^{223}	guəŋ^{13}	guəŋ^{23}	guəŋ^{24}	gaŋ^{14}	gɔŋ^{231}			

灌

guàn 发炎化脓。《广韵》换韵古玩切：“又聚也，浇也，渍也。”“渍”有沤义。古为山摄合口一等，浙江方言韵母特殊。

杭州	嘉兴	湖州	绍兴	宁波	舟山	台州	温州	丽遂昌	金华	衢州	建德
gong^{5}	gueng^{3}	gun^{3}						geng^{5}	gong^{5}	gong^{5}	guae^{2}
koŋ^{445}	kuəŋ^{44}	kun^{523}						kəŋ^{334}	koŋ^{55}	koŋ^{53}	kuɛ^{33}

沰

duó 淋。《集韵》铎韵当各切：“滴也。”另见132页。

杭州	嘉兴	湖州	绍兴	宁波	舟山	台州	温州	丽遂昌	金华	衢州	建德
								dook^{7}	dok^{7}		do^{6}
								tɔʔ^{5}	toʔ^{4}		to^{45}

浞

zhuó 淋：～雨｜～湿。《广韵》觉韵士角切："水湿。"

杭州	嘉兴	湖州	绍兴	宁波	舟山	台州	温州	丽水遂昌	金华永康	衢州常山	建德
zuok⁸		zuok⁸	zok⁸					xiook⁸	jiu⁴	zeek⁸	
dzuoʔ²		dzuoʔ²	dzoʔ²					ziɔʔ²³	dʑiu³²³	zʌʔ³⁴	

渧

dì 滴落：屋顶水～落来唻（舟山）。《集韵》霁韵丁计切："泣貌，一曰滴水。"汤溪读 [tia⁵²][nia⁵²][n̠ia⁵²]，鼻音声母读法特殊。

杭州	嘉兴	湖州	绍兴	宁波	舟山	台州	温州	丽水	金华	衢州	建德
di⁵	di⁵	di⁵	di⁵	di⁵	di⁵	di⁵	dei⁵	dia⁵	dia⁵	di²	
ti⁴⁴⁵	ti³³⁴	ti³⁵	ti³³	ti⁴⁴	ti⁴⁴	ti⁵⁵	tei⁵¹	tia⁵⁵	tiɑ⁵³	ti³³	

沥

lì 使其中的液体自行流净，控干：米淘好仔～～燥｜衣裳～～燥（宁波）。《广韵》锡韵郎击切："滴沥。"也作"捩"。捩，《集韵》术韵劣戌切："去滓汁曰捩。"

杭州	嘉兴	湖州	绍兴	宁波	舟山	台州	温州	丽水	金华	衢州	建德
liek⁸	liek⁸	liek⁸	liek⁸			lei⁸	li⁶	liek⁸	liek⁸	liek⁸	
lieʔ²	lieʔ²	liəʔ²	lieʔ²			lei²¹²	li²³¹	liəʔ²¹²	lieʔ¹²	liəʔ¹²	

氽

tǔn ❶ 流淌，漂浮：衣裳～走了（金华）。❷ 用油炸：油～花生米（杭州）。～油条（舟山）。《字汇·水部》："土恳切，吞上声，水推物也。"丽水韵母特殊。

杭州	嘉兴	湖州	绍兴	宁波	舟山	台州	温州	丽水	金华	衢州江山	建德
teng³	teng³	ten³	teon³	teng³	teng³		tang⁵	tei¹	teng³	tuaen³	
tʰəŋ⁵³	tʰəŋ⁴⁴	tʰən⁵²³	tʰø̃³³⁴	tʰəŋ³⁵	tʰəŋ⁴⁵		tʰaŋ⁵¹	tʰei²⁴	tʰəŋ⁵³⁵	tʰuẽ²⁴¹	

頋

mò 淹：～煞个人_{淹死了一个人}（杭州）。北方晒去，南方～去_{北方旱，南方涝}（金华）。《广韵》没韵乌没切，又莫勃切："内头水中。"浙江方言读零声母，符合乌没切。莫勃切今通作"没"，即"淹没"的"没"。

杭州	嘉兴	湖州	绍兴	宁波	舟山	台州	温州	丽水	金华	衢州	建德
uek⁷	uek⁷	uek⁷	uek⁷	uak⁷	uak⁷		uai⁷		uok⁷	uek⁷	uek⁷
uəʔ⁵	uəʔ⁵	uəʔ⁵	ueʔ⁵	uaʔ⁵	uaʔ⁵		uai³¹²		uoʔ⁵	uəʔ⁴	uəʔ⁵

浤

biāo 猛烈喷射水等液体：用水龙头～（宁波）。《集韵》幽韵平幽切："水流也。"古为並母平声，浙江方言读音不合。本字或为"猋"。猋，《广韵》宵韵甫遥切："群犬走貌。"采用俗字"浤"。

杭州	嘉兴	湖州	绍兴	宁波	舟山	台州	温州	丽水	金华	衢州	建德
bioo¹	bioo¹	bioo¹	bioo¹	bio¹	bio¹		biae¹	bie¹		bio¹	bioo¹
piɔ³³	piɔ⁵³	piɔ⁴⁴	piɔ⁵³	piɔ⁵³	piɔ⁵²		piɛ³³	piʌ²⁴		piɔ³²	piɔ⁴²³

灒

zàn 溅：口唾_{唾沫星儿}～来（金华）。《广韵》翰韵则旰切："水溅。"

杭州	嘉兴	湖州	绍兴	宁波	舟山	台州	温州	丽水	金华	衢州	建德
zae⁵		zae⁵	zaen⁵	zae⁵	zae⁵		za⁵		za⁵	zan⁵	zae²
tse⁴⁴⁵		tse³⁵	tsẽ³³	tse⁴⁴	tse⁴⁴	tse⁵⁵	tsa⁵¹		tsɑ⁵⁵	tsã⁵³	tse³³

潽

pū 液体沸腾溢出：粥～出来了（金华）。《集韵》姥韵颇五切："水也。"浙江方言均读阴平，声调特殊。

杭州	嘉兴	湖州	绍兴	宁波	舟山	台州	温州	丽水	金华	衢州	建德
pu¹	pu¹	pu¹	pu¹	pu¹	pu¹		pu¹		pu¹	pu¹	pu¹
pʰu³³	pʰu⁵³	pʰu⁴⁴	pʰu⁵³	pʰu⁵³	pʰu⁵²		pʰu²⁴		pʰu³³⁴	pʰu³²	pʰu⁴²³

歊

xiāo ❶ 蒸气：～气蒸气（汤溪）。❷ 呼气，冒出热气：～口气呼出一口气（嘉善）。手冻嘞木掉咪，嘴巴～～渠手冻僵了，用嘴吹吹热气（宁波）。《广韵》宵韵许娇切："热气。《说文》曰：'歊歊，气出貌。'"[唐]李白《安州应城玉女汤作》："地底烁朱火，沙旁歊素烟。"浙江方言读音与许娇切不甚合。

杭州	嘉嘉善	湖州	绍兴	宁波	舟山	台州	温州	丽水	金汤溪	衢州	建德
ha¹	ha¹	ha¹		hoo¹	hok⁷	ho¹			xie⁵		
xa³³	ha⁵³	ha⁴⁴		xɔ⁵³	hoʔ⁵	ho⁴²			ɕiə⁵²		

烊

yáng 熔化，溶化：棒冰～了。《广韵》阳韵与章切："焇烊。"义为销镕。本字或为"炀"。炀，《广韵》阳韵与章切："释金。"今通作"烊"。

杭州	嘉兴	湖州	绍兴	宁波	舟山	台州	温州	丽水	金华	衢州	建德
iang²	ian²	ian²	iang²	ia²	ian²	ian²	i²	ian²	iang²	ian²	iae²
iaŋ²¹³	iã³¹	iã¹¹²	iaŋ²³¹	ia¹³	iã²³	iã³¹	i³¹	iã²²	iɑŋ³¹³	iã²¹	ie³³

扡

tuō ❶ 藤蔓延伸，伸展：藤～开远险藤爬得很远｜个孔雀咯翼～开罢那只孔雀的翅膀张开了。❷ 拖腔：讲话～腔（台州）。个腔～开难听险这个腔调拉长很难听（温州）。《广韵》哿韵徒可切："引也。"古为定母上声，浙江方言读[d]声母阳上，符合语音演变规律。汤溪又读[dɑ¹¹]。

杭州	嘉兴	湖州	绍兴	宁波	舟山	台州	温州	丽水	金汤溪	衢州	建德
						da²	da⁴	dua²	daa⁴		
						da³¹	da¹⁴	duʊ²²	dɑ¹¹³		

绐

dài 下垂，下陷：沙发～落去嘚（杭州）。棕绷～咪（宁波）。《广韵》海韵徒亥切："丝劳也。"古为浊上，浙江方言读阳平或阳去，声调不合。

杭州	嘉兴	湖州	绍兴	宁波	舟山	台州	温州	丽水	金汤溪	衢州	建德
dae²	dae⁶	dei⁶	dea⁶	dai²	dae⁶	de⁶	de⁶	dae²	daa²	dae⁶	
dɛ²¹³	dɛ²¹³	dei²⁴	dɛ²²	dɐi¹³	dɛ¹³	də²⁴	de²²	dɛ²²	dɑ¹¹	dɛ²³¹	

勩 yì 器具因用得太多太久而磨损：刀用～罢。《广韵》祭韵余制切："劳也。"又至韵羊至切："劳也。"[清]段玉裁《说文解字注·力部》："按凡物久用而劳敝曰勩。"金华符合余制切。

杭州	嘉兴	湖州	绍兴	宁波	舟山	台州	温州	丽水	金华	衢州	建德
i⁵	i⁵	i⁵	i⁶	i²	i⁶	i⁵	i²		ie⁶	i⁶	
i⁴⁴⁵	i³³⁴	i³⁵	i²²	i¹³	i¹³	i²⁴	i³¹		ie⁷⁴	i²³¹	

齾 yà 器物边缘缺损：碗～掉一块。《广韵》辖韵五辖切："器缺也。"

杭州	嘉兴	湖州	绍兴	宁波	舟山	台州	温州	丽水	金华	衢江山	建德
	ak⁷	ŋak⁸	ŋaek⁸				ŋa⁸	ŋook⁸		ŋak⁸	
	aʔ⁵	ŋaʔ²	ŋɛʔ²				ŋa²¹²	ŋɔʔ²³		ŋaʔ²	

碱 guó 裂开。《广韵》麦韵古获切："碱破。"本字或为"漍"。漍，《广韵》陌韵古伯切："水裂。"两个字音义皆合，采用笔画较简单的"碱"。

杭州	嘉兴	湖州	绍兴	宁波	舟山	台州	温州	丽水	金华	衢州	建德
guek⁷	guak⁷	guak⁷	guak⁷		guek⁷		guak⁷	guek⁷	guak⁷	gua⁶	
kuəʔ⁵	kuaʔ⁵	kuaʔ⁵	kuaʔ⁵		kuəʔ⁵		kuaʔ⁷	kuə²⁴	kuaʔ⁵	kuɑ⁴⁵	

皴 què 表皮裂开：指甲～起唻｜木头～掉唻（宁波）。倒～皮指甲边的倒刺（舟山）。皮肤～去爻（台州）。《广韵》药韵七雀切："皮皱。"皱（cūn）：

皮肤因受冻而干裂。

杭州	嘉兴	湖州	绍兴	宁波	舟山	台州	温州	丽水	金华	衢州	建德
qiak⁷		qiak⁷	qiek⁷	qiek⁷	cek⁷						
tɕʰiaʔ⁵		tɕʰiaʔ⁵	tɕʰiaʔ⁵	tɕʰiəʔ⁵	tɕʰieʔ⁵	tsʰəʔ⁵					

皱 què 表皮因干燥、受潮等凸起：梅雨天价啦，墙壁高头个石灰~起亨哉 *梅雨天气，墙壁上的石灰鼓起来了*（绍兴）。起~儿 *表皮（如壁纸）干后与黏附的主体脱离*（台州）。《广韵》觉韵苦角切："皵皱，皮干。"台州本字或为"壳"。

杭州	嘉兴	湖州	绍兴	宁波	舟山	台州	温州	丽水	金华	衢州	建德
kuok⁷	kok⁷	kok⁷	kok⁷	kok⁷	kok⁷						
kʰuoʔ⁵	kʰoʔ⁵		kʰoʔ⁵	kʰoʔ⁵	kʰoʔ⁵	kʰoʔ⁵					

担 dān ❶ 拿：~把笤帚来｜侬~去用（金华）。尔拨葛张椅子~下过来 *你把这把椅子拿过来*（建德）。❷ 给：~侬用｜末支笔~得渠了 *那支笔给了他了*（金华）。遂昌声母 [n] 可能由 [t] 演变而来。另见 150 页。

杭州	嘉兴	湖州	绍兴	宁波	舟山	台州	温州	丽水遂昌	金华	衢州	建德
	dae¹	dae¹						naŋ¹	da¹	dan¹	dae¹
	tɛ⁵³	tɛ⁴⁴						naŋ⁴⁵	tɑ³³⁴	tã³²	tɛ⁴²³

摭 zhí ❶ 拿：~个碗来｜葛两本书~过去（汤溪）。❷ 给：我~个饼侬吃吃｜工钿我~掉去了（金华）。❸ 拾：~子 *拾子儿，一种儿童游戏*（淳安）。❹ 扫 撮垃圾：尔拨垃圾~清爽 *你把垃圾扫干净*｜~斗 *撮垃圾的簸箕*（台州）。《集韵》药韵职略切："拾也。"摭、拓、撇"三字异体。《方言》卷一："捊、攈、摭、挺，取也。南楚曰攈，陈宋之间曰摭。"《说文·手部》："拓，拾也，陈宋语，从手石声。摭，拓或从庶。"淳安保留章母 [tɕ] 的声母，多数地点脱落声母变为零声母。意义较

丰富，各方言也不一致，基本义有"拿""拾"两个，"给"义来自"拿"，有的方言已演变为泛义动词甚至被动标记。也有作"约"。

杭州	嘉兴	湖州	绍兴	宁波	舟山	台州	温州	丽水	金华	衢州	建德淳安
			iak⁷			iek⁷		iook⁷	iek⁷	iak⁷	jiak⁷
			iaʔ⁵			ieʔ⁵		iɔʔ⁵	iəʔ⁴	iaʔ⁵	tɕiɑʔ⁵

拨 bō 给：～我一本书。本字或为"畀"（bì）。畀，《广韵》至韵必至切："与也。"古为去声，浙江方言均为入声，读音不合。采用同音字"拨"。另见150页。

杭州	嘉兴	湖州	绍兴	宁波	舟山	台州	温州	丽水	金华	衢州	建德
bek⁷	bek⁷	bek⁷	bek⁷	bak⁷	bak⁷	bek⁷					bek⁷
pəʔ⁵	pəʔ⁵	pəʔ⁵	peʔ⁵	paʔ⁵	paʔ⁵	pəʔ⁵					pəʔ⁵

乞 qǐ 给。《广韵》迄韵去讫切："求也。《说文》本作'气'。"也有作"匃"(gài)。匃，同"丐"。

杭州	嘉兴	湖州	绍兴	宁波	舟山	台州	温州	丽水	金华	衢州	建德
							ha⁵	kak⁷			
							ha⁵¹	kʰaʔ⁵			

挜 yà 强迫别人吃喝、购买或接受：～渠吃｜硬～。卖猪头～脚爪儿（杭州）。《字汇·手部》："衣架切，音亚，强与人物。"《醒世恒言·卖油郎独占花魁》："将银子挜在秦重袖内，推他转身。"《汉语大字典》所引《字汇》反切为"依架切"。

杭州	嘉兴	湖州	绍兴	宁波	舟山	台州	温州	丽水	金华	衢州	建德
ia⁵	o¹		o⁵	o⁵	o⁵	o⁵	o⁵		ua⁵	a⁵	o⁶
ia⁴⁴⁵	o⁵³		o³³	o⁴⁴	o⁴⁴	o⁵⁵	o⁵¹		uɑ⁵⁵	ɑ⁵³	o⁴⁵

捀

pèng 碰：嫑～高压线上去｜手上一块～～破｜尔路上～着渠未？（汤溪）。～着（建德）。《字汇·手部》："蒲孟切，彭去声。搒捀，撞也。"古为並母去声，浙江方言符合语音演变规律。"捀"今被认定为"碰"的异体字，但"碰"音应来自滂母去声，"碰""捀"二者在浙江方言里读音不同，本书恢复使用"捀"字。

杭州	嘉兴	湖州	绍兴	宁波	舟山	台州	温州	丽水	金汤溪	衢州	建德
	ba⁶	bang⁶		ban⁶		biae⁶	ban⁶	ba⁶		paom⁶	
	ba²⁴	baŋ²²		bã²⁴		bie²²	bã²³¹	ba³⁴¹		pʰɑom⁴⁵	

唶

kè 压：用石头～住。～宝压宝（金华）。《集韵》合韵渴合切："厴也。"厴（yè）：按压。也作"唶"。温州、金华本字或为"搚"。搚，《广韵》洽韵苦洽切："爪搚。"

杭州	嘉兴	湖州	绍兴	宁波	舟山	台州	温州	丽青田	金华	衢州	建德
	kak⁷					ka⁷	kak⁷	kua⁵	kak⁷	ka⁶	
	kʰaʔ⁵					kʰa³¹²	kʰaʔ⁴²	kʰuɑ⁵⁵	kʰaʔ⁵	kʰɑ⁴⁵	

籪

gǎn 盖，覆盖：被头～好把被子盖好（嘉善）。～镴籪盖锅盖（丽水）。～墙头在围墙上头盖上稻草或砖瓦等（汤溪）。《集韵》感韵古禫切："盖也。"也作"驔"。驔，《广韵》感韵古禫切："《方言》云：'箱类。'又云：'覆头也。'"另见 39 页。

杭州	嘉嘉善	湖州	绍兴	宁波	舟山	台州	温州	丽水	金永康	衢开化	建德
	geo³		gen⁵			jie¹	gang³	gen³	geng³	geeng³	
	kø⁵⁵		kẽ³³			tɕie⁴²	kaŋ²⁵	ken⁵⁴⁴	kəŋ⁵⁴⁵	kɤŋ⁵³	

搪

táng 遮挡：灯拨伊～牢哩灯被他挡住了｜嫑不要～牢我（嘉兴）。《广韵》唐韵徒郎切："搪揬。"揬（tú）：同"突"，突出，高于。

杭州	嘉兴	湖州	绍兴	宁波	舟山	台州	温州	丽水	金汤溪	衢州	建德
dan⁶	dan²								do²		daan²
dã²¹³	dã¹¹²								do¹¹		dã²¹

捂 wǔ 用泥土等覆盖掩埋：～死老鼠（舟山）。～掉去（金华）。《集韵》暮韵五故切："斜相抵触也。"古为疑母去声，浙江方言读零声母阴去，音不甚合。

杭州	嘉兴	湖州	绍兴	宁波	舟山	台州	温州	丽水	金华	衢州	建德
			u⁵	u⁵	u⁵			u⁵			
			u⁴⁴	u⁴⁴	u⁵⁵			u⁵⁵			

囥 kàng ❶藏，收存：拨把钞票～勒袋儿里（杭州）。❷放，搁：茶杯～桌上。《集韵》宕韵口浪切："藏也。"

杭州	嘉兴	湖州	绍兴	宁波	舟山	台州	温州	丽水	金华	衢州	建德
kang⁵	kan⁵	kan⁵	kaang⁵	koo⁵	kon⁵	koon⁵	kuoo⁵	kong⁵	kang⁵	kaan⁵	ko²
kʰaŋ⁴⁴⁵	kʰã³³⁴	kʰã³⁵	kʰaŋ³³	kʰɔ⁴⁴	kʰõ⁴⁴	kʰɔ⁵⁵	kʰuo⁵¹	kʰɔŋ⁵²	kʰaŋ⁵⁵	kʰã⁵³	kʰo³³

磴 zhèng 塞，钻：笼帚一定要用竹爿～牢咯（宁波）。袜也拨侬～破哓袜子都被你撑破了｜一看落大雨哓，连快人家屋里～进（舟山）。手臂～进衫袖筒袖子里去（台州）。《广韵》映韵除更切："塞也。"

杭州	嘉嘉善	湖州	绍兴	宁波	舟山	台州	温州	丽水	金华	衢州	建德
zang⁶	sae⁶	zan⁶	zang⁶	za²	zan⁶	zan⁶	ziae⁶		sang⁶		
dzaŋ¹³	zẽ¹³	dzã²⁴	dzaŋ²²	dza¹³	dzã¹³	dzã²⁴	dziɛ²²		zaŋ¹⁴		

眼

làng 晾晒：～衣裳。《集韵》宕韵郎宕切："暴也。"

杭州	嘉兴	湖州	绍兴	宁波	舟山	台州	温州	丽水	金华	衢州	建德
lang⁶	lan⁶	lan⁵	laang⁶	loo²	lon⁶	loon²	luoo²	long⁶	lang⁶	laan⁶	no⁶
laŋ¹³	lã²¹³	lã³⁵	lɑŋ²²	lɔ¹³	lõ¹³	lɔ̃³¹	luɔ³¹	lɔŋ²³¹	lɑŋ¹⁴	lã²³¹	no⁴⁵

晛

yàn 比量，丈量：～长短。《集韵》愿韵於建切："物相当也。"《广韵》阮韵於槛切："物相当也。"浙江方言多读阴去（建德阳平阴去同调），符合於建切。舟山读阴上，温州郊区又读阴上的 [i³⁵]，符合於槛切。

杭州	嘉兴	湖州	绍兴	宁波	舟山	台州	温州	丽水	金华	衢州	建德
ie⁵	ie⁵	ie⁵	ien⁵	i⁵	i⁵	ie⁵	i⁵	iae⁵	ie⁵	ien⁵	i²
ie⁴⁴⁵	ie³³⁴	ie³⁵	iẽ³³	i⁴⁴	i⁴⁴	ie⁵⁵	i⁵¹	ie⁵²	ie⁵⁵	iẽ⁵³	i³³

戤

gài 斜靠，倚靠：把笤帚～得墙上—把扫帚斜靠在墙上（金华）。《字汇补·戈部》："渠盖切，以物相质也。"抵押义，俗也用于斜靠义，例如［明］凌濛初《二刻拍案惊奇》卷一："真是戤米囤饿杀了。"本字或为"隑"（gāi）。隑，《集韵》收多个反切，一为代韵巨代切："《博雅》：'䗻也。'"《方言》卷十三："隑，䗻也。"［晋］郭璞注："江南人呼梯为隑，所以隑物而登者也。"由梯子引申为斜靠义。

杭州	嘉兴	湖州	绍兴	宁波	舟山	台州	温州	丽水	金华	衢州	建德
gae⁶	gae⁶	gae⁶	gea⁶	ge²	gae⁶	gie⁶	ge⁶	ge⁶	gae⁶	gae⁶	kae⁶
gɛ¹³	gɛ²¹³	gɛ²⁴	gE²²	gɛ¹³	gɛ¹³	gie²⁴	gɛ²²	gʌ²³¹	gɛ¹⁴	gɛ²³¹	kʰɛ⁴⁵

牮

jiàn 斜着支撑。《字汇·牛部》："作甸切，屋斜用牮。"本字为"薦"，今简化为"荐"（"薦""荐"古为二字）。薦，《广韵》霰韵作甸切："薦席,又薦进也。"今通作"荐"。

杭州	嘉兴	湖州	绍兴	宁波	舟山	台州	温州	丽水	金华	衢州	建德
jie⁵	jie⁵	jien⁵	ji⁵		jie⁵		jiae⁵	zie⁵		jien⁵	
tɕie³³⁴	tɕie³⁵	tɕiẽ³³	tɕi⁴⁴		tɕie⁵⁵		tɕie⁵²	tsie⁵⁵		tɕiẽ⁵³	

勒

lèi 推使滚动,碾压,擀:~皮球 | ~馄饨皮。《广韵》队韵卢对切:"推也。"章炳麟《新方言·释言》:"今四川、浙江皆谓推转圆物为勒。"

杭州	嘉兴	湖州	绍兴	宁波	舟山	台州	温州	丽水	金华	衢州	建德
lei⁶	lei⁵	lea⁶	lai²	lai⁶	le⁶	lai⁶	lei⁶	lae⁶	le⁶	le⁶	
lei¹³	lei³⁵	lɛ²²	lɐi¹³	lai¹³	lə²⁴	lai²²	lei²³¹	lɛ¹⁴	le²³¹	le⁴⁵	

粜

tiào 卖出(粮食),跟"籴"相对:~谷 | ~米。《广韵》啸韵他吊切:"卖米也。"温州统称买卖粮食,既可指买进,也可指卖出。

杭余杭	嘉兴	湖州	绍兴	宁波	舟山	台州	温州	丽水	金华	衢州	建德
tioo⁵	tioo⁵	tioo⁵	tioo⁵	tio⁵			tiae⁵	tie⁵	tiau⁵		
tʰiɔ⁴²³	tʰiɔ³³⁴	tʰiɔ³⁵	tʰiɔ³³	tʰio⁴⁴			tʰie⁵¹	tʰiʌ⁵²	tʰiɑu⁵⁵		

籴

dí 买进(粮食),跟"粜"相对:~谷 | ~米。《广韵》锡韵徒历切:"市谷米。"

杭余杭	嘉兴	湖州	绍兴	宁波	舟山	台州	温州	丽水	金华	衢衢江	建德
diek⁸	diek⁸	diek⁸	diek⁸	diek⁸	diek⁸		dik⁸	diek⁸	diek⁸		
dieʔ²	dieʔ²	dieʔ²	dieʔ²	dieʔ²	dieʔ²		diʔ²³	diə⁷²¹²	diə⁷²		

赁

lìn 租赁。《广韵》沁韵乃禁切:"佣赁也,借也。"古为泥母,普通话读如来母,宁波、舟山符合泥母,金华读如日母文读,与"任赁~"同音，声母特殊。

杭州	嘉兴	湖州	绍兴	宁波	舟山	台州	温州	丽水	金华	衢州	建德
				ning²	ning²				xyeng⁶		
				n̠iŋ¹³	n̠iŋ²³				ʑyəŋ¹⁴		

贳 shì 租赁：～屋｜～器店（舟山）。～间店面（温州）。～来咯 租来的（丽水）。《广韵》祭韵舒制切："赊也，贷也。"

杭州	嘉兴	湖州	绍兴	宁波	舟山	台州	温州	丽水	金华	衢州	建德
			sii¹	sy⁵	sy⁵	sy⁵	sii⁵	sy⁵			
sɿ⁵³	sʮ⁴⁴	sʮ⁴⁴	sʮ⁵⁵				sɿ⁵¹	sʮ⁵²			

趁 chèn ❶ 挣：尔几岁开始～钞票咯?（台州）。❷ 赚：做生意肯定有～有空亏（台州）。

杭州	嘉兴	湖州	绍兴	宁波	舟山	台州	温州	丽水	金华	衢州	建德
ceng⁵	ceng⁵	cen⁵	cen⁵			can⁵					cen²
tsʰəŋ⁴⁴⁵	tsʰəŋ³³⁴	tsʰən³⁵	tsʰẽ³³			tsʰã⁵⁵					tsʰen³³

供 gōng 赡养，供养：～大人（宁波）。～赡赡养（丽水）。～爷娘（汤溪）。《广韵》钟韵九容切，古为见母合口三等，浙江方言读塞擦音声母，符合语音演变规律。

杭州	嘉兴	湖州	绍兴	宁波	舟山	台州	温州	丽水	金汤溪	衢州	建德
			jiong⁵	zong¹	zong¹	zong⁵	jyoo⁵	jiong¹	jiao¹	zhyong¹	zaom¹
			tɕioŋ³³	tsoŋ⁵³	tsoŋ⁵²	tsoŋ⁵⁵	tɕyɔ⁵¹	tɕioŋ²⁴	tɕiao²⁴	tʃyoŋ³²	tsaom⁴²³

是 shì 在，动词：阿明～屋里（温州）。小王～处里_{小王在家里}（遂昌）。汤溪"是"不能单用，要在后面加上由表处所虚化而来的"耷"，表示存在（后面不能带宾语）：张照相还是耷_{那张照片还在}｜爷娘弗是耷罢_{父母不在了}。近代汉语中"是"可表示"在"，如[宋]黄庭坚《蓦山溪·至宜州作》："书漫写，梦来空，只有相思是。"徽语中也有类似用法。另见142、149页。

杭州	嘉兴	湖州	绍兴	宁波	舟山	台州	温州	丽水	金汤溪	衢州	建淳安
							sii⁴	zii²	zii⁴		ciia³
							zๅ¹⁴	dzๅ²²	dzๅ¹¹³		tsʰa⁵⁵

来 lái 在，动词：自家一人～外头｜村庄～山呑里（宁波）。我～屋里｜阿拉屋里～海边头（舟山）。渠弗～窝里_{他不在家里}｜～渠手上（金华）。有的方言"来"不能单用，要在后面加上由表处所虚化而来的语素，例如杭州"来搭"[lɛ¹¹ta³⁵]、"来东"[lɛ¹¹toŋ³⁵]，绍兴"来带"[lɛ²²ta³³]、"来亨"[lɛ²²haŋ³³]。本字或为"在"，声母弱化为[l]。另见149页。

杭州	嘉兴	湖州	绍兴	宁波	舟山	台温岭	温州	丽水	金华	衢州	建德
lae²			lea⁴	le²	lae²	le²			lae²		
lɛ²¹³			lɛ²²³	lɛ¹³	lɛ²³	le³¹			lɛ³¹³		

勒 lè 在，动词：伊_他～啥地方？｜小王今朝～屋里_{小王今天在家}（嘉兴）。嘉兴后面不带宾语时要说"勒霍"[ləʔ⁵hoʔ⁵]：小王勒霍哇。本字或为"来"，或由"在"弱化为[l]声母并发生促化，也有作"辣"，采用同音字"勒"。另见143、149页。

杭州	嘉兴	湖州	绍兴	宁波	舟山	台州	温州	丽水	金华	衢州	建德
lek⁸	lek⁷	lak⁸									
ləʔ²	ləʔ⁵	laʔ²									

赅 无 冇 乐 | 113

赅 gāi 有，拥有：他～嘚两个儿子｜～货 富裕（杭州）。一样弗～ 什么都没有（嘉善）。

杭州	嘉嘉善	湖州	绍兴	宁波	舟山	台州	温州	丽水	金华	衢州	建德
gae¹	gae¹	gae¹	gea¹								
kɛ³³	kɛ⁵³	kɛ⁴⁴	kᴇ⁵³								

无 wú 没有，动词：～人｜～钞票。浙江方言多读自成音节的 [m][n]。有的方言还可带上"没"字，说成"无没"，或为"无"音节延长所致，例如汤溪说 [m¹¹mɑ⁰]，嘉兴多说 [m²¹məʔ⁵]。绍兴多说"无得"，或与"有"合音为 [n̠ɨɣ²²]。温州"无"年轻人又读 [ŋ³¹]，只用于动词后表示不出数儿：乌贼烧无险 乌贼很没有烧头。俗常作"呒""唔"。另见 144 页。

杭 余杭	嘉兴	湖州	绍兴	宁波	舟山	台州	温州	丽 松阳	金华	衢州	建德
m²	m²	m²	n¹	m²	m²	m²	n²	mue²	m²	m²	m²
m²²	m³¹	m¹¹²	n⁵³	m¹³	m²³	m³¹	n³¹	muə³¹	m³¹³	m⁻¹³	m³³

冇 mǎo "无有"的合音（又读 [n⁰nau²⁵]）。没有：镬里～饭。采用俗字"冇"。

杭州	嘉兴	湖州	绍兴	宁波	舟山	台州	温州	丽水	金华	衢州	建德
							nau³				
							nau²⁵				

乐 yuè 要：我～乙个 我要这个（丽水）。天公～落雨罢（武义）。《广韵》效韵五教切："好也。"《集韵》效韵鱼教切："欲也。"普通话读 lè、yuè，没有效韵的音义。

杭州	嘉兴	湖州	绍兴	宁波	舟山	台州	温州	丽水	金武义	衢州	建德
								nge⁶	ngao⁶		
								ŋʌ²³¹	ŋɑo³¹		

许

xǔ ❶ 允诺：我应～渠我答应他（舟山）。渠～过我农咯（金华）。❷ 许配：葛个囡儿～掉未呢？（金华）。古为晓母语韵，浙江方言多读 [x][h] 声母，符合古音；衢州老年人读 [xɜ³⁵]，韵母特殊。另见 10、17 页。

杭州	嘉兴	湖州	绍兴	宁波	舟山	台州	温州	丽水	金华	衢州	建德
he⁵			xy³	he⁵	hai⁵	hy¹	sii³		he³	xy³	xy³
he³³⁴			çy³³⁴	he⁴⁴	hai⁴⁴	hy⁴²	sʅ²⁵		xɤ⁵³⁵	çy³⁵	çy²¹³

搭

dā 到：侬～上海去啊？｜该样事体～明年再话这件事到明年再说。另见 153 页。

杭州	嘉兴	湖州	绍兴	宁波	舟山	台州	温州	丽水	金华	衢州	建德
				dak⁷	dak⁷						
				taʔ⁵	taʔ⁵						

契

qì "起来"的合音。起来，趋向动词，有时后面还可以加"来"：倚～站起来｜囡～藏起来｜眼睛眯～来（金华）。采用表音字"契"。

杭州	嘉兴	湖州	绍兴	宁波	舟山	台州	温州	丽水	金华	衢州	建德
						qie⁰		qi⁰	qiae⁰		qiae³
						tɕʰie⁰		tɕʰi⁰	tɕʰie⁰		tɕʰiɛ²¹³

忖

cǔn ❶ 想，思考。❷ 想念。《广韵》混韵仓本切："思也。"

杭州	嘉兴	湖州	绍兴	宁波	舟山	台州	温州	丽水	金华	衢州	建德
			cen⁵	ceng³	ceng³	ceong¹	ceo³	cuae³	ceng³	ceng³	cen³
			tsʰẽ³³	tsʰəŋ³⁵	tsʰəŋ⁴⁵	tsʰøŋ⁴²	tsʰø²⁵	tsʰuɛ⁵⁴⁴	tsʰəŋ⁵³⁵	tsʰəŋ³⁵	tsʰen²¹³

惊 jīng

怕：我~狗丨~死丨弗~苦。《广韵》庚韵举卿切："惧也。《说文》曰：'马骇也。'"闽粤方言"怕"义多说"惊"。古为见母开口三等，浙江西南部方言读 [k] 声母合口呼韵母，读音特殊。

杭州	嘉兴	湖州	绍兴	宁波	舟山	台州	温州	丽水	金华	衢江山	建德
								guan¹	guang¹	guang¹	
								kuã²⁴	kuɑŋ³³⁴	kuaŋ⁴⁴	

殟 wēn

【殟塞】烦闷：忖想起来交关~（宁波）。《广韵》没韵乌没切："心闷。"

杭州	嘉兴	湖州	绍兴	宁波	舟山	台州	温州	丽水	金华	衢州	建德
				uak⁷	uak⁷						
				uaʔ⁵	uaʔ⁵						

形容词

脖 hēng 【膨脖】❶ 鼓胀，体积大：只台子忒～这张桌子太占地方（嘉善）。紫～茄子的雅称（仙居）。乙捶谷大桶～得来这个打稻桶大得很（江山）。❷ 牛腹部的肉。《广韵》庚韵许庚切："膨脖，胀也。"《集韵》庚韵虚庚切："膨脖，腹满貌。"[唐]寒山《寒山诗集》："饱食腹膨脖，个是痴顽物。"也作"彭亨"，例如[唐]孟郊《城南联句》："苦开腹彭亨。"

杭州	嘉嘉善	湖州	绍兴	宁波	舟山	台仙居	温永嘉	丽水	金华	衢江山	建德
hang¹	hae¹					hang¹	ho¹			hang¹	
xaŋ³³	hẽ⁵³					haŋ³³	ho³³			xaŋ⁴⁴	

细 xì 小：大～｜～狗儿。《广韵》霁韵苏计切："小也。"浙江方言"细"字有"小""细"二义。二义有的方言同音，有的方言不同音。后者如金华，表示"小"读[sia⁵⁵]，表示"细"读[sie⁵⁵]，例如：细碗小碗[sia³³uɑ⁵³⁵]、细碗做工精细的碗[sie³³uɑ⁵³⁵]。俗通作"小"，在人名里也有作"卸""舍"。

杭余杭	嘉兴	湖州	绍上虞	宁海	舟山	台州	温州	丽水	金华	衢州	建德
xi⁵	xi⁵	xi⁵	xi⁵	sii⁵		xi⁵	sei⁵	sii⁵	sia⁵	xia⁵	xie²
ɕi⁴³⁵	ɕi³³⁴	ɕi³⁵	ɕi⁵³	sŋ³⁵		ɕi⁵⁵	sei⁵¹	sŋ⁵²	sia⁵⁵	ɕiɑ⁵³	ɕie³³

狭 xiá 窄：阔～宽窄｜路～。

峻 笃 筻 屈 | 117

杭州	嘉兴	湖州	绍兴	宁波	舟山	台州	温州	丽水	金华	衢州	建德
ak⁸	ak⁷	ak⁸	aek⁸	ak⁸	ak⁸	ak⁸	a⁸	ook⁸	ua⁶	ak⁸	ho³
aʔ²	aʔ⁵	aʔ²	ɛʔ²	aʔ²	aʔ²	aʔ²	a²¹²	ɔʔ²³	uɑ¹⁴	aʔ¹²	xo²¹³

峻

jùn 陡：山真～（温州）。"峻"同"陵"，《广韵》稕韵私闰切："高也，长也，险也，峭也，速也。"古为擦音声母，浙江方言读 [s][ɕ][ʃ] 声母，符合语音演变规律。

杭州	嘉兴	湖州	绍兴	宁波	舟山	台州	温州	丽水	金华	衢州	建德
				song⁵	song⁵	seong⁵	xiong⁵	xyn⁵	sing⁵	shyeng⁵	
				soŋ⁴⁴	soŋ⁴⁴	søŋ⁵⁵	ɕioŋ⁵¹	ɕyn⁵²	siŋ⁵⁵	ʃyəŋ⁵³	

笃

dǔ 陡，陡立：立来笔～站得笔挺（嘉兴）。该座山刮～这座山很陡峭（舟山）。本字不详，采用同音字"笃"。

杭州	嘉兴	湖州	绍兴	宁波	舟山	台州	温州	丽水	金华	衢州	建德
duok⁷	dok⁷	duok⁷	dok⁷	dok⁷	dok⁷						
tuoʔ⁵	toʔ⁵	tuoʔ⁵	toʔ⁵	toʔ⁵	toʔ⁵						

筻

qiè 歪，斜：～坡斜坡（杭州）。歪～（舟山）。～头歪脖子（衢州）。《广韵》祃韵迁谢切："斜逆也。"

杭州	嘉兴	湖州	绍兴	宁波	舟山	台州	温州	丽水	金华	衢州	建德
qia³	qia¹	qia³	qia⁵	qia³	qia³	qia⁵	cei¹	qio⁵	cia⁵	qia⁵	qia²
tɕʰia⁵³	tɕʰia⁵³	tɕʰia⁵²³	tɕʰia³³	tɕʰia³⁵	tɕʰia⁴⁵	tɕʰia⁵⁵	tsʰei³³	tɕʰio⁵²	tsʰia⁵⁵	tɕʰiɑ⁵³	tɕʰiɑ³³

屈

qū 弯曲。《广韵》物韵区勿切："拗曲。"

杭州	嘉兴	湖州	绍兴	宁波	舟山	台州	温州	丽景宁	金华	衢州	建德
qyek⁷	qyek⁷	qiek⁷	qiok⁷	qyek⁷	qyok⁷	kyek⁷			kuewk⁷	kuek⁷	
tɕʰyə‽⁵	tɕʰyə‽⁵	tɕʰie‽⁵	tɕʰio‽⁵	tɕʰyə‽⁵	tɕʰyo‽⁵	kʰye‽⁵			kʰuɯ‽⁵	kʰuə‽⁴	

乔

qiáo ❶ 不平整，多指器具变形导致不平整：葛块木板～了（衢州）。❷ 不好，坏：嫌好嫌～｜葛人脾气交关～（衢州）。《广韵》宵韵巨娇切："高也。《说文》曰：'高而曲也。'"

杭州	嘉兴	湖州	绍兴	宁波	舟山	台州	温州	丽遂昌	金华	衢州	建德
jioo²	jioo²	jioo²	jioo²	jio²	jio²			jiaw²		jio²	
dʑiɔ²¹³	dʑiɔ³¹	dʑiɔ¹¹²	dʑiɔ²³¹	dʑio¹³	dʑio²³			dʑiɛɯ²²¹		dʑiɔ²¹	

轩

xuān 称重量时秤尾上翘，即分量足或略微超出：该个甜瓜称起一斤还～点（温州）。《正字通·车部》："虚焉切，显平声。车前高盖也……前高曰轩，前下曰轾。"《诗经·小雅·六月》："戎车既安，如轾如轩。"古为晓母，金华读如心母，声母特殊。

杭州	嘉兴	湖州	绍兴	宁波	舟山	台州	温州	丽水	金华	衢州	建德
xie¹	xie¹	xie¹	xien¹	xi¹	xi¹		xi¹	xiae¹	sie¹	xien¹	
ɕie³³	ɕie⁵³	ɕie⁴⁴	ɕiẽ⁵³	ɕi⁵³	ɕi⁵²		ɕi³³	ɕie²⁴	sie³³⁴	ɕiẽ³²	

精

jīng （肉）瘦：～肉。本字为"腈"。腈，《集韵》清韵咨盈切："肉之粹者。"采用俗字"精"。

杭州	嘉兴	湖州	绍兴	宁波	舟山	台州	温州	丽水	金华	衢州	建德
jing¹	jing¹	jin¹	jing¹	jing¹	jing¹		zeng¹	jin¹	zing¹	jin¹	jin¹
tɕiŋ³³	tɕiŋ⁵³	tɕin⁴⁴	tɕiŋ⁵³	tɕiŋ⁵³	tɕiŋ⁵²		tsəŋ³³	tɕin²⁴	tsiŋ³³⁴	tɕin³²	tɕin⁴²³

靄

ǎi　天阴：阴～天阴天（绍兴）。天公～契罢天阴起来了｜～天阴天（汤溪）。《广韵》泰韵於盖切："云状。"[晋]陶渊明《时运》："山涤余霭，宇暧微霄。""霭"指云雾。古为清去，浙江方言读阴去，符合语音演变规律。《广韵》代韵乌代切的"暧""碍"二字音义也较为接近：暧，"日不明，又淹暧，暗貌"；碍，"碍䃳，云状"。汤溪话咍 [ɛ]、泰 [ɑ] 相分，故本字为"霭"。

杭州	嘉兴	湖州	绍兴	宁波	舟山	台州	温州	丽水	金汤溪	衢州	建德
			a⁵	a⁵	a⁵				aa⁵		
			a³³	a⁴⁴	a⁴⁴				ɑ⁵²		

燥

zào　干，干燥：～面干切面（杭州）。口～（建德）。《集韵》号韵先到切："《说文》：'干也。'"古为擦音声母，浙江方言读 [s] 声母，符合古音。

杭州	嘉兴	湖州	绍兴	宁波	舟山	台州	温州	丽水	金华	衢州	建德
soo⁵	soo⁵	soo⁵	soo⁵	soo⁵	soo⁵	soo⁵	sea⁵	se⁵	sau⁵	so⁵	soo²
sɔ⁴⁴⁵	sɔ³³⁴	sɔ³⁵	sɔ³³	sɔ⁴⁴	sɔ⁴⁴	sɔ⁵⁵	sɜ⁵¹	sʌ⁵²	sɑu⁵⁵	sɔ⁵³	sɔ³³

暾

tūn　【温暾】❶（液体）不冷不热：～汤温水（温州）。～热（建德）。❷（性格）慢吞吞：～水指性格慢吞吞的人（杭州）。本字或为"暾"。暾，《广韵》魂韵他昆切："日出貌。"采用俗字"吞"。

杭州	嘉兴	湖州	绍兴	宁波	舟山	台州	温州	丽水	金华	衢州	建德
teng¹	teng¹	ten¹	teon¹	teng¹	teong¹	tang¹	ten¹	teng¹	teng⁵	ten¹
tʰəŋ³³	tʰəŋ⁵³	tʰən⁴⁴	tʰõ⁵³	tʰəŋ⁵³	tʰəŋ⁵²	tʰøŋ⁴²	tʰaŋ³³	tʰen²⁴	tʰəŋ³³⁴	tʰəŋ⁵³	tʰen⁴²³

瀴

yìng　冷：水泥地高头太～嘚（杭州）。《广韵》映韵於孟切："瀴溟，冷也。"

杭州	嘉兴	湖州	绍兴	宁波
ing⁵	ing⁵	in⁵	ing⁵	ing⁵
iŋ⁴⁴⁵	iŋ³³⁴	in³⁵	iŋ³³	iŋ⁴⁴

浸

qìn 冷，凉：水～险 水很冷（云和）。《集韵》沁韵七鸩切："冷气。"有的方言本字或为"凊"。凊，《广韵》劲韵七政切："温凊。"

杭州	嘉兴	湖州	绍兴	宁波	舟山	台州	温州	丽 云和	金华	衢 开化	建德
								ceng⁵		caen⁵	
								tsʰəŋ⁵⁵		tsʰɛn⁴¹²	

薆

ǎi 草木茂盛：稻吓农～稻子长得很茂盛。《广韵》泰韵於盖切："晻薆，树繁茂。"《楚辞·九辩》："离芳薆之方壮兮，余萎约而悲愁。"[宋]洪兴祖补注："薆，繁茂也。"古为清去，汤溪读阴去，符合语音演变规律。《广韵》代韵乌代切的"薆"字音义也较为接近：薆，"薆蒻，草盛"。汤溪话咍[ɛ]、泰[ɑ]相分，故本字为"薆"。

杭州	嘉兴	湖州	绍兴	宁波	舟山	台州	温州	丽水	金 汤溪	衢州	建德
									aa⁵		
									ɑ⁵²		

兴

xìng 人多热闹：兰溪从前比金华～些（金华）。《广韵》证韵许应切，又蒸韵虚陵切："盛也，举也，善也。""兴"有平、去二声，浙江方言读阴去，符合许应切。

杭州	嘉兴	湖州	绍兴	宁波	舟山	台州	温州	丽水	金华	衢州	建德
	xing⁵	xin⁵	xing⁵		xing⁵	xing⁵			xing⁵		
	ɕiŋ³³⁴	ɕin³⁵	ɕiŋ³³		ɕiŋ⁴⁴	ɕiŋ⁵⁵			ɕiŋ⁵⁵		

轧 gá 拥挤：菜场里~得个来菜场里挤得很（嘉兴）。汽车~得脚都囥搁弗落去（建德）。《广韵》點韵乌黠切："车辗。"古为影母，浙江方言均读 [g][k] 声母，声母不合。本字不详，采用俗字"轧"。另见 83 页。

杭州	嘉兴	湖州	绍兴	宁波	舟山	台州	温州	丽水	金华	衢州	建德
gek8	gak8	gak8	gaek8	gak8	gak8		ga8	gook8			gek8
gəʔ2	gaʔ2	gaʔ2	gɛʔ2	gaʔ2			ga212	gɔʔ23			kəʔ12

宕 lăng 间距大，稀疏：疏~~（绍兴）。菜种嘞得蛮~咯（舟山）。渠咯牙齿生~险他的牙很稀（温州）。《广韵》唐韵鲁当切："康宕，宫室空貌。"又荡韵卢党切："康宕，空虚。"有平、上二声，浙江各地方言声调不一。

杭州	嘉兴	湖州	绍兴	宁波	舟山	台州	温州	丽青田	金华	衢江山	建德
lan6		laang2	loo2	lon2	loon1	luoo4	lo3			lang4	
lã213		laŋ231	lɔ13	lõ23	lɔ̃42	luɔ14	lo454			laŋ22	

健 jiàn ❶力气大：渠比我~些（金华）。❷身体健壮，多指老年人：他望过去还~的（杭州）。古为群母，丽水读 [g] 声母，保留古音。

杭州	嘉兴	湖州	绍兴	宁波	舟山	台州	温州	丽水	金华	衢州	建德
jie6	jie6	jie6	jien6	ji2	ji6	jie6	ji6	gae6	jie6	jien6	
dzie13	dzie213	dzie24	dziẽ22	dzi13	dzi13	dzie24	dzi22	ge231	dzie14	dziẽ231	

懈 xiè ❶身体软弱无力，倦怠，缓慢：人~掉嘚（杭州）。❷懒惰，次数少，频率低：去嘞~咪去得少了（宁波）。~门不太情愿（台州）。《广韵》卦韵古隘切："懒也，怠也。"古为见母，浙江方言均读 [g] 声母，声母不合。结合普通话读 [ɕ] 声母的现象，可能有匣母来源。

杭州	嘉兴	湖州	绍兴	宁波	舟山	台州	温州	丽水	金华	衢州	建德
ga⁶	ga⁶	ga⁶	ga⁴	ga²	ga²	ga⁵			ga⁶	gae⁶	
ga¹³	ga²¹³	ga²⁴	ga²²³	ga¹³	ga²³	ga²⁴			gɑ¹⁴	gε²³¹	

晏 yàn

❶ 晚，迟：～点儿（杭州）。懒汉早困～爬起（宁波）。❷ 慢：渠走路～猛～猛咯（金华）。《广韵》谏韵乌涧切："柔也，天清也，又晚也。"古为清去，金华读阴上，声调特殊，不过汤溪读阴去 [ie⁵²]，符合规律。

杭州	嘉兴	湖州	绍兴	宁波	舟山	台州	温州	丽庆元	金华	衢州	建德
ae⁵	ae⁵	ae⁵	aen⁵	ae⁵	ae⁵	ae⁵		uan⁵	ie³	an⁵	
ɛ⁴⁴⁵	ɛ³³⁴	ɛ³⁵	ɛ̃³³	ɛ⁴⁴	ɛ⁴⁴	ɛ⁵⁵		uæ̃¹¹	ie⁵³⁵	ã⁵³	

晚 wǎn

用在相当于"父、母、儿、女"的词前面，构成表示继父母、养子女的词：～爹｜～娘（杭州）。～爷｜～娘｜～儿头养子｜～囡养女（汤溪）。衢州还可用于"谷、米"前，表示晚稻的谷米。古为微母，浙江方言读 [m] 声母，保留古音。

杭州	嘉兴	湖州	绍兴	宁波	舟山	台州	温州	丽水	金华	衢州	建德
mae³	mae⁶	mae³	maen⁴	mae²	mae²			man³	ma³	man⁶	mae³
mɛ⁵³	mɛ²¹³	mɛ⁵²³	mɛ̃³²³	mɛ¹³	mɛ²³			mã⁵⁴⁴	mɑ⁵³⁵	mã²³¹	mɛ²¹³

蒿 hāo

食油或含油食物日久味道变坏，哈喇：花生米～～动花生米有点哈喇味了（舟山）。本字不详，采用同音字"蒿"。

杭州	嘉兴	湖州	绍兴	宁波	舟山	台州	温州	丽遂昌	金华	衢州	建德
hoo¹	hoo¹	hoo¹	hoo¹	hoo¹	hoo⁵			haw⁵	hau¹	ho¹	hoo¹
xɔ³³	hɔ⁵³	hɔ⁴⁴	hɔ⁵³	hɔ⁵³	hɔ⁵²	hɔ⁵⁵		xɯ³³⁴	xɑɯ³³⁴	xɔ³²	xɔ⁴²³

痨 痻 麎 齷 | 123

痨

láo 馋：馋～坯嘴馋的人（杭州）。馋～（宁波）。嘴巴～得紧嘴很馋（衢州）。本字不详，采用同音字"痨"。

杭州	嘉兴	湖州	绍兴	宁波	舟山	台州	温州	丽水	金华	衢州	建德
lɔɔ²	lɔɔ²	lɔɔ²	lɔɔ²	lɔɔ²	lɔɔ²	lɔɔ²				lɔ²	
lɔ²¹³	lɔ³¹	lɔ¹¹²	lɔ²³¹	lɔ¹³	lɔ²³	lɔ³¹				lɔ²¹	

痻

cáo 饿，也指胃里不适：肚皮～（绍兴）。《字汇补·疒部》："从陶切，音曹。《博雅》：'瘦痻，病也。'"本字或为"膆"。膆，《集韵》豪韵财劳切："脆也，一曰腹鸣。"

杭州	嘉兴	湖州	绍兴	宁余姚	舟山	台州	温州	丽水	金华	衢州	建德
			sɔɔ²	zɔɔ²			sea²				
			zɔ²³¹	dzɔ¹³			z³¹				

麎

áo 【麎糟】肮脏：～东西（舟山）。～水（温州）。[明]冯梦龙《醒世恒言》："今日这浴，就如脱皮退壳，身上麎糟，足足洗了半缸。"本字不详，采用俗字。

杭州	嘉兴	湖州	绍兴	宁波	舟山	台州	温州	丽青田	金华	衢州	建德
				ɔɔ⁵	ɔɔ⁵		ea¹	oe¹	au¹		
				ɔ⁴⁴	ɔ⁴⁴		ɜ³³	œ⁴⁴⁵	au³³⁴		

齷

wò 【齷齪】肮脏。

杭余杭	嘉兴	湖州	绍兴	宁波	舟山	台州	温州	丽水	金华	衢州	建德
uok⁷	ok⁷	uok⁸	ok⁷	ok⁷	ok⁷	ok⁷		eek⁸		uək⁸	u⁶
uoʔ²	oʔ⁵	uoʔ²	oʔ⁵	oʔ⁵	oʔ⁵	oʔ⁵		ʌʔ²³		uəʔ¹²	u⁴⁵

踔

chuò 见 123 页"龌"〖龌龊〗。

杭余杭	嘉兴	湖州	绍兴	宁波	舟山	台州	温州	丽水	金华	衢州	建德
cok⁷	cok⁷	cuok⁷	cok⁷	cok⁷	cok⁷	cok⁷		tɕʰioʔ⁵	qiok⁷	chyek⁷	cu²
tsʰoʔ⁵	tsʰoʔ⁵	tsʰuoʔ⁵	tsʰoʔ⁵	tsʰoʔ⁵	tsʰoʔ⁵	tsʰoʔ⁵				tʃʰyəʔ⁵	tsʰu³³

共

gòng 同,具有相同属性:～姓｜～班。～样同样｜～家人同一家人(温州)。～爷各娘同父异母(金华)。《广韵》用韵渠用切:"同也。"古为群母合口三等,浙江方言多读塞擦音声母,符合语音演变规律。台州又读[goŋ²⁴]。

杭州	嘉兴	湖州	绍兴	宁波	舟山	台州	温州	丽水	金华	衢州	建德
						zong⁶	jyoo²	jiong⁶	jiong⁶	zhyong⁶	caom⁶
						dzoŋ²⁴	dʑyo³¹	dzioŋ²³¹	dzioŋ¹⁴	dʑyoŋ²³¹	tsʰɑom⁴⁵

赞

zàn 好:味道交关～(宁波)。本字为"嬊"。嬊,《集韵》换韵则旰切:"《说文》:'白好也。'一曰不恭。"旰(gàn),古案切。《说文·女部》:"白好也。从女,赞声。"古为清去,衢州读阴上,台州读阴平阴上同调,声调不合。采用俗字"赞"。

杭州	嘉兴	湖州	绍兴	宁波	舟山	台州	温州	丽水	金华	衢州	建德
			zae⁵	zae⁵	zae⁵	zae¹				zan³	
			tsɛ³⁵	tsɛ⁴⁴	tsɛ⁴⁴	tsɛ⁴²				tsã³⁵	

儇

xuān 乖:该小孩交关～咯,勿作不吵闹咯(宁波)。《广韵》仙韵许缘切:"智也,疾也,利也,慧也。"

杭州	嘉兴	湖州	绍兴	宁波	舟山	台州	温州	丽水	金华	衢开化	建德
		faen¹	huae¹	huae¹	huae⁶					huan¹	
		fɛ̃⁵³	huɛ⁵³	huɛ⁵²	huɛ⁴²					xuã⁴⁴	

賺

zhuàn 错：账算算～｜渠讲～罢｜～路。《广韵》陷韵佇陷切："重买。"《说文·贝部》："重买也，错也。从贝廉声。"也作"赚"。赚，《集韵》陷韵直陷切："《广雅》：'卖也。'一曰市物失实。"古为澄母，丽水读 [d] 声母，保留古音。

杭州	嘉兴	湖州	绍兴	宁波	舟山	台州	温州	丽水	金华	衢州	建德
		zaen⁶	zae²	zae²	zae⁶	za⁶		dan⁶	za⁶		
		dzɛ̃²²	dzɛ¹³	dzɛ²³	dzɛ²⁴	dza²²		dã²³¹	dzɑ¹⁴		

疚

jí 差，不好：～人坏人（宁波）。身体～猛体质弱（舟山）。～咯东西｜质量太～（金华）。《集韵》缉韵迄及切："病劣也。""迄及切"的"迄"为许迄切，故"疚"古为晓母，浙江方言读 [ɕ] 声母，符合语音演变规律。

杭州	嘉兴	湖州	绍兴	宁波	舟山	台州	温州	丽水	金华	衢州	建德
xiek⁷		xiek⁷	xiek⁷	xiek⁷				xiek⁷		xiek⁷	
ɕieʔ⁵		ɕieʔ⁵	ɕiəʔ⁵	ɕieʔ⁵				ɕiəʔ⁴		ɕiəʔ⁵	

蹩

bié 【蹩脚】质量次，人品差，能力弱：葛批货色太～嘚（杭州）。该这人只一张嘴巴皮啦，实在是～货（宁波）。汤溪"蹩"字可单用，义为手脚扭伤。《广韵》屑韵蒲结切："一曰跛也。"

杭州	嘉兴	湖州	绍兴	宁波	舟山	台州	温州	丽水	金汤溪	衢州	建德
biek⁸	biek⁸	biek⁸	biek⁸	biek⁸	biek⁸	biek⁸		biaek⁸	bie⁴		biek⁸
bieʔ²	bieʔ²	bieʔ²	bieʔ²	biəʔ²	bieʔ²	bieʔ²		bieʔ²³	bie¹¹³		piaʔ¹²

怵 qiū 恶劣，坏：～人｜葛个人蛮～诶这个人很坏。《广韵》尤韵去秋切："戾也。"

杭州	嘉兴	湖州	绍兴	宁波	舟山	台州	温州	丽水	金华	衢州	建德
qieu¹		qie¹									
tɕʰiəu⁵³		tɕʰiɤ⁵³									

呆 ái 笨，傻：～大傻、傻瓜｜葛个农吓农～咯这个人很木｜痴～（汤溪）。～子傻瓜（建德）。本字为"獃"。獃，《广韵》咍韵五来切："獃痴，象犬小时未有分别。"但现行字词典把"獃"当作"呆"的异体，不便采用"獃"。"呆"今读 dāi，但旧有 ái 音，例如"呆板"旧读 áibǎn，故采用"呆"字。

杭州	嘉兴	湖州	绍兴	宁波	舟山	台州	温州	丽水	金华	衢州	建德
ngae²	ae²	ngei²	ngea²	nge²	ngae²	nie²	ngae²	ngae²	ae²	ngae²	ngae²
ŋe²¹³	ɛ³¹	ŋei¹¹²	ŋE³¹	ŋe¹³	ŋE²³	n̪ie³¹	ŋe³¹	ŋe²²	ɛ³¹³	ŋe²¹	ŋe³³

寿 shòu 傻：～兮兮傻乎乎（杭州）。～头刮脑傻乎乎、色眯眯（舟山）。本字不详，采用同音字"寿"。

杭州	嘉兴	湖州	绍兴	宁波	舟山	台州	温州	丽水	金兰溪	衢州	建德
sei⁶	se⁶		se⁶	xiy²	iy⁶	xiu⁶			sew⁶		
zei¹³	ze²¹³		zɤ²²	ʑiy¹³	iy¹³	ʑiu²⁴			zɯɯ²⁴		

戆 gàng 鲁莽，傻：交关～（宁波）。～得得傻乎乎、莽莽撞撞（舟山）。《广韵》送韵呼贡切："悻戆，愚人。"又绛韵陟降切："愚也。"古为晓母或知母，义合音不合。采用俗字"戆"。

杭州	嘉兴	湖州	绍兴	宁波	舟山	台州	温州	丽水	金华	衢州	建德
gang²	gan⁶	dan²	gaang⁴	goo²	gon²	goon⁶					
gaŋ²¹³	gã²¹³	dã¹¹²	gɑŋ²²³	gɔ¹³	gõ²³	gɔ̃²⁴					

艮

gèn 偏，犟：艮独头 脾气倔强的人（嘉兴）。笨又笨，～又～（宁波）。《方言》卷十二："艮，磑，坚也。"

杭州	嘉兴	湖州	绍兴	宁波	舟山	台州	温州	丽水	金华	衢州	建德
geng⁶	geng⁶	gen⁶		geng²	geng⁶						
gəŋ¹³	gəŋ²¹³	gən²⁴		gəŋ¹³	gəŋ¹³						

数量词

廿 niàn 二十：～岁｜～块钞票｜～五。《广韵》缉韵人执切："《说文》云：'二十并也。'今作'廿'，直以为二十字。""人执切"实际上是"二十"的合音，与"入"字同音，或因避讳而读如"念"。虽然日历上通用"廿"字，但口语里把二十说成"廿"的主要限于吴语区（杭州说"二十"）。俗也作"念"。

杭州	嘉兴	湖州	绍兴	宁波	舟山	台州	温州	丽水	金华	衢州	建德
nie⁶	nie⁵	niaen⁶	nae²	niae⁶	nie⁶	ni⁶	niae⁶	nia⁶	nien⁶	nnie⁶	
ȵie²¹³	ȵie³⁵	ȵiẽ²²	nɛ¹³	ȵie¹³	ȵie²⁴	ȵi²²	ȵie²³¹	ȵia¹⁴	ȵiẽ²³¹	ȵie⁴⁵	

菟 dōu ❶棵：一～树｜一～麦。❷根：一～扁担｜一～绳。❸条：一～蛇｜一～路。汤溪本字或为"头"。

杭州	嘉兴	湖州	绍兴	宁波	舟山	台州	温州	丽青田	金汤溪	衢江山	建德
								deu¹	dew²	dɯ¹	
								ʔdeu⁴⁴⁵	təɯ⁻⁵²	tɯ⁴⁴	

墩 dūn 棵：一～树。

杭州	嘉兴	湖州	绍兴	宁波	舟山	台州	温州	丽水	金华	衢州	建德
								den¹			
								ten²⁴			

孔 蒲 梗 枚 | 129

孔

kǒng 棵，用于一棵棵种植的农作物：一～稻｜种两～菜。

杭州	嘉兴	湖州	绍兴	宁波	舟山	台州	温州	丽水	金汤溪	衢州	建德
									kao³		
									kʰɑo⁻⁵²		

蒲

pú ❶ 朵：一～花（宣平）。❷ 用于圆柱形或圆盘形的果实：一～包萝玉米｜一～葵花 指向日葵的盘（建德）。❸ 用于聚集成小撮或小堆的物体：一～蚂蚁（建德）。本字或为"匏"。匏，《广韵》看韵薄交切："瓠也。"宣平、建德读 [u] 韵，韵母特殊。

杭州	嘉兴	湖州	绍兴	宁波	舟山	台州	温州	丽水	金宣平	衢州	建德
									bu²		bu²
									bu⁻²³¹		pu³³

梗

gěng 根，条：一～棒儿｜一～头发丝｜一～管子（杭州）。一～绳｜一～蛇｜一～鱼（宁波）。一～毛竹｜一～棒冰｜矮凳掇～来 搬一条凳子过来（舟山）。《广韵》梗韵古杏切，古为开口二等，浙江方言读合口呼，韵母特殊。舟山又读 [kã⁴⁵]。金华为"梗儿"的小称音。也有作"桄"。另见 33 页。

杭州	嘉兴	湖州	绍兴	宁波	舟山	台州	温州	丽水	金华	衢州	建德
guang³	gan³		guang³	gua³	guan³	guan¹			guang³		
kuan⁵³	kã⁴⁴		kuaŋ³³⁴	kua³⁵	kuã⁴⁵	kuã⁴²			kuaŋ⁻⁵⁵		

枚

méi ❶ 根，用于细长的针等：一～针｜一～刺（汤溪）。❷ 条，用于细条形的东西：一～鱼｜一～蛇（庆元）。

杭州	嘉兴	湖州	绍兴	宁波	舟山	台州	温州	丽庆元	金汤溪	衢州	建德
				mai²	mai²	mae¹	mai²	mai²	mai²	me²	me²
				mɐi¹³	mai²³	mɛ⁴²	mai³¹	mai⁵²	mai⁻⁵²	me²¹	me³³

堘 dài

❶ 行，排：一～树｜一～字。❷ 趟，次：去一～。《广韵》代韵徒耐切："以土堨水。"即用土筑堰挡水。因为堰是长条形的，故转为用于长条形东西或直线性行为的量词。也有作"坮"。

杭州	嘉兴	湖州	绍兴	宁波	舟山	台州	温州	丽水	金华	衢龙游	建德
da⁶	da⁶	da⁶	da⁶	da²	da²	da⁶	da⁶	dua⁶	da⁶	da⁶	ta⁶
da¹³	da²¹³	da²⁴	da²²	da¹³	da²³	da²⁴	da²²	duɒ²³¹	dɑ¹⁴	dɑ²³¹	tʰɑ⁴⁵

疄 lín

用于畦：一～地（绍兴）。一～菜（宁波）。一～园（台州）。一～细麦小麦（建德）。《广韵》真韵力珍切、震韵良刃切："田垄。"古有平、去二声，浙江部分方言读阳平，部分方言读阳去。台州读阴上，本字或为"领"。

杭州	嘉兴	湖州	绍兴	宁波	舟山	台州	温州	丽水	金宣平	衢州	建德
lin²		ling²	ling²	ling²	ling¹		lin⁶	lin⁶			lin⁶
liŋ³¹		liŋ²³¹	liŋ¹³	liŋ²³	liŋ⁴²		lin²³¹	lin²³¹			lin⁴⁵

退 tuì

座，用于房屋：一～屋房子。跟"进"（用于旧式建筑房院前后层次的量词）相应。

杭州	嘉兴	湖州	绍兴	宁波	舟山	台州	温州	丽水	金华	衢龙游	建德
				tai⁵	te⁵	tai⁵	tei⁵	tae⁵	tei⁵		te¹
				tʰai⁴⁴	tʰə⁵⁵	tʰai⁵¹	tʰei⁵²	tʰɛ⁵⁵	tʰei⁵¹		tʰe⁴²³

爿

pán 用于商店，商店一家叫一爿：一～店。

杭州	嘉兴	湖州	绍兴	宁波	舟山	台州	温州	丽水	金华	衢州	建德
bae²	bae²	bae²	baen²	bae²	bae²	bae²	ba²	ban²	ba²	ban²	bae¹
bɛ²¹³	bɛ³¹	bɛ¹¹²	bẽ²³¹	bɛ¹³	bɛ²³	bɛ³¹	ba³¹	bã²²	bɑ³¹³	bã²¹	pɛ⁴²³

餐

cān 口，用于吃、咬等：吃一～饭｜咭咬了一～（丽水）。

杭州	嘉兴	湖州	绍兴	宁波	舟山	台州	温州	丽水	金汤溪	衢州	建德
	caen¹	cae¹	cae¹			ca¹	can¹	co¹	can¹		
	tsʰẽ⁵³	tsʰɛ⁵³	tsʰɛ⁵²			tsʰa³³	tsʰã²⁴	tsʰo⁻⁵²	tsʰã³²		

厨

chú 顿，用于饭：一～饭（台州）。

杭州	嘉兴	湖州	绍兴	宁波	舟山	台州	温州	丽水	金汤溪	衢州	建德
			zy²	zy²	zy²	zii²	zy²	ji²			
			dzʮ¹³	dzʮ²³	dzʮ³¹	dzɿ³¹	dzʮ²²	dʑi¹¹			

滴

dī 点，点儿，表示不定的少量，数词一般只用"一"：一～东西｜一～～。

杭州	嘉兴	湖州	绍兴	宁波	舟山	台州	温州	丽水	金宣平	衢州	建德
diek⁷		diek⁷			diek⁷		dik⁷	diek⁷		di⁶	
tieʔ⁵	tieʔ⁵			tieʔ⁵		tiʔ⁵	tiəʔ⁵			ti⁴⁵	

星

xīng 些，表示不定的数量：一～物事—些东西｜有～事体有些事情（宁波）。"些儿"的合音或小称音，采用同音字"星"。

杭州	嘉兴	湖州	绍兴	宁波	舟山	台州	温州	丽水	金华	衢州	建德
xing¹	xing¹	xin¹	xing¹	xing¹	xing¹					xing¹	
ɕiŋ³³	ɕiŋ⁵³	ɕin⁴⁴	ɕiŋ⁵³	ɕiŋ⁵³	ɕiŋ⁵²					ɕiŋ³²	

络

luò 些，数词一般只用"一"：一～事干—些事情。本字不详，采用同音字"络"。

杭州	嘉兴	湖州	绍兴	宁波	舟山	台州	温州	丽水	金华	衢州	建德
								leek⁷			
								lʌʔ⁵			

沰

duó ❶滴：一～眼泪水（舟山）。❷坨：一～痰｜一～浆糊（宁波）。一～蟹酱｜一～鸡浣鸡屎（舟山）。《集韵》铎韵当各切："滴也。"另见 100 页。

杭州	嘉兴	湖州	绍兴	宁波	舟山	台州	温州	丽遂昌	金华	衢州	建德
duok⁷	dok⁷	duok⁷	tok⁷	dok⁷	dok⁷			dook⁷	dok⁷	dek⁷	do⁶
tuoʔ⁵	toʔ⁵	tuoʔ⁵	toʔ⁵	toʔ⁵	toʔ⁵			tɔʔ⁵	toʔ⁴	təʔ⁵	toʔ⁴⁵

蓬

péng ❶棵，丛，用于根部分蘖的植物：一～花｜一～菜。❷股，用于烟、气味等：一～气。❸阵，用于风雨等：一～雨（台州）。

杭州	嘉兴	湖州	绍兴	宁波	舟山	台州	温州	丽水	金华	衢州	建德
bong²	bong²	ben⁶	bong²	bong²	bong²	bong²	bong²	bong²	bong²	bong²	paom⁶
boŋ²¹³	boŋ³¹	bən²⁴	boŋ²³¹	boŋ¹³	boŋ²³	boŋ⁵³¹	boŋ²²	boŋ²²	boŋ¹⁴	boŋ²¹	pʰaom⁴⁵

绺

liǔ 用于成条或成束的东西：一～头发（台州）。一～布（丽水）。一～眼泪（汤溪）。

杭州	嘉兴	湖州	绍兴	宁波	舟山	台州	温州	丽水	金汤溪	衢州	建德
						liu¹		liew⁶	lew⁴		liew³
						liu⁴²		liɤɯ²³¹	ləɯ⁻³⁴¹		liəɯ²¹³

垈

fá 用于成团的东西：一～泥—团泥。《广韵》末韵蒲拨切："一垈土也。" 臿（chā）：同"插"。

杭州	嘉兴	湖州	绍兴	宁波	舟山	台州	温州	丽水	金华	衢州	建德
bek⁸	bak⁸	bek⁸	bek⁸	bak⁸	bak⁸			beek⁸			bek⁸
bəʔ²	baʔ²	bəʔ²	beʔ²	baʔ²	baʔ²			bʌʔ²³			pəʔ¹²

刀

dāo 沓，用于纸：一～纸头（宁波）。一～烧纸 黄表纸（汤溪）。

杭州	嘉兴	湖州	绍兴	宁波	舟山	台州	温州	丽水	金汤溪	衢州	建德
doo¹	doo¹	doo¹	doo¹	doo¹	doo¹	doo¹	dea¹	de¹	de¹	do¹	doo¹
tɔ³³	tɔ⁵³	tɔ⁴⁴	tɔ⁵³	tɔ⁵³	tɔ⁵²	tɔ⁴²	tɜ³³	tʌ²⁴	tə⁻⁵²	tɔ³²	tɔ⁴²³

坒

bì 层，用于重叠、积累的东西：一～砖。《广韵》至韵毗至切："地相次坒也。"

杭州	嘉兴	湖州	绍兴	宁波	舟山	台州	温州	丽水	金华	衢州	建德
bi²	bi²	bi²	bi⁴	bi²	bi²	bi⁶	bei²	bi²	bi²	bi²	bi²
bi²¹³	bi³¹	bi¹¹²	bi²²³	bi¹³	bi²³	bi²⁴	bei³¹	bi²²	bi³¹³	bi²¹	

托 tuō 层，级，用于蒸笼、台阶、塔等：一～蒸笼（丽水）。一～楼梯（汤溪）。

杭州	嘉兴	湖州	绍兴	宁波	舟山	台州	温州	丽水	金汤溪	衢州	建德
tuok⁷	tek⁷		tok⁷					teek⁷	to⁷	tek⁷	to⁶
tʰuoʔ⁵	tʰəʔ⁵		tʰoʔ⁵					tʰʌʔ⁵	tʰo⁻⁵²	tʰəʔ⁵	tʰo⁴⁵

寻 xún 长度单位，八尺为一寻，大致相当于两臂左右伸直的长度：一～长。《广韵》侵韵徐林切："长也。"《说文·寸部》："度人之两臂为寻，八尺也。"有的方言本字或为"仞"。仞，《广韵》震韵而振切："七尺曰仞。"

杭州	嘉兴	湖州	绍兴	宁波	舟山	台州	温州	丽水	金汤溪	衢州	建德
				song²	song²	xing⁶	sang²	jin²		jiei²	jing¹
				zoŋ¹³	zoŋ²³	ʑiŋ²⁴	zaŋ³¹	dʑin²²		dʑiei¹¹	dʑiŋ²¹

庹 tuǒ ❶成人两臂左右伸直的长度：一～长（杭州）。❷拃（zhǎ），张开大拇指和中指（或食指）两端的距离：两～长（丽水）。有的方言（如杭州、绍兴、建德）为①义，有的方言（如宁波、丽水）为②义。《字汇补·广部》："音托，两腕引长谓之庹。"

杭州	嘉兴	湖州	绍兴	宁波	舟山	台州	温州	丽水	金华	衢州	建德
tuok⁷	tok⁷	tuok⁷	tok⁷	tok⁷	tok⁷	tok⁷		tuok⁷			to⁶
tʰuoʔ⁵	tʰoʔ⁵	tʰuoʔ⁵	tʰoʔ⁵	tʰoʔ⁵	tʰoʔ⁵			tʰuoʔ⁵			tʰo⁴⁵

钿 tián 钱，市制一两的十分之一。《广韵》先韵徒年切："金花。"另见50页。

杭州	嘉兴	湖州	绍兴	宁波	舟山	台州	温州	丽水	金华	衢州	建德
die²	die²	die²	dien²	di²	di²	die²	di²	diae²	die²	dien²	die²
die²¹³	die³¹	die¹¹²	diẽ²³¹	di¹³	di²³	die³¹	di³¹	diɛ²²	die³¹³	diẽ²¹	tie³³

记 jì

❶ 下：试～｜打一～。❷ 会儿，一小段时间：坐～。

杭州	嘉兴	湖州	绍兴	宁波	舟山	台州	温州	丽水	金华	衢州	建德
ji⁵	ji⁵	ji⁵	ji⁵	ji⁵	ji⁵	ji⁵		zii⁵	jie⁵	zii⁵	
tɕi⁴⁴⁵	tɕi³³⁴	tɕi³⁵	tɕi³³	tɕi⁴⁴	tɕi⁴⁴	tɕi⁵⁵		tsɿ⁵²	tɕie⁵⁵	tsɿ⁵³	

直 zhí

趟，用于来往的次数：去了一～。

杭州	嘉兴	湖州	绍兴	宁波	舟山	台州	温州	丽水	金宣平	衢州	建德
								jik⁸	jiek⁸		
								dʑiʔ²³	dʑiəʔ²³		

道 dào

遍，用于洗衣服的遍数或耕田的遍数：洗一～。

杭州	嘉兴	湖州	绍兴	宁波	舟山	台州	温州	丽水	金华	衢州	建德
						dea⁴	de²	dau⁶		doo²	
						dʐ¹⁴	dʌ²²	dɑu¹⁴		tɔ³³	

垡 fá

❶ 茬，用于在同一块田地上种植庄稼的次数：种了两～。❷ 次，回，一段时间：一～｜上～前～。《广韵》月韵房越切："耕土。"

杭州	嘉兴	湖州	绍上虞	宁波	舟山	台州	温乐清	丽水	金宣平	衢州	建德
			fak⁸			faek⁸	fa⁸	fook⁸	fook⁸	fak⁸	
			vaʔ²			vɛʔ²	va²¹²	vɔʔ²³	vɔʔ²³	vaʔ¹²	

傃 sào

阵子，一小段时间：做了一～（丽水）。个贼一～逃逃走（汤溪）。数词一般只用"一"，"一傃"义为一阵子。《集韵》号韵先到切："快也。"另见 141 页。

杭州	嘉兴	湖州	绍兴	宁波	舟山	台州	温州	丽水	金汤溪	衢州	建德
								se¹	se⁵		
								sʌ²⁴	sə⁵²		

顷 qǐng

一段时间，一段日子：该～这阵子｜过～过段日子（宁波）。也有作"腔、枪、抢"等。

杭州	嘉兴	湖州	绍上虞	宁波	舟山	台州	温州	丽水	金华	衢州	建德
	qian¹		qian¹	qia¹	qian¹	qian¹					
	tɕʰiã⁵³		tɕʰiã³⁵	tɕʰia⁵³	tɕʰiã⁵²	tɕʰiã⁴²					

寣 hū

觉：困一～。《广韵》没韵呼骨切："睡一觉。"《集韵》没韵呼骨切："《博雅》：'觉也。'"

杭余杭	嘉兴	湖州	绍兴	宁波	舟山	台州	温州	丽水	金华	衢州	建德
huok⁷	hok⁷	huok⁷	huek⁷	huak⁷		huok⁷	xy⁷		huaek⁷	huek⁷	
xuoʔ⁵	hoʔ⁵	huoʔ⁵	hueʔ⁵	huaʔ⁵		huoʔ⁵	ɕy³¹²		xuɛʔ⁵	xuəʔ⁴	

副词

猛 měng 用在形容词前,相当于"很";用在形容词后,相当于"得很";也可重叠构成"A猛A猛"式,表示程度更深:～大｜～甜｜甜～｜渠钞票多～｜多～多～｜好～好～。

杭州	嘉兴	湖州	绍兴	宁波	舟山	台州	温州	丽水缙云	金华	衢州	建德
				ma²	man²	man¹		ma⁴	mang³		
				ma¹³	mã²³	mã⁴²		ma³¹	maŋ⁵³⁵		

蛮 mán 很,挺:～好｜～甜。～～好(杭州)。[清]西周生《醒世姻缘传》第五回:"三间高高的门楼,当中蛮阔的两扇黑漆大门。"

杭州	嘉兴	湖州	绍兴	宁波	舟山	台州	温州	丽水	金华	衢州	建德
mae¹	mae²	mae¹	maen¹	mae¹	mae¹	mae¹	ma¹	man¹		man²	mae¹
mɛ³³	mɛ³¹	mɛ⁴⁴	mẽ⁵³	mɛ⁵³	mɛ⁵²	mɛ⁴²	ma³³	mã²⁴		mã²¹	mɛ⁴²³

候 hòu ❶很:～甜｜～好吃｜脚跷起～高_{腿抬得很高}。❷使劲地,拼命地:～哭｜～笑｜～吃｜双脚～𫏋𫏋牢_{双脚用力抵住斜撑}。本字不详,采用同音字"候"。

杭州	嘉兴	湖州	绍兴	宁波	舟山	台州	温州	丽水	金华	衢州	建德
					io⁶						
					io²⁴						

吓

xià 【吓农】很：～好｜～贵｜今日～冷（汤溪）。

杭州	嘉兴	湖州	绍兴	宁波	舟山	台州	温州	丽水	金汤溪	衢州	建德
									ha⁷		
									xa⁵⁵		

毛

máo 非常：～好｜～便宜。本字不详，或为"木老老"的合音，也有作"冒"，采用同音字"毛"。

杭州	嘉兴	湖州	绍兴	宁波	舟山	台州	温州	丽水	金华	衢州	建德
moo²										moo⁶	
mɔ²¹³										mɔ⁴⁵	

烂

làn 非常：～好。[清]吴敬梓《儒林外史》第三回："你是个烂忠厚没用的人。"

杭州	嘉兴	湖州	绍兴	宁波	舟山	台州	温州	丽水	金华	衢州	建德
	lae⁵										
	lɛ³⁵										

匹

pǐ 非常：～长～大很高大（杭州）。～好（嘉兴）。本字不详，采用同音字"匹"。

杭州	嘉兴	湖州	绍兴	宁波	舟山	台州	温州	丽水	金华	衢州	建德
piek⁷	piek⁷										
pʰieʔ⁵	pʰieʔ⁵										

尽

jìn ❶ 最：～后（温州）。～便宜咯买来｜渠落得～后面（汤溪）。❷ 很：今日嬉得～味开心｜去望戏咯农～多（汤溪）。

杭州	嘉兴	湖州	绍兴	宁波	舟山	台州	温州	丽水	金华	衢州	建德
							sang⁴		sing³		
							zaŋ¹⁴		siŋ⁵³⁵		

忒

tuī 太，过于：～短｜～贵。《广韵》德韵他德切："差也。"［清］段玉裁《说文解字注·心部》："忒之引申为已甚，俗语用之。"宁波又读 [tʰəu⁵³]。

杭州	嘉兴	湖州	绍兴	宁波	舟山	台温岭	温州	丽水	金华	衢常山	建德
tek⁷	tek⁷	tak⁷	tek⁷	tak⁷	tak⁷	tok⁷	teu⁷	teek⁷	tek⁷	teek⁷	tek⁷
tʰəʔ⁵	tʰəʔ⁵	tʰaʔ⁵	tʰəʔ⁵	tʰaʔ⁵	tʰaʔ⁵	tʰoʔ⁵	tʰʏu³¹²	tʰʌʔ⁵	tʰəʔ⁴	tʰʌʔ⁵	tʰəʔ⁵

险

xiǎn 用在形容词后，相当于"得很"：冷～。也有作"显"。

杭州	嘉兴	湖州	绍兴	宁波	舟山	台州	温州	丽水	金华	衢州	建德
						xie¹	xi³	xiae³			
						ɕie⁴²	ɕi²⁵	ɕie⁵⁴⁴			

煞

shà 用在动词或形容词后作补语，相当于"死、死了"的意思，多表示程度达到极点：打～个人｜一只狗拨被汽车压～嘚｜气都气～（杭州）。要好～｜烦～｜难看～｜电影看嘞有趣～唻电影看得太有趣了｜气～｜吃～唻吃怕了（舟山）。热～｜饿～（金华）。

杭州	嘉兴	湖州	绍兴	宁波	舟山	台州	温州	丽水	金华	衢州	建德
sek⁷	sak⁷	sak⁷	saek⁷	sak⁷	sak⁷	saek⁷	sa⁷		sua⁵		
səʔ⁵	saʔ⁵	saʔ⁵	sɛʔ⁵	saʔ⁵	saʔ⁵	sɛʔ⁵	sa³¹²		sua⁵⁵		

统 tǒng

都：渠耷～去罢他们都去了｜～忘记去罢｜街路上～是农街上尽是人（汤溪）。"都"义说"统"仅限于汤溪、衢州、常山、开化、建德等地。汤溪"统"平时读 [tʰɑo⁵³⁵]，符合规律，作副词时发生了虚词化音变，读作 [tʰou⁵⁵]（跟"秃"同音）。舟山说 [tʰoŋ⁵²]，读阴平，当为"通"字。

杭州	嘉兴	湖州	绍兴	宁波	舟山	台州	温州	丽水	金汤溪	衢州	建德
									tou⁷	tong³	taom³
									tʰou⁵⁵	tʰoŋ³⁵	tʰɑom²¹³

侪 chái

都：偓我们～去（湖州）。《广韵》皆韵士皆切："等也，辈也，类也。"

杭余杭	嘉兴	湖州	绍兴	宁波	舟山	台州	温州	丽水	金华	衢州	建德
sei²	sae²	sei²									
zei²²	zɛ³¹	zei¹¹²									

沃 wò

都：地下～是纸头儿｜一桌咯配～乞你吃底爻罢一桌菜都让你吃了（温州）。本字不详，采用同音字"沃"。

杭州	嘉兴	湖州	绍兴	宁波	舟山	台州	温州	丽水	金华	衢州	建德
							o⁷				
							o³¹²				

悚

sào【豪悚】❶ 赶快,马上:~爬起唻(宁波)。侬~搭屋里去一埭你赶快回家去一趟(舟山)。❷ 爽快。《集韵》号韵先到切:"快也。"《玉篇·心部》:"诉到切,快性也。"另见 136 页。

杭州	嘉兴	湖州	绍兴	宁波	舟山	台州	温州	丽水	金华	衢州	建德
soo⁵	soo¹	soo⁵	soo⁵	soo⁵	soo⁵	seɑ⁵	se⁵	sau⁵	sɔ⁵		
sɔ⁴⁴⁵	sɔ⁵³	sɔ³⁵	sɔ³³	sɔ⁴⁴	sɔ⁴⁴	sɔ⁵⁵	sɜ⁵¹	sʌ⁵²	sɑu⁵⁵	sɔ⁵³	

暴

bào 刚:渠~去。~时刚开始(舟山)。《广韵》号韵薄报切:"侵暴,猝也,急也,又晞也。"

杭余杭	嘉兴	湖州	绍兴	宁波	舟山	台州	温州	丽水	金华	衢州	建德
boo⁶	boo⁶			boo²	boo⁶	boo⁶					
bɔ²¹³	bɔ²¹³			bɔ¹³	bɔ¹³	bɔ²⁴					

新

xīn 刚,才:渠~走来他刚回来 | 我扣~想起我才想起来(温州)。

杭州	嘉兴	湖州	绍兴	宁波	舟山	台仙居	温州	丽云和	金华	衢州	建德
			xing¹			sen¹	sang¹	seng¹			
			ɕin⁵³			sen³³⁴	saŋ³³	səŋ²⁴			

坎

kǎn【坎坎】刚刚。[清] 韩邦庆《海上花列传》第四回:"善卿坎坎来,也让俚摆个庄。"应为同音字。也有作"堪"。

杭州	嘉兴	湖州	绍兴	宁波	舟山	台州	温州	丽遂昌	金华	衢州	建德
								kang¹		kan³	
								kʰaŋ⁴⁵		kʰã³⁵	

扣

kòu 刚：～则～刚好（杭州）。我～～到｜渠～～走出爻罢，你等下儿再来他刚出去，你等会儿再来（温州）。～丁～恰好（建德）。本字不详，采用同音字"扣"。

杭州	嘉兴	湖州	绍兴	宁波	舟山	台州	温州	丽水	金华	衢州	建德
kei⁵				koey⁵	kai⁵	qio⁵	kau⁵				kew²
kʰei⁴⁴⁵				kʰœɤ⁴⁴	kʰai⁴⁴	tɕʰio⁵⁵	kʰau⁵¹				kʰəɯ³³

亦

yì ❶ 也：我～去（杭州）。❷ 又：渠～来罢（丽水）。《集韵》昔韵夷益切："一曰又也。"

杭州	嘉兴	湖州	绍兴	宁波	舟山	台州	温州	丽水	金华	衢州	建德
iek⁸	iek⁸	iek⁸				i⁸	ik⁸		iek⁸	iek⁷	
iəʔ²	ieʔ²					i²¹²	iʔ²³		iəʔ¹²	iəʔ⁵	

乂

yì ❶ 又：渠昨日来，今日～来｜～便宜～好吃。❷ 也：我～去（宁波）。台州为小称音，金华又读[i⁵⁵][i¹⁴]。本字不详，采用表音字"乂"。

杭州	嘉兴	湖州	绍兴	宁波	舟山	台州	温州	丽庆元	金华	衢州	建德
i⁵	i⁶	i⁵	i⁵	i²	i⁶	i⁶	i⁴	i¹		i²	
i⁴⁴⁵	i²¹³	i³⁵	i³³	i¹³	i¹³	i²⁴		i²²¹	i³³⁴		i³³

是

shì 【是夺】【是里】在，副词：～着棋｜～洗衣裳｜渠正～伉朋友讲说话他正在跟朋友说话（温州）。渠～吃饭（淳安）。温州"是夺"还可用在动词后表示动作、状态持续，相当于时态助词"着"：门开～。"夺"由表处所虚化而来。徽语中也有类似用法。另见 112、149 页。

杭州	嘉兴	湖州	绍兴	宁波	舟山	台州	温州	丽水	金汤溪	衢州	建淳安
							sii⁴	zii²	zii⁴		ciia³
							zŋ¹⁴	dzŋ²²	dzŋ¹¹³		tsʰa⁵⁵

勒

lè 正在：外头～落雨｜老王～吃饭｜小王～想办法（嘉兴）。通常要和其他语素结合使用，杭州说"勒哈"[ləʔ²hɑ³³]，嘉兴也可以说"勒霍"[ləʔ⁵hoʔ⁵]，宁波说"来勒"[le²²laʔ²]。本字或为"来"，或由"在"弱化为 [l] 声母并发生促化，也有作"辣"，采用同音字"勒"。另见 112、149 页。

杭州	嘉兴	湖州	绍兴	宁波	舟山	台州	温州	丽水	金华	衢州	建德
lek⁸	lek⁷										
ləʔ²	ləʔ⁵										

弗

fú 不：～是｜～好｜～用。《韵会》："违也，又不也。""不"义绍兴、宁波、台州等地还可以说"勿"（读浊音的 [v] 声母）。

杭余杭	嘉崇福	湖州	绍兴	宁波	舟山	台州	温州	丽水	金华	衢州	建德
fek⁷	fek⁷	fek⁷	fek⁷	fak⁷	fak⁷	fek⁷		feek⁷	fek⁷	fek⁷	fek⁷
fəʔ⁵	fəʔ⁵	fəʔ⁵	feʔ⁵	faʔ⁵	faʔ⁵	fəʔ⁵		fʌʔ⁵	fəʔ⁴	fəʔ⁵	fəʔ⁵

勿

wù 不：～去｜～要｜～好｜～用。《广韵》物韵文弗切："无也，莫也。"古为微母，义乌读 [b] 声母，声母特殊，但可又读 [vəʔ³¹¹]。"不"义绍兴、宁波、台州等地还可以说"弗"（读清音的 [f] 声母）。

杭州	嘉兴	湖州	绍兴	宁波	舟岱山	台州	温州	丽水	金义乌	衢州	建德
	fek⁷		fek⁸	fak⁸	fak⁸	fek⁸			be²		
	veʔ⁵		veʔ²	vaʔ²	vaʔ²	vəʔ²			bəʔ²¹³		

否

fǒu 不：我~去。《广韵》有韵方久切："《说文》：'不也。'"

杭州	嘉兴	湖州	绍兴	宁波	舟山	台州	温州	丽庆元	金华	衢州	建德
							fu³	fee³			
							fu²⁵	fɤ³³			

未

wèi 没有，副词：我昨日~去｜~曾｜夜饭吃过~？（金华）。古为微母，浙江方言均读 [m] 声母，保留古音。

杭州	嘉嘉善	湖州	绍上虞	宁波	舟山	台州	温州	丽水	金华	衢龙游	建德
mi⁶	mi⁶	mi⁶	mi⁶			mei⁶	mi⁶	mi⁶	mi⁵	mi⁶	
mi¹³	mi¹³	mi²⁴	mi³¹			mei²²	mi²³¹	mi¹⁴	mi⁵¹	mi⁴⁵	

无

wú 没有，未，副词：菜~熟｜日头~落山（台州）。浙江方言读自成音节的 [m]，有的方言要和其他语素结合使用，嘉兴说"无没" [m²¹mə˥]，湖州说"无不" [m¹¹²pə˥]，绍兴说"无有"的合音形式 [n̠ɨɣ²]。俗常作"呒""唔"。另见 113 页。

杭州	嘉兴	湖州	绍兴	宁波	舟山	台州	温州	丽水	金华	衢州	建德
	m²	m²			m²						
	m⁻²¹	m¹¹²			m³¹						

呐

nà 没有，未：~去。本字不详，采用表音字"呐"。

杭州	嘉兴	湖州	绍兴	宁镇海	舟山	台州	温州	丽水	金华	衢州	建德
				nak⁷	nak⁷						
				naʔ⁵	naʔ⁵						

莫

mò 不要，别：～哭｜～笑。

杭州	嘉兴	湖州	绍兴	宁波	舟山	台州	温州	丽水	金华	衢州	建德
				moo²	ma¹						
				mɔ¹³	ma⁵²						

嫑

fiào "弗要"的合音，但温州为"否要"的合音。不要：尔～错过 你不要错过（湖州）。也作"覅""勥"。[清]韩邦庆《海上花列传》例言："'勿要'二字，苏人每急呼之，并为一音，若仍作'勿要'二字，便不合当时神理，又无他字可以替代，故将'勿要'二字并写一格。阅者须知'覅'字本无此字，乃合二字作一音读也。"

杭 余杭	嘉兴	湖州	绍兴	宁波	舟山	台州	温州	丽 龙泉	金 汤溪	衢州	建德
fioo⁵	fioo⁵	fioo³	fioo⁵	fe¹	fai¹		fai¹	faee¹	fi⁵	fae⁵	fioo⁶
fiɔ⁵²³	fiɔ³³⁴	fiɔ⁵²³	fiɔ³³	fe⁵³	fai⁵²		fai³³	fɑʌ⁴³⁴	fi⁵²	fe⁵³	fiɔ⁴⁵

嫑

báo "不要"的合音。❶ 不需要，甭：你～客气。❷ 不要，别：你～哭。

杭州	嘉兴	湖州	绍兴	宁波	舟山	台州	温州	丽水	金华	衢州	建德
bioo⁵											
piɔ⁴⁴⁵											

僁

xiào "休要"的合音。不要，别：你～去。

杭余杭	嘉兴	湖州	绍新昌	宁波	舟山	台州	温州	丽水	金华	衢州	建德
xiɔɔ⁵			xiɔɔ³			xiɔɔ⁵					
ɕiɔ⁴³⁵			ɕiɔ⁴⁵³			ɕiɔ⁵⁵					

甮 fèng "勿用"或"弗用"的合音,读[v]声母的是"勿用"的合音,读[f]声母的是"弗用"的合音。❶不需要,不用,甭:我去过罢,侬~去了(金华)。❷不要,别:~哭 | 路忒远了,侬~去(金华)。

杭州	嘉兴	湖州	绍兴	宁波	舟山	台州	温州	丽水	金华	衢州	建德
			foŋ⁵	feŋ²	faŋ²				foŋ⁵		
			foŋ³³	vəŋ¹³	vaŋ²³				foŋ⁵⁵		

赠 fèi "勿会"或"弗会"的合音,读[v]声母的是"勿会"的合音;读[f]声母的是"弗会"的合音,但温州为"否会"的合音。不会:~落雨。也作"䏦"。

杭州	嘉兴	湖州	绍兴	宁波	舟山	台州	温州	丽水	金华	衢州	建德
			fea⁵	fai²	fai²	fe⁵	fai⁷	fei⁵	fae⁵	fe⁶	fe⁶
			fɛ³³	vɐi¹³	vai²³	fə⁵⁵	fai³¹²	fei⁵²	fe⁵⁵	ve²³¹	fe⁴⁵

㚻 pēi "不会"的合音:葛种话语他~得话的这种话他是不会说的。

杭州	嘉兴	湖州	绍兴	宁波	舟山	台州	温州	丽水	金华	衢州	建德
bei⁵											
pei⁴⁴⁵											

觜 起 着 添 | 147

觜

fēn "勿曾"或"弗曾"的合音，读 [v] 声母的是"勿曾"的合音，读 [f] 声母的是"弗曾"的合音。没有，未曾：我～讲过。也作"朆"。朆，[清] 徐珂《清稗类钞·著述类》弗曾切："勿曾也。"

杭州	嘉兴	湖州	绍兴	宁波	舟山	台州	温州	丽遂昌	金东阳	衢州	建德
						feng²		faen²	fan³	feng²	
						vəŋ³¹		vẽ²²¹	fan⁵⁵	vəŋ²¹	

起

qǐ 后置成分，用在动词性词语后面，表示在时间次序上领先，像是把"先"后置于动词之后：我讲～我先说（嘉善）。尔吃吃～你先吃（台州）。侬去～你先去｜哪个讲～谁先说？｜钞票存银行里～先把钱存银行里再说｜雨伞带去～把雨伞带上再说｜吃吃午饭～再做吃了午饭再干｜侬歇记～，我来做你歇会儿, 我来干（金华）。

杭州	嘉嘉善	湖州	绍兴	宁波	舟山	台州	温州	丽松阳	金华	衢常山	建德
qi⁵						qi¹		cii³	qi³	qi³	qi³
tɕʰi³³⁵						tɕʰi⁴²		tsʰ1²¹²	tɕʰi⁵³⁵	tɕʰi⁵²	tɕʰi²¹³

着

zhuó 后置成分，用在动词性词语后面，表示先进行并完成这个动作（再说或再做别的事）：侬等记～你等会儿再说｜坐记～哇先坐一会儿吧｜侬大点儿～再去读等你长大点再去读书｜我吃歇～便去我吃完了就去｜等明朝～再去哇等到明天再去吧！（金华）。

杭州	嘉兴	湖州	绍兴	宁波	舟山	台州	温州	丽水	金华	衢州	建德
						jiook⁰	jiek⁰			za⁶	
						dziɔʔ⁰	dziɔʔ⁰			tsɑ⁴⁵	

添

tiān ❶ 后置成分，用在动词性词语后面，表示再度、追加，像是把"再"后置于动词之后：吃一碗～再吃一碗（临安）。请侬讲遍～儿请你再说一遍｜侬大点儿～儿再去读你再长大点再去读书（金华）。尔徛葛里嬉下～你在这里再玩一下（建德）。❷ 后置成分，用在动词性词语后面，表示仍旧、依然，像是把"还"后置于动词之后：侬来～儿弗呢你还来吗？｜还有一两里路～儿还有一两里路（金华）。金华为"添儿"的小称音。汤溪读[tʰie²⁴]，有时弱化为[tʰe²⁴]。汤溪的"添"还可用在动叠式、动量式后表示尝试，读音弱化为[tʰieº][tʰeº]：望望～｜去碰碰运气～｜试记～。

杭临安	嘉兴	湖州	绍兴	宁波	舟山	台州	温州	丽水	金华	衢州	建德
tie¹						ti¹	tiae¹	tian¹		tien¹	tie¹
tʰie⁵⁵						tʰi³³	tʰie²⁴	tʰiã³³⁴	tʰie³²		tʰie⁴²³

凑 còu

后置成分，用在动词性词语后面，表示再度、追加，像是把"再"后置于动词之后：写两张～｜买来～（台州）。你食瓯～你再吃一碗｜请你讲一遍～请你再说一遍（常山）。

杭州	嘉兴	湖州	绍兴	宁波	舟山	台州	温乐清	丽水	金华	衢州	建德
						qio⁵	qiau⁵			ce⁵	
						tɕʰio⁵⁵	tɕʰiau⁵¹			tsʰe⁵³	

过 guò

后置成分，用在动词性词语后面，相当于"重新再……"：买～件（嘉兴）。买件～｜再去～（杭州）。换个～｜我听弗灵清清楚，侬再讲遍～｜我明朝再来～（金华）。

杭州	嘉兴	湖州	绍兴	宁波	舟山	台州	温瓯海	丽水	金华	衢州	建德
gu⁵	gu⁵		geu⁵	gou⁵			geeu⁵	guo⁵	gue⁵	gu⁵	gu²
ku⁴⁴⁵	ku³³⁴		kəu⁴⁴	kou⁴⁴			kɤu⁵¹	kuo⁵²	kuʁ⁵⁵	ku⁵³	ku³³

介连词

是 shì 在,介词:车停~路上(温州)。渠~千岛湖做事体干活(淳安)。近代汉语中"是"可表示介词"在",如[宋]辛弃疾《满江红·江行和杨济翁韵》:"是梦里,寻常行遍,江南江北。"徽语中也有类似用法。另见112、142页。

杭州	嘉兴	湖州	绍兴	宁波	舟山	台州	温州	丽水	金华	衢州	建淳安
							sii⁴				ciia³
							zჲ¹⁴				tsʰaჲ⁵⁵

勒 lè 在,介词:住~乡下 | 拨衣裳浸~水里把衣服泡在水里(杭州)。小王~教室里看书(嘉兴)。房子造~河边头(宁波)。摆~桌上(温州)。嘉兴也可以说"勒霍"[ləʔ⁵hoʔ⁵]。本字或为"来",或由"在"弱化为 [l] 声母并发生促化,也有作"辣",采用同音字"勒"。另见112、143页。

杭州	嘉兴	湖州	绍兴	宁波	舟山	台温岭	温州	丽水	金华	衢州	建德
lek⁸	lek⁷	lak⁸	lak⁸	lak⁸	lek⁸	la⁰				lek⁸	
ləʔ²	ləʔ⁵	laʔ²	laʔ²	laʔ²	ləʔ²	la⁰				ləʔ¹²	

来 lái 在,介词:~屋里休息(宁波)。我~城里做生活干活儿 | ~黑板上写字(金华)。有的方言"来"不能单用,要在后面加上由表处所虚化而来的语素,例如杭州"来搭"[lɛ¹¹ta³⁵]、"来东"[lɛ¹¹toŋ³⁵],绍兴"来耷"[lɛ²²da³¹]、"来亨"[lɛ²²haŋ³³]。本字或为"在",声母弱化为 [l]。另见112页。

杭州	嘉兴	湖州	绍兴	宁波	舟山	台温岭	温州	丽水	金华	衢州	建德
lae²			lea²	le²	lae²	le²			lae²		
lɛ²¹³			lE²³¹	lε¹³		lɛ²³	lɛ³¹			lɛ³¹³	

徛

jì 在，介词：～山背上做生活在山上干活儿（金华）。《广韵》纸韵渠绮切："立也。"另见 92 页。

杭州	嘉兴	湖州	绍兴	宁波	舟山	台州	温州	丽水	金华	衢江山	建德
								gae²	gae³	gea⁴	gae³
								gɛ²²	ke⁵³⁵	gE²²	ke²¹³

拨

bō ❶ 给，替，介词：讲～侬听（宁波）。～卬担下过来给我拿过来（建德）。❷ 把，介词：～门窗开开（嘉兴）。❸ 被，介词：～狗咬了一口（杭州）。本字或为"畀"（bì）。畀，《广韵》至韵必至切："与也。"古为去声，浙江方言均为入声，读音不合。宁波又读 [poʔ⁵][piəʔ⁵]。采用同音字"拨"。另见 106 页。

杭州	嘉兴	湖州	绍兴	宁波	舟山	台州	温州	丽水	金华	衢州	建德
bek⁷	bek⁷	bek⁷	bek⁷	bak⁷	bak⁷	bek⁷		beek⁷		bek⁷	
pəʔ⁵	pəʔ⁵	pəʔ⁵	peʔ⁵	paʔ⁵	paʔ⁵	pəʔ⁵		pʌʔ⁵			pəʔ⁵

分

fēn ❶ 给，替，介词：～我写封信｜～爷爷拜寿｜～侬送雨伞来了。❷ 被，介词：～天上咯玉皇大帝晓得了。

杭州	嘉兴	湖州	绍兴	宁波	舟山	台州	温州	丽水	金华	衢州	建德
									feng¹		
									fəŋ³³⁴		

担

dān ❶ 给，替，介词：～人家耕田｜～牛郎托个梦（衢州）。❷ 把，介词：你～衣裳拿走（衢州）。另见 105 页。

杭州	嘉兴	湖州	绍兴	宁波	舟山	台州	温州	丽水	金浦江	衢州	建德
									naan¹	dan¹	
									nã⁵³⁴	tã³²	

帮

bāng ❶ 替，为，介词：～别人做事体_{事情}（宁波）。❷ 把，介词：～渠搦契_{把他抓起来}｜～扇门开开（汤溪）。汤溪读 [məɯ⁵²][mɑo⁵²]，声母 [m] 由 [p] 演变而来。

杭州	嘉兴	湖州	绍兴	宁波	舟山	台州	温州	丽水	金华	衢州	建德
				boo¹			bong¹	bang¹	baan¹		bae¹
				pɔ⁵³			pɔŋ²⁴	paŋ³³⁴	pã³²		pe⁴²³

代

dài ❶ 替，为，介词：你～我跑一趟上海（杭州）。～你阿爸阿妈争口气（温州）。❷ 把，介词：～药吃爻_{把药吃了}｜～蛇拔牢_{把蛇抓住}（温州）。也有作"逮"。

杭州	嘉兴	湖_{长兴}	绍_{嵊州}	宁_{奉化}	舟山	台州	温州	丽水	金_{兰溪}	衢州	建德
dae⁶	dae⁶	dɯ⁶	dea⁶	de⁶	dae⁶	de⁶	de⁶		de⁶		tae⁶
dɛ¹³	dɛ²¹³	dɯ²⁴	dɛ²⁴	de³¹	dɛ¹³	də²⁴	dɑ²²		de²⁴		tʰɛ⁴⁵

听

tīng 替，为，介词：托侬～我写封信｜件衣裳～我驮记来_{拿过来}｜～别人做事干_{事情}。《广韵》青韵他丁切，又径韵他定切。古有平、去二声，普通话读阴平，符合他丁切；金华读阴去，符合他定切。

杭州	嘉兴	湖州	绍兴	宁波	舟山	台州	温州	丽水	金华	衢州	建德
							ting⁵				
							tʰiŋ⁵⁵				

捉

zhuō ❶把，介词：～花瓶敲破哉把花瓶打碎了（绍兴）。❷和，介词：～伊做队跟他做伴（绍兴）。绍兴又读[tseʔ⁵]。也有作"作""则"。

杭萧山	嘉兴	湖州	绍兴	宁余姚	舟山	台州	温州	丽水	金华	衢州	建德
zek⁷			zok⁷	zek⁷							
tsəʔ⁵			tsoʔ⁵	tsəʔ⁵							

得

dé ❶让，介词：～渠自吃｜弗～渠望（金华）。❷被，介词：～贼偷去了｜～别人望弗起（金华）。我～你害死罢（江山）。❸用在动词后，对前面的动作加以肯定（后跟动作的方向、处所等），这个位置上普通话要用介词"给、到、在"等：我讲～侬听我说给你听｜掼～水里去扔到水里去｜侬住～哪里你住在哪里？（金华）。本字不详，或为药韵张略切的"著"（今通作"着"）。

杭州	嘉兴	湖州	绍兴	宁波	舟山	台州	温州	丽水	金华	衢江山	建德
			dek⁷		dek⁷			dek⁷	dek⁷	dek⁷	
			teʔ⁵		təʔ⁵			təʔ⁴	təʔ⁵	təʔ⁵	

问

wèn 向，介词：～渠借本书｜我～侬借点儿东西。古为微母，浙江方言多读[m]声母，保留古音。杭州读[v]声母。

杭州	嘉兴	湖州	绍兴	宁波	舟山	台州	温州	丽水	金华	衢州	建德
feng²	meng⁶	men⁵	men⁶	meng²	meng⁶	meng⁶	maŋ⁶	men⁶	meng⁶	meng⁶	men⁶
vəŋ²¹³	məŋ²¹³	mən³⁵	mẽ²²	məŋ¹³	məŋ¹³	məŋ²⁴	maŋ²²	men²³¹	məŋ¹⁴	məŋ²³¹	men⁴⁵

望

wàng 往，介词：～东走。汤溪是"从"的意思。古为微母，浙江方言均读[m]声母，保留古音。另见64页。

杭州	嘉兴	湖州	绍兴	宁波	舟山	台州	温州	丽水	金汤溪	衢州	建德
maŋ⁶	moŋ⁶	maŋ⁵	maŋ⁶	mɔɔ²			muoo⁶	mong⁶	ma²	maan⁶	moo²
maŋ¹³	moŋ²¹³	mã³⁵	maŋ²²	mɔ¹³			muɔ²²	mɔŋ²³¹	ma¹¹	mã²³¹	mɔ³³

搭 dā ❶ 和，介词：～渠讲清爽_{跟他说清楚}（宁波）。我～渠讲（舟山）。❷ 和，连词：侬～我交关好（舟山）。我～我娘下星期到北京去（台州）。❸ 给，替，介词：我～侬梳头（宁波）。我会～侬办好咯（舟山）。我～渠拨把饭吹吹冷（台州）。❹ 把，介词：侬～我踢伤咪（舟山）。❺ 从，介词：我～上海介来_{我从上海那儿来}｜～河边头介走_{从河边这儿走}（舟山）。台州老年人读 [tɛʔ⁵]。另见 114 页。

杭州	嘉兴	湖州	绍兴	宁波	舟山	台州	温_{乐清}	丽水	金华	衢州	建德
dek⁷	dek⁷	dak⁷		dak⁷	dak⁷	dek⁷	da⁵				
təʔ⁵	təʔ⁵	taʔ⁵		taʔ⁵	taʔ⁵	təʔ⁵	ta⁴¹				

好 hǎo ❶ 和，介词：尔～渠讲记_{你跟他说一下}（汤溪）。❷ 和，连词：我～渠同学_{我和他是同学}（汤溪）。卬～渠是亲戚_{我和他是亲戚}（建德）。介连词"和"义说"好"的方言有东阳、金华、缙云、浦江、汤溪、武义、义乌、永康、建德等地。缙云读 [xai⁵⁵ ～ xaiŋ⁵⁵]，金华读 [xəŋ³³⁴]，可能为小称音。汤溪"好"作形容词时读 [xə⁵³⁵]，符合规律；作介连词时发生了虚化音变，读作 [xəɯ⁵²]。需要指出的是，在这些方言中，"好"都可作形容词或助动词（表示"容易""可以"等），但均无单音节动词的用法。

杭州	嘉兴	湖州	绍兴	宁波	舟山	台州	温州	丽_{缙云}	金_{东阳}	衢州	建德
								hai⁹	hau³		hoo¹
								xai⁵⁵	xɑu⁵⁵		xɔ⁴²³

伉 kàng

❶ 和,介词:我~你讲。❷ 和,连词:鸡~鸭 | 苹果~香蕉沃贵起罢苹果和香蕉都贵起来了。

杭州	嘉兴	湖州	绍兴	宁波	舟山	台州	温州	丽水	金华	衢州	建德
							kuoo⁵				
							kʰuɔ⁵¹				

若 ruò

如果,连词:你~办公司,我也搭一股份(温州)。有些方言"若"不能单用,要在前面或后面加上其他语素,例如龙泉"若是"[ɲiaʔ³ẓ]²¹],永康"若讲"[dʑia³³kaŋ⁵⁴⁵],衢州"假若"[tɕia⁵³ʑyəʔ¹²]。

杭州	嘉兴	湖州	绍兴	宁波	舟山	台州	温州	丽龙泉	金武义	衢州	建德
						jia⁸	niak⁸	xiao⁴	shyek⁸	sek⁸	
						dʑia²¹²	ɲiaʔ³	ʑiɑo³³⁴	ʑyəʔ¹²	səʔ¹²	

㬎 jiào

"只要"的合音。只要,连词:~你高兴来,我们都欢迎的(杭州)。

杭州	嘉兴	湖州	绍兴	宁波	舟山	台州	温州	丽水	金华	衢州	建德
jioo⁵	jioo⁵	jioo⁵	jio¹								
tɕiɔ⁴⁴⁵	tɕiɔ³³⁴	tɕiɔ³³	tɕio⁵²								

助词

咯 gē ❶ 的,结构助词:我～书｜红～花。❷ 地,结构助词:老老实实～讲｜明明白白～做生意(舟山)。❸ 的,组成"咯"字结构(相当于普通话的"的"字结构),表示人或事物:做生意～｜渠开车～。❹ 的,语气词,用在句末,表示肯定的语气:我晓得～｜渠会来～｜好～。本字为"个"。浙江方言中"个"兼作量词、代词、助词,为便于区分,分别写作"个""葛""咯"。助词"咯"浙江方言多读如入声,快说时有时会进一步发生弱化,例如嘉兴读[ɛ⁰]、湖州读[kəʔ⁵][e⁰]、宁波读[oʔ²]、舟山读[ou²³]。汤溪读[kə⁰],快说时有时脱落声母读为[ə⁰]。当后面有零声母的语气词时,"咯"和语气词很容易发生合音,例如金华"咯啊"[kəʔ⁰a⁰]合音为[ka⁰],"咯喂"[kəʔ⁰ui⁰]合音为[kui⁰]。粤语通作"嘅"。

杭州	嘉兴	湖州	绍兴	宁波	舟山	台州	温州	丽水	金华	衢州	建德
gek⁷	guek⁷	go⁵	gok⁸	gok⁸	gek⁰	ge⁰	geek⁰	gek⁷	gek⁰	gek⁰	
kəʔ⁵	kuəʔ⁵	ko³³	goʔ²	goʔ²	kəʔ⁰	ge⁰	kʌʔ⁰	kəʔ⁴	gəʔ⁰	kəʔ⁰	

叫 jiào 地,结构助词:轻轻～一推,门就开嘚(杭州)。好好～走(嘉兴)。闲话慢慢～讲(宁波)。本字不详,采用同音字"叫"。

杭州	嘉兴	湖州	绍兴	宁波	舟山	台州	温州	丽水	金华	衢州	建德
jioo⁵	jioo⁰	jioo⁵	jioo⁵	jio⁵	jio⁵						jioo²
tɕiɔ⁴⁴⁵	tɕiɔ⁰	tɕiɔ³⁵	tɕiɔ³³	tɕio⁴⁴	tɕio⁴⁴						tɕiɔ³³

156 | 嘞 耷 仔

嘞

lè ❶ 得，结构助词：肚皮饿～咕咕叫｜手骨冻～红赤赤（宁波）。看～懂（舟山）。吃～完（温州）。❷ 助词，用在动词后表示动作的状态、方向等：立～吃还是坐～吃｜墙上挂～张画｜走～门口头（宁波）。坐～吃｜接～新郎屋里（舟山）。走～山上｜水倒～门外（温州）。本字或为"得"，声母弱化为 [l]，采用表音字"嘞"。

杭州	嘉兴	湖州	绍兴	宁波	舟山	台温岭	温州	丽水	金华	衢州	建德
lae⁰				lak⁸	lak⁸	lek⁸	la⁰				
lɛ⁰				laʔ²	laʔ²	ləʔ²	la⁰				

耷

dā 着，时态助词，表示动作、状态持续：坐～，嫘徛契坐着，别站起来！｜门开～咯，里面无衣咯｜墙上挂～张画｜灯开～望电视（汤溪）。本字或为"埫"。埫，《集韵》盍韵德盍切："地之区处。"绍兴、汤溪读浊声母，读音不完全吻合。为简便起见，采用音韵地位与"埫"相同的"耷"作为表音字。另见 8 页。

杭州	嘉兴	湖州	绍兴	宁波	舟山	台州	温州	丽水	金汤溪	衢州	建德
dak⁷	dek⁷	da⁶				dek⁷	da⁷		deek⁰		da⁰
taʔ⁵	təʔ⁵	da²²				təʔ⁵	ta³¹²		tʌʔ⁰		da⁰

仔

zǐ ❶ 着，时态助词：嘴巴抿～笑｜面孔红～（宁波）。❷ 了，时态助词：饭吃～再讲｜看好～再讲（宁波）。看嘞～再话看了后再说（舟山）。本字不详，采用俗字"仔"。

杭州	嘉兴	湖州	绍兴	宁波	舟山	台州	温州	丽水	金华	衢州	建德
zii⁰				zii³	zii³						
tsɿ⁰				tsɿ³⁵	tsɿ⁴⁵						

罢 bà 了，助词，用在句子末尾或句中停顿的地方，表示变化或出现新的情况，大致相当于普通话的"了₂"：我吃～｜天亮～｜快到～｜票买来～｜用落去十块洋钿～。汤溪读 [bɑ¹¹³]，有时弱化为 [uɑ¹¹³]。建德读如入声。注意不能写作"吧"，因为"吧"在普通话中有允许、推测、命令等语气，容易引起混淆。

杭州	嘉兴	湖州	绍兴	宁波	舟山	台州	温州	丽水	金华	衢江山	建德
							ba⁴	bua²	ba³	baa⁴	bek⁷
							ba¹⁴	buɒ²²	pɑ⁵³⁵	bɒ²²	pəʔ⁵

嘚 dē 了，时态助词：落雨～｜转一个弯就到～（杭州）。吃～三碗饭（湖州）。养～五个鸡｜雪烊～罢雪化了（丽水）。湖州在句末时多与语气词合音读 [dɛ²⁴]。本字不详，采用表音字"嘚"。

杭州	嘉兴	湖州	绍兴	宁波	舟山	台州	温州	丽水	金华	衢州	建德
dek⁸	dek⁸	dek⁷						deek⁰			
dəʔ²	dəʔ²	teʔ⁵						tʌʔ⁰			

唻 lɑi 了，助词，用在句子末尾或句中停顿的地方，表示变化或出现新的情况，大致相当于普通话的"了₂"，有时带有提醒、惊叹等语气：落雨～｜做阿爷～（宁波）。搭到杭州去～｜要开学快～（舟山）。宁波又读 [ləʔ²]。本字不详，也有作"嚯"，采用表音字"唻"，繁体为"唻"。

杭州	嘉兴	湖州	绍兴	宁波	舟山	台州	温州	丽水	金华	衢州	建德
				lai⁰	lai⁰						
				lɐi⁰	lai⁰						

哉

zāi 了,助词,用在句子末尾或句中停顿的地方,表示变化或出现新的情况,大致相当于普通话的"了2":来～｜金华去过～｜饭吃好～(绍兴)。落雨～(余姚)。

杭州	嘉兴	湖州	绍兴	宁余姚	舟山	台州	温州	丽水	金华	衢州	建德
			zea^1	ze^1							
			tsE^{53}	tse^{44}							

爻

yáo 了,助词,表示动作或变化已经完成,表示变化或出现新的情况:我饭吃～｜我昨日一本书买来～｜上海我去过～(台州)。饭吃～再走｜吃～罢｜菜烂～罢｜我代渠打～_{我把他打了}｜人走完～(温州)。本字不详,采用表音字"爻"。

杭州	嘉兴	湖州	绍兴	宁波	舟山	台州	温州	丽水	金华	衢州	建德
						oo^2	uoo^2				
						ɔ^{31}	uɔ^{31}				

哦

fa "勿啊"或"弗啊"的合音,但温州为"否啊"的合音。吗,语气词:侬烟吃～?｜明朝来～_{明天来吗}?｜电影好看～?浙江方言多读如入声。采用俗字"哦"。

杭余杭	嘉兴	湖州	绍兴	宁波	舟山	台州	温州	丽水	金华	衢州	建德
fek^8	fak^7	fak^8	fak^8	fa^2	fak^8	fae^0	fa^0	fee^0			
vəʔ^2	vaʔ^5	vaʔ^2	vaʔ^2	va^{13}	vaʔ^2	vɛ^0	va^0	fʌ^0			

附录

《浙江方言常用字典》的编写[*]

方言作为一种语言现象、交际工具和文化载体,为其编写字典、词典是很自然的事情。但遗憾的是,在浩瀚的工具书中,汉语方言字典尚如凤毛麟角。冠以"字典"二字的目前仅有少数几种:

《广州音字典》(普通话对照),饶秉才主编,广东人民出版社,1983年。

《广州话正音字典》(广州话普通话读音对照),詹伯慧主编,广东人民出版社,2002年。

《潮汕字典》,陈凌千编,汕头育新书社,1935年。

《新潮汕字典》(普通话潮州话对照),张晓山编,广东人民出版社,2009年。

《潮州音字典》(普通话对照),《潮州音字典》编辑委员会编,吴华重、林适民执行编辑,广东人民出版社,1983年。

《新编潮州音字典》(普通话对照),林伦伦主编,汕头大学出版社,1995年。

《国语潮音大字典》,张惠泽编,广东人民出版社、汕头大学出版社,2009年。

---

[*] 本部分据曹志耘《汉语方言字典的编写问题——以〈浙江方言常用字典〉为例》(载《语文研究》2021年第1期)略加改写而成。

这类字典大多收字众多（比如包含《新华字典》所有字目），采用与普通话读音对照方式，以"正音"为重要目的，有的则跟词典没什么区别，因此实际上还不是专门以用字为核心的"方言字典"。

当然，各地方言词典著述丰富，方言词典里自然要收录一些方言字，一定程度上也能起到方言字典的作用。但词典和字典毕竟是两种性质的工具书，更何况作为方言词典，并不需要解决所有用字问题，里面夹杂很多同音字和方框，即使删去多音节词和多余的注释也无法变成一部字典。

之所以造成这种局面，原因其实很简单，那就是缺乏需求。在相当长的一个历史时期里，除了粤语和部分闽语地区以外，人们不需要书写方言，或者说没有机会书写方言。吴语区（主要是苏沪地区）虽然有过数百年辉煌的方言文学艺术，但后来也快速衰落，不成气候了。

然而，当今形势发生了很大的变化。从文化传承层面来讲，在"文化多元化""中华优秀传统文化传承发展"的大背景下，地方文化的挖掘整理、保护传承和开发应用已成为各地文化建设的重点工作。在这些工作中——例如目前正在进行的"中国民间文学大系出版工程"，又如方言文艺创作、方言文化读本和教材编写、方言文化博物馆建设等，如要科学准确地记录民间口头文化，一个规范的用字系统就成为必不可少的基本前提。从个人层面来讲，随着网络技术带来的交流方式的革命性改变，人们使用方言彰显个性、表达母语文化的需求瞬间喷发。但由于缺乏正确的文字书写规则和现成的方言用字工具，一时竟无从下手，只好用普通话里读音跟方言相近的字来书写方言，例如网络上有人把吴语金华话的"夜饭吃过未晚饭吃了吗"写成"雅伐切过咪"，把"弗敢望不敢看"写成"伐个 móng"，连拼音都用上了。这种用普通话写方言的现象可以叫作"普写方"。如今，在网络上尤其是在微信中，"普写方"的现象比比皆是，方言书写陷入一片混乱之中，有如当年的"万码奔腾"。

在这种形势下，我们于 2019 年初启动了《浙江方言常用字典》的编写工作。编写方言字典是一项新的工作，在方言字典的定位、收字、定字以及字条编写编排等方面都需要进行探索尝试，这里简要阐述我们的认识和做法。

一 定位

《浙江方言常用字典》有三大定位：地区型、常用性、普及性。

（一）地区型

语言的字典，通常是以共同语或标准语为对象来编的，其下无非是按时代、规模、常用度、难易度等再做区分。但方言字典较为特殊，至少可分为以下四类：

1. 单点方言字典（单点型）：以单个方言地点为单位，例如《广州方言字典》。

2. 方言区方言字典（区片型）：以大方言区或方言小区为单位，例如《吴语字典》《太湖片吴语字典》。

3. 地区方言字典（地区型）：以省或地区为单位，例如《浙江方言字典》《东北方言字典》。

4. 全国方言字典（全国型）：涵盖全国各地方言，例如综合性的《汉语方言字典》。

其中，单点型最为单纯。区片型和地区型，如果以某个代表性方言点为准来编写，性质跟单点型差不多；如果要兼顾区内各地方言，则很复杂。相比而言，地区型所涵盖的方言可能属于不同的方言区片，差异较大，所以情况更为复杂一些。而全国型要包括全国各地区、各方言区方言的情况，无疑最为复杂。

以浙江为例。浙江省下辖 11 个地级市，89 个县级行政区（市、县、区），全省主要使用吴语，此外还分布有徽语、闽语、客家话、赣语、官话、畲话等方言。吴语北部（苏南、上海、浙北一带）比较一致，南部（浙江大部分地区）则极为分歧。浙江省会杭州由于历史的原因，方言在一定程度上已经官话化了，在浙江方言中没有代表性，其他地市方言的影响力也都局限于本地。在这种情况下，如果只以杭州话或某城市方言为准来编写，涵盖范围很有限，或者说至少需要编写十几部单点型字典才能满足需求。为了集中力量，避免重复劳动，方便全省各地人使用，我们决定编写一部涵盖全省主要方言、面向全省方言使用者的地区型方言字典。

那么，在一个方言情况如此复杂的省，如何兼顾到各地区各方言呢？我们的做法是，选取全省11个地级市政府所在地，再加上建德，共12个地点作为方言代表点。建德自唐神功元年（697年）起，历为睦州、严州府、建德专区（地级）等治所，直到1958年建德专区撤销，历时1261年，是严州地区的中心，严州方言属于徽语，具有特殊性。从方言的角度来说，限制在吴语、徽语两大方言。吴语自不必说。徽语分布在建德、淳安二市县（旧建德、寿昌、淳安、遂安四县），自成一片（徽语严州片），不可忽略。至于浙江省境内其他方言，如闽语、客家话、赣语、官话、畲话等，虽也有不少人使用，但均呈方言岛式零散分布，缺乏整体性和主体性，若都收进来，将势必极大地增加字典的复杂性，故只好割爱。

（二）常用性

如上所述，汉语方言字典目前基本上还处于空白状态，想要编写大而全的方言字典，在短期内难以实现。从使用者的角度来说，他们所需的用字规范也是有主次、急缓之分的。在这种情况下，应该先从主要方言着手，先收录最基本、最常用的方言字，先解决主要问题和普遍性问题，再在以后逐步解决其他问题。

（三）普及性

方言字典的目的是要解决方言使用者"写方言"的问题。但方言字典不免收字生僻，读音特别，兼之缺乏通俗易懂的标音方式，比起普通字词典来，本身就不太容易阅读使用；加上方言字典的使用者是方言区的普通百姓，很多人文化程度不太高，对考本字、古音韵、国际音标等更是一窍不通，如果面对的是一部研究型、学术型的字典，就只能望书兴叹了。方言字典要让老百姓看得懂、用得上，就必须从使用者的角度出发，考虑收字、字形、注音以及编排方式等方面的问题，在保证学术性的前提下，力求凸显实用性和普及性。

二 收字

顾名思义,"方言字典"是收录方言字的。那么,什么是"方言字"呢?我们认为,所谓"方言字",包含以下第1—5类性质不同的字,并涉及第6类现象。

1. 传统汉字系统里无,各地方言自造的字,例如粤语的"佢他""嘢东西"、吴语的"嫑不要"、西北方言的"尕小"。

2. 传统汉字系统里有,但共同语不使用,只在方言中使用的字,例如吴语的"徛站""浼屎"。

3. 传统汉字系统里有,但共同语口语中不常用,方言中常用的字,例如吴语的"尔""弗"。

4. 传统汉字系统里有,但方言不采用而另用他字的字,例如吴语的"阿我"(本字为"我")、粤语的"企站"(本字为"徛")、闽语的"人"(本字为"农")。

5. 共同语和方言都正常使用的字,例如"一""山""我""望"。

6. 从编写方言字典的角度来说,还有一类现象是不能忽略的,即所谓"有音无字"。方言中有的语素只有读音,写不出字来,在方言论著里通常用方框"□"表示,例如吴语汤溪话的"□咱们"[aŋ¹¹³]。

如果仅从字形的角度来说,"方言字"只能指方言自造的字(上述第1类)。而如果从使用的角度来说,则可以把"方言字"分为两类:

(1) 方言专用字,即只限方言使用的字,包括上述第1—2类。

(2) 方普共用字,即方言和共同语(普通话)都使用的字,包括上述第3—5类。

狭义的"方言字"就是方言专用字;广义的"方言字"是指方言中使用的字,包括方言专用字和方普共用字。

一部方言字典,如果仅限于研究,那么只收"方言自造字"(第1类)或"方言专用字"(第1—2类)就可以了。但如果要面向社会大众,要解决方言使用者"书写方言"的问题,则需包括上述除第 5 类以外的其他各类。不过,联系到浙江方言的具体情况,由于长期缺乏方言书面文献,第 1 类(方言自造字)和第 4 类(俗字、训读字等)只有个别现象,重点是第 2、3、6 类,即"共同语不使用,只在方言中使用的字""共同语口语中不常用,方言中常用的字"和"有音无字"现象。

第 5 类"共同语和方言都正常使用的字"不是方言特有字或特有用字现象,按理说不必收录。但由于我国方言用字教育的缺位,相当多的人缺乏基本的文字常识,很多很平常的字都不知道怎么写,甚至会以为方言是没有文字的。因此,写别字、"普写方"或以汉语拼音替代等现象屡见不鲜,即便给他指出来(比如吴语中表示"我"的字应写作"我",不必写作"阿"),他也未必能够理解和接受。因此,作为一部普及性字典,"共同语和方言都正常使用的字"中那些老百姓不太知道应该怎么写的字,也酌情收入。但这类字要经过评测筛选,把握好度。

此外,既然定位于"常用"字典,就应优先收录那些通行地区广、使用频度高的方言字,而方言里一些过于生僻、罕见的字,则暂不收入。

顺便指出的是,凡是《新华字典》《现代汉语词典》《现代汉语大词典》里已收的浙江方言用字,例如"侬""囡""汏""爿""啥"等,一律收入本字典。

三 定字

"定字"即确定字形,确定字的写法,确定给读者推荐哪个字。对于普通字典来说,字形基本上是现成的,一些繁简字、异体字等也有据可依。然而,作为方言字典,所收字目的主体就是方言特有字或用法、读音特殊的字,其中有不少甚至是无本字可写的同音字和"有音无字"者。目前除了粤语及其他个别地点以外,一般方言都无现成的规范,一个字到底该怎么写、用哪个字形,往往存在很多分歧和争议,需要进行深入细致的考证分析和调查研究,尤其是上文提出的第 1、2、4、6 类情况。因此,"定字"成了方言字典编写中最重要也最艰巨的工作。

为了顺利开展具体的"定字"工作,我们确定了以下五条"定字"原则。

(一)使用本字

有本字者,除过于生僻或难以认同者外,使用本字(回归本字)。

"回归本字"是最符合科学也最能取得共识的做法,本字无疑应当作为最重要的"定字"依据。例如屎的意思,浙江方言的读音同"过、课、货"等字的韵调(无声母),音义皆合"涴"字。涴,《集韵》去声过韵乌卧切:"污也。"有人写作"污""屙"等字,应回归本字写作"涴"。类似的情况又如:搭捉、歃盛饭、汰漂洗、隑倚靠、徛站、敲展开、礤埂、眻窗户、疲差、㩢挑担、肌女阴、頯淹、囥藏、筅晒衣竿、趗走、脈掰、揌推。

当然,作为一部普及型工具书,我们也要警惕"本字崇拜"现象,避免过度考本字,避免为考本字而考本字。尤其是一些虚词、封闭类词,应尊重各地实际读音和语感,不必一律回归本字。有的本字过于生僻,字形过于罕见,例如水果的核儿吴语说"榍",《广韵》入声没韵户骨切,金华话读[uəʔ²¹²],但这个字远不如其俗字"核"通俗。有的本字虽然很普通,但当地已通用其他俗字,例如"我"字,宁波等地通用"阿~拉",如果让他们改成"我"字,恐怕很难接受。有的本字其语素经过长期的演变,音义已与该字相去甚远或失去联系,例如吴语金华话"我浪我们"[a⁵³⁵⁻⁵⁵laŋ¹⁴])的"浪",本字可能是"两"[liaŋ⁵³⁵],但如果写作"两",读音相差较大,意义也过于实在,不符合当地人的语感。

(二)使用俗字

有通行俗字者,采用俗字(从俗从众)。该俗字如有本字,说明本字。

所谓"俗字",是与本字相对而言的,包括方言自造字,以及长期广泛习用的同音字、近音字等。文字系统是发展演变的,不可能一律固守本字不变。根据记录语言的需要,增加新字、改变字形或改变用法是十分正常的。从这个意义上说,对俗字应持积极肯定的态度,只要这个俗字本身没有太大的问题,老百姓已约定俗成,习以为常,就可采纳作为推荐用字,例如上文所说的"核"

字，又如"囡女儿、女孩儿""阿拉我们"。如果该字确有本字，则可说明"本字是×"。

由于方言文字系统不健全，俗字是书写方言过程中的必然产物。不过，当今浙江方言书面文献并不发达，除了地名、人名等场合，俗字并不太常见。

（三）使用同音字

不适用以上两条者，选用同音字（但不加同音符号）。

所谓"不适用以上两条者"，即既无本字又无俗字。所谓"同音字"，是指在本方言内部同音，即所选之字的方言音与被代之字的方言音相同，而不是所选之字的普通话音与被代之字的方言音相同相近（那就成了"普写方"）。如果无声韵调完全相同的同音字，也可以选用读音基本相同但略有差异的近音字。不过，作为一部全省性的方言字典，选用同音字时难免会出现顾此失彼的情况，即在甲地同音，在乙地可能就不完全同了。在这种情况下，只能优先考虑通行地区广的说法。例如近指代词"这"，浙江一些地方有 [iʔ⁵][ieʔ⁵][iɛʔ⁵][i⁴⁴][i²¹] 等多种说法，在各方言中所对应的同音字也不尽相同，这就需要统筹考虑，挑选一个尽可能接近各地读音的字，比如"乙"。

在选同音字时，不能机械地只看音同，还要适当考虑意义。如果有可能的话，同音字的意义要与被代之字比较相近或具有一定的相关性，这将大大便于人们理解使用。例如远指代词"那"，吴语金华话说"□"[məʔ²¹²]，与"末"字同音，"末"意为尽头、末端，与远指的"那"有暗合之处。不然，则尽量选用意义比较虚的字，弱化其表意作用以凸显其表音功能。要注意避免选用与被代之字意义有明显冲突、会干扰阅读理解的字，例如用一个名词性质的字表示动词，或用一个贬义的字表示褒义。

在方言研究论著中，同音字都带着同音符号（通常在右上角标小等号"="）。但老百姓平时书写方言时是不可能带小等号的，因此，字典里不能出现同音符号。

（四）使用表音字

不适用以上三条者，配用表音字。

所谓"不适用以上三条者",有两种情况:一是无本字、俗字、同音字可写,即方言论著里有音无字的方框"□";二是虽然有字但不理想、不适用。所谓"表音字",是指意义较虚、读音(或其声旁的读音)与被代之字相同或相近的字。例如吴语"这个的"三个语素都来源于"个",如果都写作"个",就成了"个个个",无法阅读。其中结构助词"的"可以考虑写作"咯"之类的表音字("咯"的声旁"各"与被代之字读音相近)。又如吴语汤溪话远指代词"那"说"□"[gɑo11],本方言中同音字只有"狂"一个字,如果用"狂"表示"那",则"那个""那年""那本书"就要写作"狂个""狂年""狂本书"等,看上去就会很别扭,最好另选其他表音字,比如"皋"。

(五)其他

1. 尽量借用其他已约定俗成的写法

尽量借用苏沪地区吴语里已约定俗成的写法,甚至其他方言区里较理想的相关写法,以保持各地对应一致,例如"囡女儿、女孩儿"。但如果该字形与浙江方言里的读音差别过大,也不宜借用。此外,古代方言文学作品、传教士方言文献里使用过的字,也要参考借鉴。

2. 尽量从分

这里涉及几种情况。一是同一个本字来源,但今已分化成意义不同的词,应尽量使用不同的字形以做区分,例如上文提到的"个个个这个的"可以考虑写作"葛个咯"。二是同一个本字,在不同地区已形成较固定的不同写法,可以从俗从分,例如第一人称复数代词里的"我"在宁波等地习惯用"阿",那就顺其自然,在其他地区仍然使用"我"。三是同一个本字,在不同地区读音差别较大,难以用同一个字形表示,可依几种主要说法分写为不同的字形,例如吴语"渠他"多读 [g][dʐ] 声母,但绍兴、嘉兴等地读作 [i] 类音,后者可以写作"伊"。

3. 不用繁体字、异体字、训读字、新造字

如果起用繁体字、异体字、训读字,允许自造新字,确实可以解决方言中不少字的字形问题,例如"個""箇"可以分别承担不同角色。但一方面,字典天然带有规范的属性,方言字典也应遵守文字使用的总体规范。另一方面,从使用的角度来说,当今普通电子设备的汉字输入和显示均以规范字为准,如果使用繁体字、异体字等非规范字,势必会给人带来很大的麻烦,造成很大的混乱。因此,方言字典在确定方言字形时,必须把推荐用字严格限制在规范字的范围内,严禁随意造字。

需要说明的是,浙江方言并无使用训读字的传统,因此不必考虑是否采用训读字的问题。有的方言(例如闽语)中的训读字经长期广泛使用,已具有类似俗字的性质,另当别论。方言中已有的自造字(例如地方文献中使用过的)如果超出方正超大字符集的范围,也不宜采用。

浙江方言注音方案的研制[*]

国际音标是国际上通行的用于记录人类各种语言和方言的音标符号。我国语言学界调查记录汉语方言，也一律使用国际音标。不过，国际音标是一种专业性很强的工具，一般人除了学习英语时接触过几个国际音标以外，对此一窍不通。《汉语拼音方案》是专门用于拼写普通话的。汉语方言千差万别，很多方言的语音系统比普通话要复杂得多。无论是用英语的音标，还是用普通话的拼音，都无法顺利标注方言的读音。

2017年1月，中共中央办公厅、国务院办公厅印发《关于实施中华优秀传统文化传承发展工程的意见》，提出"保护传承方言文化"的号召，方言文化的保护传承已成为政府高度重视、社会大众积极参与的热点。教育部和国家语委自2015年起实施"中国语言资源保护工程"，从政府和专家层面对我国汉语方言和少数民族语言展开了大规模、系统性的调查保存。在社会上，文化部门、地方媒体、小学、幼儿园、企业界、民间文化工作者以及广大的热心人士，纷纷行动起来，编纂方言词典，编写方言读本、教材，开展方言培训，创作方言文艺作品，开办方言娱乐节目，开发方言文化产品，很多人还用方言在微信等上面书写交流，用乡音增强乡情。在这些活动中，不可避免地会遇到方言注音问题。

要解决这个问题，最好的办法是给各方言制订自己的注音方案。西方传教士在译写方言《圣经》、编写方言词典时，曾经为许多地方的方言创制过罗马字拼写系统，不过后世影响不大。1960年，广东省教育行政部门曾组织制定了广

---

[*] 本部分据曹志耘、沈丹萍《论浙江方言注音方案研制》[载《浙江师范大学学报》(社会科学版) 2021年第1期] 略加改写而成。

东省四种方言的拼音方案,即广州话、客家话、潮州话、海南话拼音方案。台湾教育部门2006年发布了《台湾闽南语罗马字拼音方案》。此外未见有政府部门制定过别的方言拼音方案。但多年来,各地都有一些民间学术机构、学者和热心人士自行研制并推广使用当地方言的注音方案,东南地区方言复杂特殊,方言注音方案更为多见。广东、香港等粤语地区流行多套较有影响的粤语注音方案,例如周无忌、饶秉才、詹伯慧等编写的广州话字词典都使用各自的注音方案;香港也有香港语言学学会《粤语拼音方案》和教育学院拼音方案,前者影响较大,后者获香港教育统筹局、考试局等部门正式承认。吴语地区有吴语协会的《通用吴语拼音》及若干分地方言注音方案。据钱乃荣搜集,光是上海话就有21个版本的注音方案。钱乃荣编的上海话词典、读本等使用自己制订的《上海话拼音方案》,他还据此研制了上海话输入法。

迄今为止,浙江地区尚无一套比较科学、成熟的注音方案。吴语协会名下的若干县市方言的注音方案,所据方言音系来源多样(有的是依据县志),韵母合并较随意,声调无法标注,无国际音标和方言注音符号的对照,各种错讹较多。这一现状驱使我们着手研制"浙江方言注音方案"。

一　研制原则

我们的目标是在全面整理浙江省各地方言音系的基础上,使用统一的规则处理各方言里的读音,研制一套适用于全省方言的注音系统,在此基础上再调整制订各地方言的注音方案。为此,我们确定了以下三条原则。

(一) 全省统一,各地微调

仅从设计的角度来说,语音系统越简单、越单纯,注音方案越容易设计。因此,依据一个地点的音系来设计注音方案,是比较容易的。但与标准语不同,方言是区域性的,一大片区域所使用的方言比较接近,但又各不相同。在这种情况下,如果只以某个地点(例如省会城市)的方言为准来设计注音方案,很可能缺乏代表性;而如果按地区(例如县市)分别设计注音方案,结果很可能五花八门，令人眼花缭乱。注音方案作为一种具有一定规范标准性质的技术工具，应该是越统一越好，覆盖面越大越好，否则难以产生大的影响力。因此，站在全省的角度来看，如果能通盘考虑全省各地方言语音的异同情况，设计一套具有"最大公约数"性质的注音系统，自然是最理想不过的。

浙江省绝大部分地区属于吴语区，建德、淳安一带（旧严州府）属于徽语区，不过徽语和吴语的关系十分密切。可以说浙江省各地方言在语音结构系统上具有高度的一致性，例如大多数方言保留全浊声母系统，分尖团；古阳声韵的鼻音尾合为一个 [n] 或 [ŋ]，古入声韵的塞音尾合并为 [ʔ]；古平上去入按声母清浊各分阴阳，构成四声八调系统；连读变调现象复杂，小称音变丰富，等等。方言种类和语音结构的一致性，为注音系统的统一设计提供了前提条件。

当然，另一方面，浙江各地方言在具体的音类分合和音值上也存在很多差异，尤其是在南部地区，方言更为特殊，分歧更为严重。音类越多、音值越丰富，注音方案越难设计。浙江方言一个点的韵母最多不过五六十个，但全省加起来就达到 168 个。要为这么多韵母配置相应的符号，势必要增加符号的复杂度，例如要把 [a] 和 [ɑ] 分开，就得把 [ɑ] 设计成 aa 之类的复合符号。但对单点方言来说，有一些是用不着的。因此，在不违背整体规则、不破坏系统性的前提下，可以根据单点方言音系的实际情况，对单点方言的注音方案进行必要的调整，使之更加经济简便。例如有的方言只有 [ɑ]，没有 [a]，或 [a]-[ɑ] 不对立，这时只用一个 a 就可以了。（本文中带 "[ ]" 的是国际音标，不带的是汉语拼音和方言注音）

全省统一设计，各地酌情微调，先总后分，总分照应。这一原则既保证了全省的统一性、一致性，又避免了教条主义，使各地可在一定程度上灵活变通。

（二）区分主次

从理论上说，注音方案应该"一音一符号"，但实际上不太可能。一方面，对汉语尤其是像浙江方言这么复杂的音系而言，除非使用国际音标，否则任何一种字母系统都是不敷使用的。另一方面，在一个语音系统里，各个音虽然都有独立的地位，但重要性差别很大，为便于掌握和使用，对于某些比较次要的音类，需要进行适当的合并简化，或采用非正规的方式予以淡化处理。

以《汉语拼音方案》为例。普通话音系为声母22个（含零声母），韵母39个，声调4个，相对而言不是太复杂。但《汉语拼音方案》还是做了不少合并，例如把 [i][ɿ][ʅ] 合为 i，把 [e]（用于 ei 韵）、[ɤ]（用于单韵母 e）、[ɛ]（用于 ie、üe 二韵）等音合为 e。普通话口语里还有一个单韵母 [ɛ]，只用于叹词"欸"，不过它已经没有资格使用 e 这个字母了，只好委屈它戴上个小帽，标作 ê。因为这个音比较次要，ê 也未列入正式的韵母表，只在表下附注里略做说明，实际上大家平时对这个 ê 都不太了解。

浙江方言的音系普遍比较复杂，例如金华话有声母29个，韵母51个，声调7个。要为浙江方言设计注音方案，无疑要困难得多。因此，必须对音系里各音的重要性进行评估，区分主次，优先为那些重要的音配置符号，并尽量配置理想的符号，对那些相对次要的音则需做一些适当的处理。

那么哪些音是次要的呢？从设计注音方案的角度来说，主要有以下四类情况：

1. 具有互补关系的音。在归纳音位时，考虑到古今语音演变关系、音位系统性等原因，某些音虽然呈互补状态，但习惯上还是把它们归为独立的音位，例如 [i][ɿ][ʅ]。但这种音在注音方案里是可以适当合并的。例如浙江方言里的 [n][ȵ] 两个声母：[n] 声母只与洪音韵母相拼，[ȵ] 声母只与细音韵母相拼，二者互补；读音上前者为舌尖中鼻音，后者为舌面前鼻音，也比较相近——因此二者可以都标作 n，没有必要为 [ȵ] 再设计一个符号，只要使用者知道在细音前读作 [ȵ] 就可以了。

2. 正处于合并过程之中的音。今天，大多数方言的音系都处于一个简化的过程当中。某些音在老年人那里是分的，但到了年轻人那里已经合并了。对于这种已经完成合并或正在合并的音，必要时可以以年轻人为准、以变化的方向为准，予以合并。例如金华话老年人区分 [ɤɑ][ɑ] 二韵，年轻人已经合流都读为

[ã] 韵了，[ɤã] 的符号本身也较难设计，故可删除，合入 [ã] 韵处理。

3. 文读音。吴语普遍存在文白异读现象，各方言或多或少都有一些文读音，文读音主要用于书面语、打官腔等场合。有的文读音同时又是另一些字的正常读音，例如"日"文读 [z] 声母，[z] 也是"树神十"等字的声母，配置符号时可以文白共用。有的文读音仅限于文读使用，如果有适当的符号可用，自然可以为其配置符号；但如果符号数量紧张，那只好将就处理。例如金华话的 [iɛ] 韵母，十几个字全是文读音，如果使用 iea，会跟已配置给 [ɤa] 的 ea 相混，故只好把文读韵 [iɛ] 并入 ie 中。

4. 辖字极少的音。有的音虽然具有独立的音位地位，但读这个音的只有个别字。如无适当的符号可用，也可以丢卒保车，或降格处理，例如《汉语拼音方案》对 [ɛ] 的处理。金华话的 [ŋ] 声母只有"我"一个字，而且只是部分老年人在文读中的读音，所以在注音方案里可以忽略。

需要说明的是，我们这里所说的重要性跟语言学意义上的重要性不一定完全相符。保留全浊声母，全清、次清、全浊三分（例如金华话：布 [pu⁵⁵] ≠ 铺店~ [pʰu⁵⁵] ≠ 步 [bu¹⁴]），是吴语最重要的语音特征。但在注音方案里，却并不一定要体现这一现象。因为：一、浙江很多地方的全浊声母属于清音浊流，已非真正意义上的浊音。二、声母的全清和全浊（亦即不送气清音和浊音）对立同时伴随声调的阴阳对立，例如"布""步"二字既有 [p][b] 声母之分，又有阴去、阳去之别，从音位的角度来说，这两对对立只需其一即可区别意义。因此，只要在声调上保留阴阳之别，[p][b] 两个声母可以合并成一个注音字母，例如 b。实际上，由于在普通话和绝大多数汉语方言里都不存在全浊声母，大家习惯的《汉语拼音方案》也无清浊对立，一般人对 [p][b] 之类的清浊之别并不十分敏感，如果把浙江吴语"布""步"二字的声韵母都标作 bu，大家在语感上应该不会产生什么不适。反之，为了体现三分格局，有人把 [p][pʰ][b] 标作 p、ph、b（布 pu、铺 phu、步 bu），有人标作 b、p、bh（布 bu、铺 pu、步 bhu）。前者与《汉语拼音方案》相悖，"布 pu"很容易误读成"铺"。h 的作用也与《汉语拼音方案》不同，汉语拼音 zh、ch、sh 里的 h 表示翘舌，而在 ph 里是表示送气，在 bh 里是表示浊音。此外，还会出现 tsh 或 dzh 这种由三个字母组合而成的声母。声母系统的复杂程度大大增加，仅声母数量就会增加大约 10 个。总体上看是弊大于利。

区分主次的原则，一方面是为了保证方言注音方案研制的可行性，另一方面也是为了保证方案的简约性和实用性。

（三）以《汉语拼音方案》为参照

经过半个多世纪的推广使用，尤其是拼音输入法的全面普及，《汉语拼音方案》已经成为中国人日常生活的一部分。今天研制任何方言的注音方案，都必须以《汉语拼音方案》为参照，否则必将死路一条。所谓以《汉语拼音方案》为参照，是指研制原则、原理、方法，所用字母，拼写规则，等等，都要参考借鉴《汉语拼音方案》，尽量与其保持一致，决不能背道而驰。《汉语拼音方案》的具体用法，能借用的尽量照搬使用，例如用 b、p 表示 [p][pʰ]，用 ng 表示 [ŋ]。需要根据浙江方言实际情况加以调整、改造的，尽量保持与《汉语拼音方案》的照应，避免与其形成冲突。例如古阳声韵的韵尾，在浙江方言中一部分已合并成一个鼻尾（多标作后鼻尾 [ŋ]），一部分已弱化成鼻化了，因此可以把前者标作 ng 尾，把鼻化韵标作 n 尾，这样既省去设计新的鼻化符号，又可与汉语拼音相照应。

《汉语拼音方案》以罗马字母为基础，同时根据普通话的特点进行必要的改造，例如带两点的 ü、戴小帽的 ê，以及在元音上加调号如 ā、ǒ、ù，等等。考虑到当今绝大多数场合中机器输入的实际情况，设计方言注音方案时已不宜在罗马字母上做任何改造。换句话说，所有符号应坚持仅限于 26 个罗马字母和阿拉伯数字，不造一个新字母，不借用一个其他字母，不在字母上添加任何辅助性符号。(《汉语拼音方案》ɑ、ɡ 两个字母的字体在现通行字体输入法中有时难以正常打出，可使用相应的 a、g。)

按照上述原则设计出来的方言注音方案，所使用的符号以及这些符号的用途，跟《汉语拼音方案》是大同小异的，实际上可以看作是《汉语拼音方案》的一种方言补充形式。以金华话为例，声母系统所有字母都跟《汉语拼音方案》相同，韵母系统绝大多数字母跟汉语拼音相同，新字母、新用法（例如用 ii 表示 [ɿ]，用 k 表示喉塞尾 [ʔ]）为数甚少，一般在 10 个以内。一个从未接触过金华话注音方案的人，只要他熟悉《汉语拼音方案》，学习掌握这个系统应该不会有什么难度。

当然，以往传教士、语言学家以及民间热心人士所设计的方言注音方案，也是应该参考的。对于浙江方言来说，吴语区已有的其他注音方案都是重要的参考对象。但我们要研制的浙江方言注音方案，是要面向大众、面向未来、面向年轻人的，不能囿于西方人的眼光，不能拘泥于学者学理。

二 设计方法

浙江方言注音方案的具体设计工作，包括以下三个步骤。

（一）整理全省方言音系

方言音系是注音方案的基础，整理全省方言音系是设计浙江方言注音方案的前提工作。浙江省下辖 11 个地级市，89 个县级行政区（市、县、区），全省主要使用吴语，此外还分布有徽语、闽语、客家话、赣语、官话、畲话等方言。作为一套注音系统，如果想每一个县、每一种话都囊括进去，显然是不现实的。因此，我们的做法是，选取全省 11 个地级市政府所在地，再加上建德共 12 个地点作为方言代表点。建德自唐神功元年（697 年）起，历为睦州、严州府、建德专区（地级）等治所，直到 1958 年建德专区撤销，历时 1261 年，是严州地区的中心，严州方言属于徽语，具有特殊性。从方言的角度来说，限制在吴语、徽语两大方言。吴语自不必说，徽语分布在建德、淳安二市县（旧建德、寿昌、淳安、遂安四县），自成一片（徽语严州片），不可忽略。

浙江方言经过长期的调查研究，积累了丰富的资料，一些重要地点同时存在不同时代、多种版本的音系。在设计全省的注音系统时，要用同一把尺子去量各地方言里的音，故首先需要保证各音系的同质性和可比性。为此，我们决定以语保工程调查材料作为共同的基础，同时参考前人的研究成果，进行必要的核实和完善。语保工程于 2015—2019 年期间实施，以城里为调查点，主要发音人为 55—65 岁之间的男性，调查内容和技术规范高度一致，调查人经过统一培训，其调查材料非常适合用于多点比较。

具体做法是把 12 个地点方言的声韵调进行汇总、去重，按通行顺序排列，在"地点"栏列出该音出现的方言点（以首字简称），如仅用于文读就在地点名的右下角注"文"。详见表 1 至表 3。

（二）制定统一规则

在编制注音方案之前，我们首先制定了全省统一通用的规则（全省通则）——当然，这些规则可以进一步讨论完善。为简明起见，这里均不举例，也不做过多说明。

1. 声母

（1）声母不区分清浊，声母的清浊通过声调的阴阳体现。在有的方言里，鼻边音既可跟阳调配，也可跟阴调配。来自零声母合口呼的 [ʋ]（有人记作 [v]），还原为零声母合口呼，不按浊声母 [v] 处理成 f。

（2）n：包括 [n̠]。个别点 [n]-[n̠] 如确有系统性对立，用 nn 表示 [n̠]。

（3）zh 组：表示 [tʃ] 组。目前各音系里未出现 [tʂ] 组声母。

（4）ng：表示 [ŋ] 声母。

（5）零声母不加符号。因为每个音节后都有表示声调的数字，已起到区隔音节的作用。《汉语拼音方案》里表示零声母的 y、w 将用于韵母。

2. 韵母

（1）在不会发生冲突的情况下，用一个字母包括相近的音

① u：包括 [ʉ]。

② y：包括 [ʏ]。

③ a：包括 [ᴀ][ɑ][ɒ][ɐ]。个别点如绍兴 [a]-[ɑ] 有对立，用 aa 表示 [ɑ]。

④ e：包括 [ə]。

⑤ r：包括 [əl] 的韵尾 [l]。

（2）一些无法用单字母表示的音，用相应的复字母表示

① ea：表示 [ɐ][ɜ]。

② ae：表示 [ɛ]。

③ eo：表示 [ø]。

④ oe：表示 [œ]。

（3）重复单字母表示相应的舌尖元音或舌位靠后、靠低的元音

① ii：表示 [ɿ]。浙江方言 [i][ɿ] 对立，例如金华话：姊 tsi^{535} ≠ 子 tsɿ^{535}，故无法把 [ɿ] 合入 i。

② yy：表示 [ʮ]。

③ aa：表示 [ɑ][ɒ]。限于在 [a]-[ɑ]、[a]-[ɒ] 有对立的情况下，参看上文。

④ ee：表示 [ɤ][ʌ]。eea 的组合有歧义，规定只指 [ɤa]，不指 [eɐ] 或 [eɜ]。（[ɤa] 只出现在金华，在单点方案里可微调为 ea，以消除 eea 的歧义）

⑤ oo：表示 [ɔ]。

（4）较特殊和重要的符号

① y：表示 [y]（即《汉语拼音方案》里的 ü）。元音 [y] 的符号有 ü、v、y 等选择，ü 难以输入，v 是辅音（但现在一些输入法里用以表示 [y]），y 一般读作 [i]，不过在撮口呼韵母前（例如 yu、yuɑn 等音节）不能读作 [i]，而是跟 [y] 音连在一起的。

② w：表示 [ɯ]。w 习惯读作 [u]，与不圆唇的 [ɯ] 有一定差距，需从新教学。

③ n：表示鼻化。个别方言有鼻尾 [n]，也用 n 表示。

④ ng：表示鼻尾 [ŋ]。

⑤ k：表示喉塞尾 [ʔ]。[ʔ] 在以往方案里有 k、q、h 等表示法，无论采用哪个都需从新教学，相对而言 k 最接近实际读音。

⑥ r：在韵母后加 "r" 表示非自成音节的小称音。小称音变涉及韵母、声调

甚至声母，注音时只标单字音加小称音标记"r"，实际读音可参看国际音标。

3. 声调

① 声调只标调类，不标调值，也不标变调。单数为阴调，双数为阳调，轻声用"0"表示。即：1 阴平，2 阳平，3 阴上，4 阳上，5 阴去，6 阳去，7 阴入，8 阳入，轻声 0。发生过调类合并的，按合并后的调类标，例如阳入归阳上，标作 4。读轻声的字如无单字调（如语气词）可直接标作"0"。

调值（包括单字调、连读调、轻声、小称调等）可参看国际音标。

② 声调数字上标不上标两可。正式出版物里建议上标，平时为输入方便可不上标。

(三) 编制方言注音符号表

有了全省方言音系，有了统一规则，注音符号表就水到渠成了。

至于各个单点的注音方案，按理说只要在方言音系的基础上，按照全省通则配置符号就可以了。不过，各地方言情况千差万别，难免会出现削足适履等问题，需要具体问题具体解决。对有的单点来说，全省通则可能区分过度，例如按通则 [e][ə] 用 e，[ɤ] 用 ee，但金华话 [ɤ] 与 [e][ə] 并不对立，故可合入 e，避免复字母 ee。反之，对有的单点来说，全省通则可能不够用，例如绍兴话既有 [eʔ] 韵，又有 [əʔ] 韵，遇到这种情况按理说应该回过头去修改通则，但实际上因受字母及其组合方式所限，除非重新调整整个规则，否则修改通则余地极小，只能寻求其他变通办法。据查王福堂《绍兴方言研究》(语文出版社，2015 年) 的记录，绍兴话的 [əʔ] 韵主要用于文读、新读、又读，故可视为次要的音，并入 [eʔ] 韵，都标作 ek。

12 个代表点的注音方案已在全省通则和各地音系的基础上编制完成，并用于《浙江方言常用字典》、"浙江方言词典系列"等场合。除了 12 个代表点以外，其他各县（市、区）也可按照上述原则和方法编制完善本地方言的注音方案。

三 方案和样品

本节按声母、韵母、声调列出浙江方言注音方案初稿（地点列小字"文""白""新""老"分别表示文读、白读、新读和仅限于老年人的读音），最后附杭州话和金华话注音样品。

表1 浙江方言注音方案声母表

	音标	注音	地点		音标	注音	地点
1	p	b	杭嘉湖绍宁舟台温丽金衢建	10	n	n	杭嘉湖绍宁舟台温丽金衢建
2	pʰ	p	杭嘉湖绍宁舟台温丽金衢建	11	l	l	杭嘉湖绍宁舟台温丽金衢建
3	b	b	杭嘉湖绍宁舟台温丽金衢	12	ts	z	杭嘉湖绍宁舟台温丽金衢建
4	m	m	杭嘉湖绍宁舟台温丽金衢建	13	tsʰ	c	杭嘉湖绍宁舟台温丽金衢建
5	f	f	杭嘉湖绍宁舟台温丽金衢建	14	dz	z	杭湖绍宁舟台温丽金衢
6	v	f	杭嘉湖绍宁舟台温丽金衢	15	s	s	杭嘉湖绍宁舟台温丽金衢建
7	t	d	杭嘉湖绍宁舟台温丽金衢建	16	z	s	杭嘉湖绍宁舟台温丽金衢
8	tʰ	t	杭嘉湖绍宁舟台温丽金衢建	17	ɹ	r	杭文
9	d	d	杭嘉湖绍宁舟台温丽金衢	18	tʃ	zh	衢

续表

	音标	注音	地点
19	tʃʰ	ch	衢
20	dʒ	zh	衢
21	ʃ	sh	衢
22	ʒ	sh	衢
23	tɕ	j	杭嘉湖绍宁舟台温丽金衢建
24	tɕʰ	q	杭嘉湖绍宁舟台温丽金衢建
25	dʑ	j	杭嘉湖绍宁舟台温丽金衢
26	ȵ	n	杭嘉湖绍宁舟台温丽金衢建
27	ɕ	x	杭嘉湖绍宁舟台温丽金衢建

	音标	注音	地点
28	ʑ	x	湖绍宁台丽金衢
29	k	g	杭嘉湖绍宁舟台温丽金衢建
30	kʰ	k	杭嘉湖绍宁舟台温丽金衢建
31	g	g	杭嘉湖绍宁舟台温丽文金衢
32	ŋ	ng	杭嘉湖绍宁舟台温丽金文衢建
33	x	h	杭丽金衢建
34	h	h	嘉湖绍宁舟台温
35	ɦ	h	金文
36	∅	无符号	杭嘉湖绍宁舟台温丽金衢建

表2 浙江方言注音方案韵母表

	音标	注音	地点
1	ɿ	ii	杭嘉湖绍宁舟台温丽金衢建
2	ʮ	yy	杭嘉宁舟台丽

	音标	注音	地点
3	i	i	杭嘉湖绍宁舟台温丽金衢建
4	u	u	杭嘉湖绍宁舟台温丽金衢建

续表

	音标	注音	地点		音标	注音	地点
5	y	y	杭嘉绍宁舟台温丽金衢建	24	ye	ye	建
6	ɯ	w	台金衢	25	ə	e	台
7	iʏ	iy	杭宁舟	26	uə	ue	台
8	iʉ	iu	湖	27	ʏ	ee	嘉绍金
9	iu	iu	台金衢	28	iʏ	iee	绍
10	ui	ui	金	29	uʏ	uee	嘉金
11	a	a	杭嘉湖绍宁舟台温丽	30	yʏ	yee	嘉金
12	ia	ia	杭嘉湖绍宁舟台温金	31	E	ea	绍
13	ua	ua	杭嘉湖绍宁舟台温	32	iE	iea	绍文金文
14	ɥa	yya	杭	33	uE	uea	绍文
15	ʏa	eea	金	34	ɛ	ae	杭嘉湖宁舟台温丽金衢建
16	ɑ	a	金衢建	35	iɛ	iae	舟台温丽金文建
17	iɑ	ia	金文衢建	36	uɛ	uae	杭嘉湖宁舟台丽金衢建
18	uɑ	ua	金衢建	37	yɛ	yae	丽金
19	yɑ	ya	金衢建	38	ɥɛ	yyae	杭
20	uɒ	ua	丽	39	ɜ	ea	温
21	e	e	嘉宁温衢建	40	ʌ	ee	丽
22	ie	ie	杭嘉湖宁台金建	41	iʌ	iee	丽
23	ue	ue	嘉衢建	42	ø	eo	宁舟台温

续表

	音标	注音	地点		音标	注音	地点
43	uø	ueo	舟	65	iɑu	iau	金
44	yø	yeo	台	66	eu	eu	金
45	o	o	杭嘉绍宁舟台温金文建	67	əu	eu	嘉湖宁台
46	io	io	绍宁舟台温丽	68	iəu	ieu	嘉
47	uo	uo	杭湖绍宁舟丽	69	ɤu	eeu	温
48	yo	yo	杭	70	iɤu	ieeu	温
49	ɥo	yyo	杭	71	øʉ	eou	湖
50	ɔ	oo	杭嘉湖绍宁舟台衢建	72	ou	ou	舟
51	iɔ	ioo	杭嘉湖绍台衢建	73	ey	ey	杭老
52	uɔ	uoo	宁温	74	øy	eoy	温
53	yɔ	yoo	宁温	75	œʏ	oey	宁
54	ai	ai	舟温	76	əɯ	ew	建
55	iai	iai	温	77	iəɯ	iew	建
56	uai	uai	舟温	78	ɤɯ	eew	丽
57	ɐi	ai	宁	79	iɤɯ	ieew	丽
58	uɐi	uai	宁	80	ã	an	嘉舟台丽金文衢
59	ei	ei	杭湖温丽金	81	iã	ian	嘉舟台丽金文衢
60	uei	uei	杭湖丽	82	uã	uan	嘉舟台丽金文衢
61	ɥei	yyei	杭	83	yã	yan	金文衢
62	au	au	温	84	ɤã	eean	金老、文
63	iau	iau	温	85	ɑ̃	aan	湖衢
64	ɑu	au	金	86	iɑ̃	iaan	湖

续表

	音标	注音	地点
87	uã	uaan	湖衢
88	yã	yaan	衢
89	ẽ	en	绍
90	iẽ	ien	绍衢
91	ɜ̃	en	衢
92	uɜ̃	uen	衢
93	yɜ̃	yen	衢
94	ɛ̃	aen	绍
95	iɛ̃	iaen	绍
96	uɛ̃	uaen	绍
97	ø̃	eon	绍
98	uø̃	ueon	绍
99	yø̃	yeon	绍
100	õ	on	舟
101	uõ	uon	舟
102	ɔ̃	oon	台
103	uɔ̃	uoon	台
104	ɑom	aom	建
105	iɑom	iaom	建
106	in	in	湖丽建
107	un	un	湖

	音标	注音	地点
108	yn	yn	丽
109	en	en	丽建
110	uen	uen	丽建
111	yen	yen	建
112	ən	en	湖
113	iŋ	ing	杭嘉绍宁舟台金衢
114	yŋ	yng	杭台
115	aŋ	ang	杭绍温
116	iaŋ	iang	杭绍温
117	uaŋ	uang	杭绍温
118	ɥaŋ	yyang	杭
119	ɑŋ	ang	绍金建
120	iɑŋ	iang	金
121	uɑŋ	uang	绍金
122	yɑŋ	yang	金
123	əŋ	eng	杭嘉绍宁舟台温金衢
124	uəŋ	ueng	杭嘉宁舟台金衢
125	yəŋ	yeng	嘉金衢
126	ɥəŋ	yyeng	杭
127	øŋ	eong	台
128	oŋ	ong	杭嘉湖绍宁舟台温金衢

续表

	音标	注音	地点
129	ioŋ	iong	杭嘉湖绍温金
130	yoŋ	yong	宁舟台衢
131	ɔŋ	oong	丽
132	iɔŋ	ioong	丽
133	iʔ	ik	丽
134	uʔ	uk	丽
135	yʔ	yk	丽
136	iuʔ	iuk	丽
137	aʔ	ak	杭嘉湖绍宁舟台丽衢
138	iaʔ	iak	杭嘉湖绍宁台丽衢
139	uaʔ	uak	嘉湖绍宁舟丽衢
140	yaʔ	yak	衢
141	ɥaʔ	yyak	杭老
142	eʔ	ek	绍丽
143	ieʔ	iek	杭嘉湖绍舟台
144	ueʔ	uek	丽
145	yeʔ	yek	台
146	əʔ	ek	杭嘉湖绍文、新宁台金衢建
147	iəʔ	iek	宁金衢建
148	uəʔ	uek	杭嘉湖台金衢建
149	yəʔ	yek	杭嘉宁金衢建
150	ɥəʔ	yyek	杭文
151	εʔ	aek	绍台丽
152	iεʔ	iaek	丽
153	uεʔ	uaek	绍丽
154	yεʔ	yaek	丽
155	ʌʔ	eek	丽
156	øʔ	eok	台
157	oʔ	ok	嘉绍宁舟台金
158	ioʔ	iok	杭湖绍丽金
159	uoʔ	uok	杭湖绍宁台丽
160	yoʔ	yok	宁舟台
161	ɔʔ	ook	丽
162	iɔʔ	iook	丽
163	uɔʔ	uook	丽
164	əl	er	杭嘉文绍文宁文舟文丽文金文衢文
165	ər	er	湖文
166	m	m	杭嘉湖绍宁舟台温丽金衢建
167	n	n	杭湖绍宁舟台温建
168	ŋ	ng	嘉湖绍宁舟台温丽金衢

小称音在韵母后加"r"表示。

表3 浙江方言注音方案声调表

例字	东通	铜门	懂统	老有	动近	冻痛	洞路	谷哭	毒六	调类数
字类	清平	浊平	清上	次浊上	全浊上	清去	浊去	清入	浊入	
调类	阴平	阳平	阴上	阳上		阴去	阳去	阴入	阳入	
注音	1	2	3	4		5	6	7	8	
杭州	33	213	53	=53	=13	445	13	5	2	7
嘉兴	53	31	44	=213		334	213	5	2	7
湖州	44	112	523	=523	231	35	24	5	2	8
绍兴	53	231	334	223		33	22	5	2	8
宁波	53	13	35	=13		44	=13	5	2	6
舟山	52	23	45	=23		44	13	5	2	7
台州	42	31	=42	=42	=31	55	24	5	2	6
温州	33	31	25	14		51	22	312	212	8
丽水	24	22	544	=544	=22	52	231	5	23	7
金华	334	313	535	=535		55	14	4	212	7
衢州	32	21	35	=231		53	231	5	12	7
建德白	423	33	213	=213		=33	45	5	12	6

底色部分 "=" 表示合入其他相应调类，例如杭州次浊上归阴上，全浊上归阳去。另外需要说明的是，嘉兴次清上归阳去，次浊入归阴入。湖州次浊去归阴去。金华咸山摄入声归阴阳去。建德山江摄清入归阳去，山江梗摄浊入归上声。

轻声用 "0" 表示。

杭州话、金华话注音样品

（注音方案经过微调，杭州话声调采用上标，金华话声调以不上标方式显示。带 [ ] 的是国际音标）

	杭州话	金华话
一	一 iek⁷[ieʔ⁵]	一 iek7[iəʔ⁴]
二	二 er⁵[əl⁴⁴⁵]	两 liang3[liɑŋ⁵³⁵]
三	三 sae¹[sɛ³³]	三 sa1[sɑ³³⁴]
四	四 sii⁵[sʅ⁴⁴⁵]	四 si5[si⁵⁵]
五	五 u³[u⁵³]	五 ng3[ŋ⁵³⁵]
六	六 luok⁸[luoʔ²]	六 lok8[loʔ²¹²]
七	七 qiek⁷[tɕʰieʔ⁵]	七 ciek7[tsʰiəʔ⁴]
八	八 bak⁷[paʔ⁵]	八 bea5[pʏa⁵⁵]
九	九 jiy³[tɕiɤ⁵³]	九 jiu3[tɕiu⁵³⁵]
十	十 sek⁸[zəʔ²]	十 xiek8[ʑiəʔ²¹²]
我	我 ngo³[ŋo⁵³]	我 a3[ɑ⁵³⁵]
你	你 ni³[ni⁵³]	侬 nong3[noŋ⁵³⁵]
他	他 ta¹[tʰa³³]	渠 gek8[gəʔ²¹²]
太阳	太阳 tae⁵iang²[tʰɛ⁴⁴⁵⁻³⁵iaŋ²¹³⁻³¹]	日头 niek8diu2[n̠iəʔ²¹²⁻²¹diu³¹³⁻¹⁴]
男孩儿	男伢儿 nae²ia²er²[nɛ²¹³⁻³³ia²¹³⁻¹³əl²¹³⁻³¹]	细个儿 sia5kar5[sia⁵⁵⁻³³kɑ-ã⁵⁵]
本地地名	杭州 Ang²zei¹[aŋ²¹³⁻¹¹tsei³³⁻³⁵]	金华 Jing1ua2[tɕiŋ³³⁴⁻³³uɑ³¹³⁻⁵⁵]
我是浙江人	我是浙江人 ngo³ sii⁶ Zek⁷jiang⁰ seng²[ŋo⁵³zʅ¹³⁻¹¹tsəʔ⁵tɕiaŋ⁰zəŋ²¹³⁻³¹]	我浙江人 a3 Jye5kang1 ning2[ɑ⁵³⁵tɕyɤ⁵⁵kaŋ³³⁴⁻³³n̠iŋ³¹³⁻⁵⁵]
你先去	你先去 ni³ xie¹ qi⁵[ni⁵³ɕie³³tɕʰi⁴⁴⁵⁻³⁵]	侬去起 nong3 kw5 qi3[noŋ⁵³⁵kʰɯ⁵⁵tɕʰi⁵³⁵]
吃晚饭了吗？	晚饭有没吃过 uae³fae⁰ iy³ mae⁰ qiok⁷ gu⁵[uɛ⁵³vɛ⁰iɤ⁵³mɛ⁰tɕʰioʔ⁵ku⁴⁴⁵⁻³¹]	夜饭吃过未 ia6fa6 qiek7 kue5 mi0[ia¹⁴⁻³¹vɑ¹⁴tɕʰiəʔ⁴kuɤ⁵⁵mi⁰]

方言代表点音系和注音方案

说明：

1. 收入杭州、嘉兴、湖州、绍兴、宁波、舟山、台州、温州、丽水、金华、衢州等 11 个地级市政府所在地和建德市梅城镇方言的声韵调系统。尽管字典中会出现个别其他县的方言读音，但不收县级地点方言音系。

2. 在声韵调表里，方括号前是"方言注音"（含调类），方括号内是国际音标（含调值），音标后是例字。

3. 在方言注音方案中，零声母无符号，故"[Ø]"前为空。单点方言注音方案以本方言音系为基础，参照全省统一通用的规则（全省通则）和浙江方言注音方案（见附录"浙江方言注音方案的研制"）编制而成。出于经济简便的目的，在不违背整体规则、不破坏系统性的前提下，对其中个别注音符号做了微调处理。

杭州话[*]

一、声母 28 个，包括零声母在内

b[p] 八兵	p[pʰ] 派片	b[b] 爬病肥白味白	m[m] 麦明问白	f[f] 飞风副蜂	f[v] 饭肥文味文问文
d[t] 多东	t[tʰ] 讨天	d[d] 甜毒	n[n] 脑南		l[l] 老蓝连路
z[ts] 资早租张竹争装纸主	c[tsʰ] 刺草寸抽拆抄初车春	z[dz] 字贼坐祠茶柱床船城		s[s] 丝三酸山双手书	s[z] 事顺十热文
					r[ɹ] 染文软文
j[tɕ] 酒九	q[tɕʰ] 清轻	j[dʑ] 全谢权	n[ȵ] 年泥染白软白热白	x[ɕ] 想响	
g[k] 高[ø]温安吴县云王用月活	k[kʰ] 开	g[g] 共	ng[ŋ] 熬	h[x] 好灰	

---

[*] 据徐越《中国语言文化典藏·杭州》（商务印书馆，2017 年）。调查点为杭州市上城区，发音人 1951 年出生。

说明:

① [ɻ] 是文读。

② "你" 读 [ni⁵³]，与 [n̠] 声母对立。老年人 [n̠] 声母又读 [n]。

③ 阳调类的零声母音节开头带有明显的摩擦成分，开、齐、合、撮四呼分别对应为 [ɦ j w/ʋ ɥ]。

二、韵母 48 个，包括自成音节的 [m] [n] 在内

ii[ɿ] 师丝试　　　i[i] 写米戏飞　　　u[u] 过苦五　　　y[y] 雨　　　y[ɥ] 猪
a[a] 茶　　　　　ia[ia] 牙　　　　　ua[ua] 瓦　　　　　　　　　　ya[ɥa] 抓爪
ae[ɛ] 开排南山　　ie[ie] 鞋盐年　　　uae[uɛ] 快　　　　　　　　　　yae[ɥɛ] 甩帅
o[o] 婆糯和　　　　　　　　　　　　uo[uo] 半短官　　yo[yo] 权　　yo[ɥo] 染闩
oo[ɔ] 宝饱　　　ioo[iɔ] 笑桥
ei[ei] 赔对豆走　　　　　　　　　　uei[uei] 鬼　　　　　　　　　　yei[ɥei] 水吹嘴车
ey[ey] 狗够扣　　iy[iɤ] 丢秋牛油
ang[aŋ] 糖硬争白　iang[iaŋ] 响讲　　uang[uaŋ] 王横白　　　　　　　yang[ɥaŋ] 庄窗床双
eng[əŋ] 深灯争文横文　ing[iŋ] 心新病星　ueng[uəŋ] 滚　　yng[yŋ] 云　yeng[ɥəŋ] 尊村笋顺
ong[oŋ] 东　　　iong[ioŋ] 兄用
ak[aʔ] 八白辣又法又　iak[iaʔ] 略压削鸭又　　　　　　　　　　　　yak[ɥaʔ] 刷
ek[əʔ] 不出辣又法又　iek[ieʔ] 贴急一鸭又热白　uek[uəʔ] 活刮骨　yek[yəʔ] 月橘局　yek[ɥəʔ] 热文
　　　　　　　iok[ioʔ] 肉白吃　uok[uoʔ] 肉文壳北绿

er[ə] 二儿

m[m] 母

n[n] □ [n³³] ~娘:
姑妈

说明：

① [u] 韵跟唇音以外的声母相拼时，有时读 [ᵒu]。

② [ɥ] 列韵母只跟 [ts] 组声母拼，与 [y] 列韵母互补。

③ [ie] 韵实际音值为 [iɛ]。

④ [ey][ɥaʔ] 韵仅见于少数老年人，其他人读作 [ei][ɥəʔ]。

⑤ 老年人有 [ɛ̃ iẽ uõ yõ ɥõ æ̃ iæ̃ uæ̃ ɥæ̃]9 个鼻化韵。在非老年人的音系里，[ɛ̃ iẽ uõ yõ ɥõ] 读作 [ɛ ie uo yo ɥo]，[æ̃ iæ̃ uæ̃ ɥæ̃] 读作 [aŋ iaŋ uaŋ ɥaŋ]。

⑥ 鼻尾 [ŋ] 的发音部位比较靠前，可与 [n] 自由变读。

⑦ [aʔ][əʔ] 二韵有部分字互为又读，如 "法" [faʔ⁵] ~ [fəʔ⁵]，"辣" [laʔ²] ~ [ləʔ²]。

⑧ [əʔ uəʔ yəʔ ɥəʔ] 中的 [ə] 舌位略低，实际音值接近 [ɜ]。

⑨ [əl] 韵，部分年轻人读作 [ɚ]。

三、单字调 7 个

阴平	1[33]	高猪开昏三安研粘悠研
阳平	2[213]	穷平寒徐鹅娘云
阴上	3[53]	古走短口楚草粉五女有老染买
阴去	5[445]	醉对唱菜汉爱放又艳貌
阳去	6[13]	近坐淡柱是父帽大共树饭谢害
阴入	7[5]	急曲黑割缺歇约
阳入	8[2]	月六局白合服药

说明:

① 阴平 [33] 有时为 [334]。

② 阴去 [445] 有时接近 [35]。

③ 阳入 [2] 略带升势,实际调值是 [12]。

嘉兴话*

一、声母 26 个，包括零声母在内

b[p] 八兵	p[pʰ] 派片	b[b] 爬病	m[m] 麦门问白	f[f] 飞副	f[v] 饭问文
d[t] 多东	t[tʰ] 讨天	d[d] 甜毒	n[n] 脑南		l[l] 老蓝连路
z[ts] 资早竹争纸	c[tsʰ] 草寸拆抄春			s[s] 三酸山书	s[z] 字坐祠茶床
j[tɕ] 酒九军	q[tɕʰ] 清轻区	j[dʑ] 全权谢	n[ɲ] 年泥热软	x[ɕ] 想响虚	
g[k] 高根	k[kʰ] 开口	g[g] 共	ng[ŋ] 艾	h[h] 好灰	
[ø] 安熬药温月					

说明：
① [p pʰ b] 声母与 [u] 韵相拼时，双唇有时略颤。
② [ŋ] 声母仅有"艾"字。
③ [h] 声母发音部位靠前。
④ 阳调类的零声母音节前，带与开头元音同部位的摩擦成分，其中 [u] 韵

---

* 据张薇 2020 年调查。调查点为嘉兴市南湖区，发音人 1947 年出生。与徐越《嘉兴方言》（方志出版社，2016 年）相比略有调整。

前近 [β]。

⑤声母存在内部差异，主要表现为：少数人有 [ŋ] 声母，其他人无 [ŋ] 声母；个别老年人有 [ʑ] 声母，其他人无 [ʑ] 声母。

二、韵母 41 个，包括自成音节的 [m] [ŋ] 在内

ii[ɿ] 丝纸师猪耳白　　　i[i] 米戏二飞　　　u[u] 婆布火虎　　　y[y] 雨虚鬼
y[ʮ] 锄书树
a[a] 牙排鞋　　　　　ia[ia] 写夜　　　　ua[ua] 快歪
e[e] 赔对豆走　　　　ie[ie] 年盐　　　　ue[ue] 亏威
ee[ɤ] 南半短　　　　　　　　　　　　　　uee[uɤ] 官碗　　　yee[yɤ] 权远靴
ae[ɛ] 开山　　　　　　　　　　　　　　uae[uɛ] 关弯
o[o] 瓦茶
oo[ɔ] 宝饱　　　　　ioo[iɔ] 笑桥
eu[əu] 歌坐过初苦　　　ieu[iəu] 九秋油
an[ã] 糖床双讲硬争白　ian[iã] 羊响　　　uan[uã] 光黄王横
eng[əŋ] 根寸春灯争文　ing[iŋ] 心新病星　ueng[uəŋ] 滚婚　　yeng[yəŋ] 军云
ong[oŋ] 东工翁　　　　iong[ioŋ] 凶用
ak[aʔ] 塔鸭法辣八白尺　iak[iaʔ] 贴药　　　uak[uaʔ] 刮挖
ek[əʔ] 十直色出　　　iek[ieʔ] 急接热节七一锡　uek[ueʔ] 活骨国　yek[yəʔ] 月橘局
ok[oʔ] 托郭学北六谷哭
er[əl] 耳文儿文

m[m] 母丈~姆保~

ng[ŋ] 五儿白

说明：

① [u y] 二韵唇形较展。

② [ʮ] 韵有时带摩擦，双唇有时略颤。[ʮ] 韵只跟 [ts] 组声母拼，与 [y] 韵互补。

③ [a] 韵舌位较后，实际音值为 [ɑ]。[ua uã uaʔ] 三韵中的 [a] 实际音值介于 [ɑ][ɒ] 之间。

④ [ɛ uɛ] 二韵中的 [ɛ] 舌位较高。

⑤ [ɔ iɔ] 二韵中的 [ɔ] 舌位略低。

⑥ [əu] 韵中的 [ə] 较弱，[u] 唇形很展，舌位较低。

⑦ [uã] 韵略带鼻尾，实际音值为 [uãⁿ]。

⑧ 鼻尾 [ŋ] 和自成音节的 [ŋ] 韵舌位较前。

⑨ [əʔ] 韵与 [k] 组声母及零声母相拼时，近 [ɤʔ]。[uəʔ yəʔ] 韵中的 [ə] 略带圆唇色彩。部分古通摄入声字 [yəʔ][ioʔ] 韵自由变读。

⑩ [oʔ] 韵中的 [o] 舌位略低。与 [k] 组声母相拼时，实际音值为 [ʷoʔ]。

⑪ 韵母存在内部差异，主要表现为：少数老年人有 [ã iã uã] 和 [ɑ̃ iɑ̃ uɑ̃] 两组鼻化韵，其他人只有 [ã iã uã] 一组；部分人有 [ioʔ] 韵母，其他人 [ioʔ] 韵归入 [yəʔ] 韵。

三、单字调 7 个

阴平　　1[53]　　东该灯风通开天春

阳平　　2[31]　　门龙牛油铜皮糖红

阴上　　3[44]　　懂古鬼九

阴去	5[334]	冻怪半四痛快寸去乱会开~卫用
阳去	6[213]	卖路硬洞地饭树毯苦讨草买老五有动罪近后
阴入	7[5]	谷百搭节急哭拍塔切刻六麦叶月活学
阳入	8[2]	毒白罚直

说明：

① 阴平 [53] 末尾较低，实际接近 [52]。

② 阳平 [31] 前略有升势，实际为 [231]。

③ 阴上 [44] 略有曲折，实际接近 [434]。

④ 阴去 [334] 略高，实际接近 [445]。

⑤ 阳去 [213] 开头降幅不明显，实际接近 [113]。

⑥ 阴入 [5] 是短调，略降，实际为 [54]。

⑦ 阳入 [2] 是短调，略升，实际为 [12]。

⑧ 声调存在内部差异，主要表现为：个别老年人有 8 个（古次清上独立成调），或 9 个调（古次清上、浊上分别独立成调）；其他人只有 7 个调。

湖州话 *

一、声母 28 个，包括零声母在内

b[p] 八兵	p[pʰ] 派片	b[b] 爬病肥白	m[m] 麦明问白味白	f[f] 飞凤副蜂	f[v] 饭肥文问文味文
d[t] 多东	t[tʰ] 讨天	d[d] 甜毒	n[n] 脑南		l[l] 老蓝连路
z[ts] 资早租张竹争装纸主	c[tsʰ] 刺草寸拆抄初车春	z[dz] 祠茶柱城		s[s] 丝三酸山双书	s[z] 字贼坐事床船顺十
j[tɕ] 酒九	q[tɕʰ] 清轻抽	j[dʑ] 权	n[ɲ] 年泥热软	x[ɕ] 想响手	x[ʑ] 谢全
g[k] 高 [∅] 月活县安温王云用药	k[kʰ] 开	g[g] 共	ng[ŋ] 熬	h[h] 好灰	

说明：
① [f] 声母跟 [u] 韵相拼时，[f] 可与 [ɸ] 自由变读。
② 浊擦音声母实际读音为先清后浊，例如 [v] 实际读 [fv]。

---

* 据徐越 2018 年调查的语保工程湖州点材料，略有调整。调查点为湖州市吴兴区，发音人 1955 年出生。

③ 阳调类的零声母音节开头带有明显的摩擦成分，开、齐、合、撮四呼分别对应为 [ɦ j w/ʋ ɥ]。

二、韵母 37 个，包括自成音节的 [m] [n] [ŋ] 在内

ii[ɿ] 师丝试猪　　　　i[i] 戏二飞米雨鬼白　　u[u] 破婆坞
a[a] 牙鞋排　　　　　ia[ia] 写　　　　　　　ua[ua] 快
ae[ɛ] 南山半短　　　　ie[ie] 盐年权　　　　　uae[uɛ] 官鬼文
oo[ɔ] 宝饱　　　　　　ioo[iɔ] 笑桥　　　　　　uo[uo] 瓦茶
ei[ei] 开赔对　　　　　　　　　　　　　　　uei[uei] 快灰回会
eu[əu] 坐歌过
eou[ɵu] 豆　　　　　　iu[iʉ] 走靴油
an[ã] 糖床双讲硬争白　ian[iã] 响　　　　　　uan[uã] 王横
en[ən] 深根寸春灯升争文　in[in] 心新病星云　　un[un] 滚
ong[oŋ] 东　　　　　　iong[ioŋ] 兄用
ak[aʔ] 盒塔鸭法辣白尺　iak[iaʔ] 药　　　　　　uak[uaʔ] 刮
ek[əʔ] 十直色出　　　　iek[ieʔ] 急接贴热节七一锡月橘　uek[uəʔ] 活骨国
　　　　　　　　　　　iok[ioʔ] 局　　　　　　uok[uoʔ] 托郭壳学北谷六绿八

er[ər] 耳文
m[m] 姆白
n[n] 耳白
ng[ŋ] 五白

说明：
① [i] 韵紧而高，带 [ɿ] 的音色，与鼻边音声母相拼时尤为明显。
② [u][əu] 二韵互补，唇音声母后是 [u]，其他声母后是 [əu]，零声母时可自

由变读。

③ [a ia ua] 韵中的 [a] 实际音值接近 [ᴀ]。

④ [ie] 韵有时接近 [iɪ]，[ieʔ] 韵有时接近 [iɛʔ]。

⑤ [øɥ] 韵中 [ø] 舌位略后，也可记为 [ɵɥ]。

⑥ 老派鼻化韵分 [ã iã uã] 和 [õ iõ uõ] 两组；新派合并为 [ã iã uã]（或读作 [ɑŋ iɑŋ uɑŋ]）一组，但有个别字仍保留老派 [õ] 组读音，如"装"[tsõ⁴⁴]、"疮"[tsʰõ⁴⁴]、"霜"[sõ⁴⁴]。

⑦ [en in un] 韵中的鼻尾 [n] 可与 [ŋ] 自由变读。

⑧ 喉塞尾 [ʔ] 较弱。

⑨ [əʔ uəʔ] 韵中的 [ə] 舌位略低，接近 [ɜ]。

三、单字调 8 个

阴平	1[44]	东该灯风通开天春猫
阳平	2[112]	门龙牛油铜皮糖红
阴上	3[523]	懂古鬼九统苦讨草买老五有
阳上	4[231]	动罪近后
阴去	5[35]	冻怪半四痛快寸去卖路硬乱
阳去	6[24]	洞地饭树
阴入	7[5]	谷百搭节急哭拍塔切刻
阳入	8[2]	六麦叶月毒白盒罚

说明：

① 阳平 [112] 有时读成 [13] 或 [113]。

② 阴上 [523] 也可记作 [512]，偶尔也会读成近 [522]。

③ 阳上 [231] 也可记为 [342]，偶尔也会读成近 [2312]。

④ 阴去 [35] 和阳去 [24] 的主要区别在于起点，阴去略高，阳去略低。

⑤ 入声字读得强调时喉塞尾容易脱落，脱落后阳入调与阳上调的区别不明显。

绍兴话*

一、声母 28 个，包括零声母在内

b[p] 八兵	p[pʰ] 派片	b[b] 病爬 肥白味白	m[m] 麦明 问白	f[f] 飞风副蜂	f[v] 肥文饭 味文问文
d[t] 多东	t[tʰ] 讨天	d[d] 甜毒	n[n] 脑南		l[l] 老蓝连路
z[ts] 资早租 张竹争装纸	c[tsʰ] 刺草寸 抽拆抄初车春	z[dz] 茶城		s[s] 丝三酸 山双书	s[z] 字贼坐 祠事床船顺十
j[tɕ] 酒主九	q[tɕʰ] 清轻	j[dʑ] 全柱权	n[ȵ] 年泥热软	x[ɕ] 想书响	x[ʑ] 谢
g[k] 高瓜	k[kʰ] 开苦	g[g] 共	ng[ŋ] 熬牙	h[h] 好灰	
[ʔ] 月活县 安温王云用药					

说明：

① 浊擦音声母如 [z][ʑ] 听感上与同部位的清擦音 [s][ɕ] 区别不明显。

② 阴调类的零声母音节开头有轻微的喉塞音 [ʔ]，阳调类的零声母音节开头有与韵母开头元音同部位的摩擦，这里统一记作 [ʔ]。

---

* 据施俊 2015 年调查的语保工程绍兴点材料和王福堂《绍兴方言研究》（语文出版社，2015 年），略有调整。语保调查点为绍兴市越城区，发音人 1952 年出生。

二、韵母 49 个，包括自成音节的 [m] [n] [ŋ] 在内

ii[ɿ] 猪师丝试　　　i[i] 米戏二飞　　　u[u] 苦半　　　y[y] 靴雨鬼白

a[a] 排鞋　　　　　ia[ia] 写　　　　　ua[ua] 快

e[ɤ] 豆走　　　　　ie[iɤ] 油

ea[ɛ] 开赔对　　　　iea[iɛ] 也文　　　uea[uɛ] 鬼文

o[o] 歌坐茶牙瓦　　io[io] 肉　　　　　uo[uo] 瓜共挂画

oo[ɔ] 宝饱　　　　　ioo[iɔ] 笑桥

en[ẽ] 深春　　　　　ien[iẽ] 盐年

aen[ɛ̃] 山　　　　　iaen[iɛ̃] 念　　　uaen[uɛ̃] 顽

eon[õ] 南短寸　　　　　　　　　　　ueon[uõ] 半官滚　yeon[yõ] 权云

ang[aŋ] 硬争　　　　iang[iaŋ] 响　　　uang[uaŋ] 横

aang[ɑŋ] 糖床双讲　　　　　　　　　uaang[uɑŋ] 王

eng[əŋ] 根灯升

ong[oŋ] 东　　　　　iong[ioŋ] 兄用

ak[aʔ] 白　　　　　　iak[iaʔ] 药　　　uak[uaʔ] 刮

ek[eʔ] 盒十出　　　　iek[ieʔ] 接贴急热节七一

ek[əʔ] 直色

aek[ɛʔ] 塔鸭法辣八　　　　　　　　　uaek[uɛʔ] 滑

ok[oʔ] 托壳学白北　　iok[ioʔ] 月橘学文　uok[uoʔ] 活骨郭

er[əl] 耳文

m[m] 姆

n[n] 无

ng[ŋ] 五鱼

说明：

① [ɛ] 韵有动程变化，实际读音近 [eɛ]，与 [ŋ] 声母相拼时易产生轻微的 [i] 介音。

② [o] 韵在唇音声母后较圆，在其他声母后舌位较低，但不与 [ɔ] 韵相混。

③ [ɔ] 韵开口度略大，但不到 [ɒ]，有轻微的动程变化。

④ [õ] 韵与非唇音声母相拼时元音较高，近 [ɪ]。

⑤ [iŋ] 韵里的 [i] 与鼻尾 [ŋ] 之间有轻微的过渡音 [ə]。

⑥ [eʔ] 韵与 [ts] 组声母相拼时易产生轻微的 [i] 介音。

⑦ [əʔ] 韵中有较多的字为文读、新读。

⑧ [ŋ] 韵有的字有 [əŋ] 的变体，如"鱼" [ŋ²³¹] ～ [əŋ²³¹]，"五" [ŋ²²³] ～ [əŋ²²³]。

三、单字调 8 个

阴平	1[53]	东该灯风通开天春
阳平	2[231]	门龙牛油铜皮糖红
阴上	3[334]	懂古鬼九统苦讨草
阳上	4[223]	买老五有动罪近后
阴去	5[33]	冻怪半四痛快寸去
阳去	6[22]	卖路硬乱洞地饭树
阴入	7[5]	谷百搭节急哭拍塔切刻
阳入	8[2]	六麦叶月毒白盒罚

说明：

① 阴平 [53] 的起点有时近 [4]。

② 阳平 [231] 末尾有时略高，近 [2]。

③ 阴上 [334] 有时近 [335]。

④ 入声是短促调，都有升势，阴入 [5] 近 [45]，阳入 [2] 近 [23]。

宁波话 *

一、声母 28 个，包括零声母在内

b[p] 八兵	p[pʰ] 派片	b[b] 病爬肥白	m[m] 麦明味白问白	f[f] 飞风副蜂	f[v] 饭肥文味文问文
d[t] 多东	t[tʰ] 讨天	d[d] 甜毒	n[n] 脑南		l[l] 老蓝连路
z[ts] 资早租竹争装纸主	c[tsʰ] 刺草寸拆抄初车春	z[dz] 全祠茶柱		s[s] 丝三酸山双书	s[z] 字贼坐事床顺十
j[tɕ] 酒张九	q[tɕʰ] 清抽轻	j[dʑ] 城权	n[ɲ] 年泥热软	x[ɕ] 想手响	x[ʑ] 谢船
g[k] 高瓜	k[kʰ] 开苦	g[g] 共茄番~	ng[ŋ] 熬牙	h[h] 好灰	
[ʔ] 月活县安温王云用药					

说明：

① 浊擦音声母如 [z][ʑ] 听感上与同部位的清擦音 [s][ɕ] 区别不明显。

② 阴调类的零声母音节开头有轻微的喉塞音 [ʔ]，阳调类的零声母音节开头常常有与韵母开头元音同部位的摩擦音及浊气流，古匣母字送气较强，古云以

---

* 据肖萍、汪阳杰《浙江方言资源典藏·宁波》(浙江大学出版社，2017 年)，略有调整。调查点为宁波市鄞州区，发音人 1954 年出生。

母字气流较弱，这里统一记作 [∅]。

二、韵母 42 个，包括自成音节的 [m] [n] [ŋ] 在内

ii[ɿ] 师丝试	i[i] 米戏二飞盐年	u[u] 苦半官	y[y] 靴雨鬼_白杈
y[ʮ] 猪	iy[iʏ] 油		
a[a] 排鞋硬争	ia[ia] 写响	ua[ua] 快横	
e[e] 开	ie[ie] 者		
ae[ɛ] 山		uae[uɛ] 关	
eo[ø] 短			
o[o] 茶牙瓦	io[io] 笑桥	uo[uo] 画	
oo[ɔ] 宝饱糖床双讲		uoo[uɔ] 王	yoo[yɔ] 降~落伞
ai[ɐi] 赔对倸_又		uai[uɐi] 鬼_文块	
eu[əu] 歌坐过			
oey[œʏ] 豆走			
eng[əŋ] 根寸灯	ing[iŋ] 心深新升病星	ueng[uəŋ] 滚	
ong[oŋ] 春东			yong[yoŋ] 云兄用
ak[aʔ] 盒塔鸭法辣八白尺	iak[iaʔ] 脚_又	uak[uaʔ] 活_干~刮骨	
ek[əʔ] 倸_又	iek[iəʔ] 接贴急热节七一药直锡脚_又		yek[yəʔ] 月橘局
ok[oʔ] 十出托郭壳北国谷六绿		uok[uoʔ] 活_{做生}~	yok[yoʔ] 吃
er[əl] 儿_文			
m[m] 姆			
n[n] 芋			

ng[ŋ] 五

说明：

① [ɿ] 韵只跟 [ts] 组声母拼，与 [y] 韵互补。
② 鼻尾 [ŋ] 实际音值介于 [n][ŋ] 之间。
③ [iəʔ] 中的 [ə] 有时接近 [ɪ]。
④ [əl] 略带卷舌色彩。

三、单字调 6 个

阴平	1[53]	东该灯风通开天春
阳平	2[13]	门龙牛油铜皮糖红买老五有动罪近后卖路硬乱洞地饭树
阴上	3[35]	懂古鬼九统苦讨草
阴去	5[44]	冻怪半四痛快寸去
阴入	7[5]	谷百搭节急哭拍塔切刻
阳入	8[2]	六麦叶月毒白盒罚

说明：

阳入 [2] 是短促的升调，实际读作 [12]。

舟山话*

一、声母 27 个，包括零声母在内

b[p] 八兵	p[pʰ] 派片	b[b] 病爬肥白	m[m] 麦明味白问白	f[f] 飞风副蜂	f[v] 饭肥文味文问文
d[t] 多东	t[tʰ] 讨天	d[d] 甜毒	n[n] 脑南		l[l] 老蓝连路
z[ts] 资早租竹争装纸主	c[tsʰ] 刺草寸拆抄初车春	z[dz] 全祠茶柱		s[s] 丝三酸山双书	s[z] 字贼坐事床顺十
j[tɕ] 酒姜九	q[tɕʰ] 清抽轻	j[dʑ] 城权	n[ɲ] 年泥热软	x[ɕ] 想手响	
g[k] 高瓜	k[kʰ] 开苦	g[g] 共茄番~	ng[ŋ] 熬牙	h[h] 好灰	
[∅] 月活县安温王云用药					

说明：

① 浊声母的实际读音为清音浊流，声母 [z] 有清化趋势。

② 送气清塞音 [pʰ][tʰ][kʰ] 发音时破裂性较强。

③ [h] 声母发音靠前，实际音值接近 [x]。

---

* 据徐波《浙江方言资源典藏·定海》（浙江大学出版社，2019 年），略有调整。调查点为舟山市定海区，发音人 1956 年出生。

④阴调类的零声母音节开头有轻微的喉塞音 [ʔ]，阳调类的零声母音节开头有明显的摩擦成分，这里统一记作 [ʘ]。

二、韵母 40 个，包括自成音节的 [m] [n] [ŋ] 在内

ii[ɿ] 师丝试　　　　i[i] 米戏二飞盐年　　　u[u] 苦路富　　　　y[y] 靴雨鬼_白权

y[ʮ] 猪除书　　　　iy[iʮ] 油酒袖

a[a] 摆排鞋　　　　ia[ia] 写借　　　　　ua[ua] 快怪

ae[ɛ] 山开　　　　　iae[iɛ] 念廿　　　　uae[uɛ] 关乖

eo[ø] 短算船　　　　　　　　　　　　　　ueo[uø] 官欢

o[o] 茶车牙　　　　io[io] 笑桥要　　　　uo[uo] 瓜夏

oo[ɔ] 宝饱

ai[ai] 赔对豆走

ou[ou] 歌坐河　　　　　　　　　　　　　uai[uai] 鬼_文块为

an[ã] 硬甥争_白　　ian[iã] 响账　　　　uan[uã] 横

on[õ] 糖床双讲　　　　　　　　　　　　uon[uõ] 慌广王

eng[əŋ] 根寸灯恨争_文　ing[iŋ] 心深明升病星　ueng[uəŋ] 滚

ong[oŋ] 春东翁　　　　　　　　　　　　yong[yoŋ] 云兄用

ak[aʔ] 盒塔鸭法辣八白尺　　　　　　　　uak[uaʔ] 活刮骨

　　　　　　　　　iek[ieʔ] 接贴急热节七一药直锡

ok[oʔ] 十出托郭壳北国谷六绿　　　　　　yok[yoʔ] 吃血月橘局

er[ə] 儿文

m[m] 姆

n[n] 芉

ng[ŋ] 五

说明：

① [ɿ] 韵只跟 [ts] 组声母拼，与 [y] 韵互补。

② [iɤ] 韵动程极短，在 [l] 声母和零声母后介音几乎消失。

③ [uo] 韵里的介音 [u] 较微弱，实际音值为 [ʷo]。

④ [ai][uai][aʔ][uaʔ] 韵里的主要元音 [a] 开口度略小、偏央，接近 [ɐ]。

⑤ [ou] 韵里的 [o] 开口度略大、略展，接近 [ʌ]。

⑥ 鼻尾 [ŋ] 实际音值为 [n]。

⑦ [ieʔ] 韵里的 [e] 有时开口度略大接近 [ɛ]，有时开口度略小接近 [ɪ]。

三、单字调 7 个

阴平	1[52]	东该灯风通开天春统
阳平	2[23]	门龙牛油铜皮糖红买老五有动罪近后
阴上	3[45]	懂古鬼九苦讨草
阴去	5[44]	冻怪半四痛快寸去
阳去	6[13]	卖路硬乱洞地饭树
阴入	7[5]	谷百搭节急哭拍塔切刻
阳入	8[2]	六麦叶月毒白盒罚

说明：

① 阴平 [52] 接近 [53]。

② 阳平 [23] 末尾偶尔下降，读作 [231]。来自次浊上的部分字调值略高。

③ 阳去 [13] 开头较平，接近 [113]。

④ 阴入 [5]、阳入 [2] 有时有升势或降势。

台州话*

一、声母 28 个，包括零声母在内

b[p] 八兵	p[pʰ] 派片	b[b] 病爬肥白	m[m] 麦明味问白	f[f] 飞风副蜂	f[v] 饭肥文问文
d[t] 多东	t[tʰ] 讨天	d[d] 甜毒	n[n] 脑泥		l[l] 老蓝连路南
z[ts] 资早租竹争装纸主	c[tsʰ] 刺草寸拆抄初车春	z[dz] 祠茶柱		s[s] 丝三酸山双	s[z] 字贼坐全事床船顺
j[tɕ] 酒张九	q[tɕʰ] 清抽轻	j[dʑ] 钱	n[ɲ] 年热软月	x[ɕ] 想手响书	x[ʑ] 谢十城
g[k] 高瓜	k[kʰ] 开苦	g[g] 共权	ng[ŋ] 熬牙	h[h] 好灰	
[ø] 安温活县王云用药					

说明：

① 浊塞音、浊塞擦音声母为清音浊流，浊擦音声母有清化色彩。

② 鼻边音声母和零声母根据声调阴阳发音有所不同，逢阴调时有紧喉作用，逢阳调时带浊流。

---

* 据阮咏梅 2017 年调查的语保工程椒江点材料和台州市地方志编纂委员会编《台州市志》（中华书局，2010 年），略有调整。语保调查点为台州市椒江区，发音人 1955 年出生。

③ [k] 组声母在细音前的实际发音部位偏前，近舌面中音 [c] 组。
④ 老派有些字 [n][l] 不分，新派 [n][l] 相分的趋势越来越明显。

二、韵母 49 个，包括自成音节的 [m] [n] [ŋ] 在内

ii[ɿ] 猪师丝试耳木~　　i[i] 米戏飞　　　　　u[u] 苦过　　　　y[y] 靴雨鬼
y[ʮ] 除
w[ɯ] 饿河
a[a] 排鞋　　　　　　　ia[ia] 写　　　　　　ua[ua] 快
e[ə] 开赔对　　　　　　ie[ie] 盐年肝白　　　ue[uə] 官
ae[ɛ] 山　　　　　　　 iae[iɛ] 肝文奸　　　　uae[uɛ] 关
eo[ø] 短半　　　　　　　　　　　　　　　　　　　　　　　　yeo[yø] 权
o[o] 歌坐茶牙瓦　　　　io[io] 豆走
oo[ɔ] 宝饱　　　　　　 ioo[iɔ] 笑桥
eu[əu] 多
an[ã] 硬争　　　　　　 ian[iã] 响　　　　　　uan[uã] 横~放
oon[ɔ̃] 糖床双讲降　　　　　　　　　　　　　uoon[uɔ̃] 王
eng[əŋ] 根灯　　　　　 ing[iŋ] 心深新升病　 ueng[uəŋ] 滚　　yng[yŋ] 云
　　　　　　　　　　　　　　　　　　　　　　　　　　星
eong[øŋ] 寸春
ong[oŋ] 东　　　　　　　　　　　　　　　　　　　　　　　　yong[yoŋ] 兄用
ak[aʔ] 白　　　　　　　iak[iaʔ] 药
ek[əʔ] 黑　　　　　　　iek[ieʔ] 接贴急热　　uek[uəʔ] 活刮骨　yek[yeʔ] 月橘
　　　　　　　　　　　节七一尺直锡
aek[ɛʔ] 盒塔鸭法辣
八色

eok[øʔ] 答夺突出

ok[oʔ] 托郭壳北国谷六绿局塞　　　　　uok[uoʔ] 霍屋　　　yok[yoʔ] 玉褥

m[m] 无

n[n] 儿二

ng[ŋ] 五耳~朵

说明：

① [ɿ] 韵只跟 [ts] 组声母拼，与 [y] 韵互补。

② [ɯ] 韵舌位偏低。

③ [ə] 韵舌位偏高、偏前。

④ [ie] 韵有时近 [i] 或 [iɪ]。

⑤ 来自山摄合口三等见系声母的字（如"权"），老派多读 [ø] 韵，新派多读 [yø] 韵。

⑥ [əu] 韵里的 [ə] 有时接近过渡音。

⑦ 鼻尾韵实际上接近鼻化韵。

⑧ [yoŋ] 韵里的介音 [y] 有时不太圆，接近 [i]。

⑨ 慢读时喉塞尾 [ʔ] 不太明显。

⑩ [iaʔ] 韵里 [a] 舌位偏高、偏后。

⑪ [ɛʔ] 韵里的 [ɛ] 舌位偏后，介于 [ɛ][ə] 之间。

⑫ [uoʔ] 里的介音 [u] 有时不太明显。

三、单字调 6 个

阴平　　　1[42]　　东该灯风通开天春懂古鬼九统苦讨草买老五有后

阳平　　　2[31]　　门龙牛油铜皮糖红动罪近

阴去	5[55]	冻怪半四痛快寸去
阳去	6[24]	卖路硬乱洞地饭树
阴入	7[5]	谷百搭节急哭拍塔切刻
阳入	8[2]	六麦叶月毒白盒罚

说明：

① 阳去 [24] 开头有时先略降后升。

② 阳入 [2] 实际近 [12] 或 [23]。

③ 有些口语字只有小称音（变音），无单字音。小称音的变调规律为：古平声字按声母清浊分别读 [35] 和 [24] 调（同阳去），古仄声字按声母清浊分别读 [51] 和 [41] 调。

温州话*

一、声母 27 个，包括零声母在内

b[p] 八兵	p[pʰ] 派片	b[b] 病爬肥白	m[m] 麦明味问白	f[f] 飞副灰	f[v] 肥文饭问文
d[t] 多东	t[tʰ] 讨天	d[d] 甜毒	n[n] 脑南		l[l] 老蓝连路
z[ts] 资早租争文装主纸	c[tsʰ] 刺草寸清拆初抄车	ʑ[dz] 茶住争白		s[s] 丝三酸山书	s[z] 坐谢字祠事十贼城
j[tɕ] 酒九张竹	q[tɕʰ] 抽春轻	j[dʑ] 权共	n[ɲ] 泥热年软月	x[ɕ] 响手想双	
g[k] 高官	k[kʰ] 开看	g[g] 厚徛	ng[ŋ] 熬眼	h[h] 风蜂好	
[ø] 安温云药王用全船顺床县活					

说明：

① 浊塞音、浊塞擦音声母为清音浊流。

② [m n ɲ ŋ l] 声母可与阴调相配。

③ 阴调类的零声母音节开头有轻微的喉塞音 [ʔ]；阳调类的零声母音节开头

---

* 据蔡嵘 2015 年调查的语保工程温州点材料，略有调整。调查点为温州市鹿城区，发音人 1947 年出生。

有同部位摩擦，开口呼、合口呼前可记作 [ɦ]，齐齿呼、撮口呼前可记作 [j]。这里统一记作 [∅]。

二、韵母 34 个，包括自成音节的 [m] [n] [ŋ] 在内

ii[ɿ] 师丝试戏　　　　i[i] 盐年响接贴热节　　　u[u] 歌过苦雨谷　　y[y] 靴鬼权温ᵂ月出

a[a] 排鞋快山塔鸭辣白　　ia[ia] 药　　　　　　　ua[ua] 弯

e[e] 开色

ae[ɛ] 杏　　　　　　　iae[iɛ] 笑桥硬争横

ea[ɜ] 宝

eo[ø] 半短官根寸

o[o] 茶牙瓦学绿　　　　io[io] 局

　　　　　　　　　　　　　　　　　　　　uoo[uɔ] 坐饱糖讲　　yoo[yɔ] 床王双用

ai[ai] 赔对十七北国　　iai[iai] 急一橘　　　　uai[uai] 恘

ei[ei] 写猪米直尺锡

au[au] 走　　　　　　　iau[iau] 油

eu[ɤu] 豆六　　　　　　ieu[iɤu] 育

eoy[øy] 布副

ang[aŋ] 心深新滚　　　iang[iaŋ] 英斤　　　　uang[uaŋ] 温ᵂ

eng[əŋ] 升病星

ong[oŋ] 东通　　　　　iong[ioŋ] 春云兄

m[m̩] 磨

n[n̩] 无

ng[ŋ̍] 五二

说明：

① 除了 [iɛ] 韵以外，介音 [i u y] 发音短促，带有辅音性。

② 除了 [uɔ] 韵以外，介音 [u] 不圆唇，实际音值为 [ʊ]。

③ [y] 韵唇形略扁。

④ [e] 韵舌位稍高，接近 [ɪ]。

⑤ [o] 韵舌位稍高。

⑥ [ɤu] 韵里的 [ɤ] 舌位稍低。

⑦ [øy] 韵里的 [y] 较短、弱。

⑧ [əŋ] 韵里的 [ə] 舌位稍高。

三、单字调 8 个

阴平	1[33]	东该灯风通开天春
阳平	2[31]	门龙牛油铜皮糖红
阴上	3[25]	懂古鬼九统苦讨草
阳上	4[14]	买老五有动罪近后
阴去	5[51]	冻怪半四痛快寸去
阳去	6[22]	卖路硬乱洞地饭树
阴入	7[312]	谷百搭节急哭拍塔切刻
阳入	8[212]	六麦叶月毒白盒罚

说明：

① 阴平 [33] 和阳去 [22]、阴上 [25] 和阳上 [14]、阴去 [51] 和阳平 [31]、阴入 [312] 和阳入 [212]，调型相同，调值相近。

② 阴入 [312]、阳入 [212] 快读时也可以读成只降不升。

丽水话*

一、声母28个，包括零声母在内

b[p] 八兵	p[pʰ] 派片	b[b] 病爬肥白	m[m] 麦明味问	f[f] 飞风副蜂	f[v] 肥文饭
d[t] 多东张竹	t[tʰ] 讨天	d[d] 甜毒	n[n] 脑南		l[l] 老蓝连路
z[ts] 资早租争装纸主	c[tsʰ] 刺草寸拆抄初	z[dz] 茶柱		s[s] 丝三酸山书	s[z] 字贼坐祠事
j[tɕ] 酒九	q[tɕʰ] 清抽车春轻	j[dʑ] 共白权	n[ɲ] 年泥热软月	x[ɕ] 想双手响	x[ʑ] 全谢床船顺十城
g[k] 高	k[kʰ] 开	g[g] 共文	ng[ŋ] 熬		h[x] 好灰
[Ø] 活县安温王云用药					

说明：

① 全浊声母实际为清音浊流。

② 阳调类的零声母音节开头带有同部位的摩擦成分。

---

* 据王文胜《吴语处州方言的历史比较》(中国社会科学出版社，2015年) 和雷艳萍《浙江方言资源典藏·丽水》(浙江大学出版社，2019年)。调查点为丽水市莲都区，王文胜调查的发音人1951年出生，雷艳萍调查的发音人1956年出生。

二、韵母 50 个，包括自成音节的 [m] [ŋ]

ii[ɿ] 师丝试戏	i[i] 猪米飞	u[u] 歌坐苦	y[y] 女
y[ʮ] 雨			
a[a] 啊		ua[uɒ] 排鞋快	
ae[ɛ] 开半根白	iae[iɛ] 盐年	uae[uɛ] 南短寸	yae[yɛ] 靴权
e[ʌ] 宝饱	ie[iʌ] 笑桥		
	io[io] 写	uo[uo] 过茶牙瓦	
ei[ei] 赔对		uei[uei] 鬼	
ew[ɤɯ] 豆走狗	iew[iɤɯ] 油		
an[ã] 山硬争	ian[iã] 响	uan[uã] 官王文横白	
en[en] 心深根文新 灯横文	in[in] 升病星	uen[uen] 滚	yn[yn] 春云兄
ong[ɔŋ] 糖讲东	iong[iɔŋ] 床王白双用		
	ik[iʔ] 急一直尺锡	uk[uʔ] 谷	yk[yʔ] 橘
	iuk[iuʔ] 竹		
ak[aʔ] 白	iak[iaʔ] □ [tɕiaʔˢ] 什么	uak[uaʔ] 划	
ek[eʔ] 七北色		uek[ueʔ] 颏	
aek[ɛʔ] 盒	iaek[iɛʔ] 接贴热节	uaek[uɛʔ] 骨国	yaek[yɛʔ] 十月出
eek[ʌʔ] 托郭壳学		uok[uoʔ] 薄	
	iok[ioʔ] 绿局		
ook[ɔʔ] 塔辣	iook[iɔʔ] 药	uook[uɔʔ] 鸭法八活刮	

er[ə] 二文

m[m] 磨

ng[ŋ] 五二白

说明：

① [ɿ] 韵只跟 [ts] 组声母拼，与 [y] 韵互补。

② [uɒ] 韵里的 [ɒ] 唇形略展。

③ [ʌ] 组韵母和 [ʌʔ] 韵里的 [ʌ] 舌位略偏前。

④ [io] 韵里的介音 [i] 带有圆唇色彩，实际读音接近 [yo]。

⑤ [ã] 组韵母鼻化较弱，有时接近纯元音韵。

⑥ [ã][aʔ] 两组韵母里的 [a] 实际音值是 [ʌ]。

⑦ [uʔ][iuʔ] 韵里的 [u] 舌位略低。

⑧ [yʔ] 韵的实际音值接近 [yiʔ]。

⑨ [ioʔ][uoʔ] 韵里的 [o] 舌位略低。

⑩ [əl] 韵仅见于文读音。

三、单字调 7 个

阴平	1[24]	东该灯风通开天春
阳平	2[22]	门龙牛油铜皮糖红动罪近
阴上	3[544]	懂古鬼九统苦讨草买老五有后
阴去	5[52]	冻怪半四痛快寸去
阳去	6[231]	卖路硬乱洞地饭树
阴入	7[5]	谷百搭节急哭拍塔切刻
阳入	8[23]	六麦叶月毒白盒罚

说明:
① 阳平 [22] 比阴平 [24] 的起点稍低,接近 [11]。
② 阳入 [23] 是短调。

金华话*

一、声母 29 个，包括零声母在内

b[p] 布帮簿　　p[pʰ] 派　　　b[b] 盆步白　　m[m] 门问白　　f[f] 飞　　　　f[v] 冯婺问文

d[t] 到打稻白　t[tʰ] 太　　　d[d] 同地夺稻文　n[n] 难怒　　　　　　　　l[l] 兰路连

z[ts] 精增争　　c[tsʰ] 秋粗初　z[dz] 治齐文　　　　　　　　s[s] 修苏师　s[z] 事齐白

j[tɕ] 经跪主蒸　q[tɕʰ] 丘处昌　j[dʑ] 旗桥虫　n[ɲ] 泥女认严　x[ɕ] 休需虚扇声　x[ʑ] 熟闰认文

g[k] 高　　　　k[kʰ] 开　　　g[g] 渠他跪文　ng[ŋ] 我文　　　h[x] 灰化　h[ɦ] 红文

[∅] 红白我白延胡远午

说明：

①浊塞音、浊塞擦音声母为清音浊流，浊擦音声母接近清音。

②精见组细音字在撮口呼韵母前相混；在齐齿呼韵母前老年人相分，中年人有人分有人不分，青少年不分。

---

*据曹志耘等《吴语婺州方言研究》（商务印书馆，2016 年），在曹志耘《金华方言词典》（江苏教育出版社，1996 年）的基础上略有调整。调查点为金华市婺城区，发音人 1927 年出生。

③ [n̠] 声母与撮口呼韵母相拼时，实际读 [n]。
④ [ŋ][ɦ] 是文读专用声母。
⑤ [ŋ] 声母，仅有部分老年人在文读中把"我"字读作 [ŋo⁵³⁵]，这个字其他人文读 [o⁵³⁵]。但约斋于 1958 年发表的《金华方音与北京语音的对照》一文中有"我外碍额"四字为 [ŋ] ～ [ɸ] 又读。
⑥ [ɦ] 声母相当于读阳调类的 [x]，性质和其他浊擦音声母一样。
⑦ 开口呼零声母音节前有不明显的 [ʔ]，其他零声母音节前带与韵母开头元音同部位的摩擦。

二、韵母 51 个，包括自成音节的 [m] [ŋ] 在内。小称专用韵母未包括在内

ii[ɿ] 资支	i[i] 医肥底文	u[u] 古舞无文	y[y] 雨书去文
w[ɯ] 去白			
ea[ɤa] 爬马八白	ia[ia] 借夜白天白铁白		
a[ɑ] 买鞋白班白减白	ia[ia] 畲亚文	ua[uɑ] 瓜沙官白塔白活白	ya[yɑ] 抓
e[ɤ] 波白满白短白割白	ie[ie] 底白编白接白	ue[uɤ] 过河	ye[yɤ] 靴权白佔白血白
	ie[iɛ] 社文夜文		
ae[ɛ] 赔对改	iae[iɛ] 解文鞋文	uae[uɛ] 块	yae[yɛ] 帅
o[o] 波文哥文			
ei[ei] 碑美		ui[ui] 桂位	
au[ɑu] 保	iau[iɑu] 条烧		
eu[eu] 藕	iu[iu] 亩头走狗九有		
an[ã] 班文	ian[iã] 编文天文减文	uan[uã] 官文短文	yan[yã] 权文佔文

ean[ɤã] 半文判文伴文满文

ang[ɑŋ] 党讲白生白　　iang[iɑŋ] 良讲文　　uang[uɑŋ] 光　　yang[yɑŋ] 床
eng[əŋ] 根灯生文　　　ing[iŋ] 林星城　　　ueng[uəŋ] 温　　yeng[yəŋ] 云
ong[oŋ] 东风　　　　　iong[ioŋ] 穷中
ek[əʔ] 北格八文塔文　 iek[iəʔ] 笔直药铁文 uek[uəʔ] 国活文 yek[yəʔ] 出血文
割文　　　　　　　　　接文
ok[oʔ] 福索绿谷屋　　 iok[ioʔ] 肉
er[əl] 耳文而文
m[m̩] 无白
ng[ŋ̍] 耳白五

说明：

① [ɤa] 韵部分青少年读 [ia] 韵。

② [ɤa ia uɑ ie uɤ yɤ] 六韵的介音较长。

③ [yɑ ɯ m] 三韵只有个别用于口语的音节。

④ [ɛ] 组韵母中的 [ɛ] 实际音值接近 [ee]。

⑤ [yɛ] 韵只有"衰摔荽"[ɕyɛ³³]、"帅率~领"[ɕyɛ⁵⁵] 五字。

⑥ [iu] 韵在 [p][t][ts][k] 四组声母后为 [ru]。

⑦ [ɤã] 韵只见于年龄较大的老年人的山合一舒声帮组字，这些字其他人读作 [ã] 韵。

⑧ [əŋ] 组韵母中的 [ŋ] 和自成音节的 [ŋ] 发音部位比较靠前。

⑨ 入声韵的喉塞尾 [ʔ] 逢阴入调明显；逢阳入调在单字和前字位置时不明显，在后字位置时比较明显。

⑩ [o iɛ ie ã iã uã yã ɤã əl] 九韵是文读专用韵母。

三、单字调 7 个

阴平	1[334]	高安开天三飞
阳平	2[313]	穷平神鹅麻文
阴上	3[535]	古纸口草手死老买有坐白稻白后白
阴去	5[55]	醉对唱菜送放割白铁白发白
阳去	6[14]	大病树漏帽用月白叶白罚白坐文稻文后文
阴入	7[4]	一七福北屋笔割文铁文发文
阳入	8[212]	读白服六药十月文叶文罚文

说明：

① 阴平 [334] 以上升部分为主。

② 阴上 [535] 上升部分有时不太明显。

③ 阴去 [55] 较短促。

④ 阳入 [212] 是短调，以上升部分为主。

衢州话*

一、声母 33 个，包括零声母在内

b[p] 八兵	p[pʰ] 派片	b[b] 病爬肥白	m[m] 麦明味白问白	f[f] 飞风副蜂	f[v] 肥文饭味文问文
d[t] 多东	t[tʰ] 讨天	d[d] 甜毒	n[n] 脑南		l[l] 老蓝连路
z[ts] 资早租	c[tsʰ] 刺草寸拆抄初	z[dz] 茶棋		s[s] 丝三酸山	s[z] 字贼坐祠事
j[tɕ] 酒争九	q[tɕʰ] 清抽轻	j[dʑ] 桥近	n[ɲ] 年泥热软月白	x[ɕ] 想响	x[ʑ] 谢县文
zh[tʃ] 张竹装纸主	ch[tʃʰ] 车春	zh[dʒ] 全柱权城文		sh[ʃ] 双书	sh[ʒ] 床船顺十城白
g[k] 高官	k[kʰ] 开看	g[g] 共狂	ng[ŋ] 熬眼	h[x] 好灰	
[∅] 安温王云用药活月文县白					

说明：

① [b d dz dʑ dʒ] 等声母实际为清音浊流。

---

* 据王洪钟《浙江方言资源典藏·衢州》(浙江大学出版社，2019 年)，略有调整。调查点为衢州市柯城区，发音人 1952 年出生。

② [tɕ] 组和 [tʃ] 组声母互补，[tɕ] 组（除 [n̴] 外）只与齐齿呼韵母相拼，[tʃ] 组只与撮口呼韵母相拼。这里根据音感差异分为 [tɕ][tʃ] 两组。

③ 阳调类的零声母音节开头带有与韵母开头元音同部位的轻微摩擦，这里统一记作 [ɦ]。

二、韵母 44 个，包括自成音节的 [m] [ŋ]

ii[ɿ] 师丝试戏　　　i[i] 二飞耳白　　　u[u] 歌坐过苦　　　y[y] 猪雨

w[ɯ] 后狗　　　　　iu[iu] 油酒

a[ɑ] 茶牙瓦　　　　ia[iɑ] 写夜　　　　ua[uɑ] 花瓜　　　　ya[yɑ] 蛇车

e[e] 赔对豆走　　　　　　　　　　　　ue[ue] 鬼灰

ae[ɛ] 开排鞋　　　　　　　　　　　　uae[uɛ] 快怪

o[ɔ] 宝饱　　　　　io[iɔ] 笑桥

an[ã] 山胆　　　　　ian[iã] 响硬争　　uan[uã] 横关　　　yan[yã] 张尝

aan[ɑ̃] 糖讲　　　　　　　　　　　　uaan[uɑ̃] 王光　　　yaan[yɑ̃] 床双

en[ə̃] 南半短　　　　ien[iẽ] 盐年　　　uen[uə̃] 官宽　　　yen[yə̃] 权占

eng[əŋ] 根寸灯　　　ing[iŋ] 心新病星　ueng[uəŋ] 滚温　　yeng[yəŋ] 深春云升

ong[oŋ] 东风　　　　　　　　　　　　　　　　　　　　　yong[yoŋ] 兄用

ak[aʔ] 盒塔鸭法辣八白文　　iak[iaʔ] 药白白　　uak[uaʔ] 活刮　　yak[yaʔ] 勺着

ek[əʔ] 托郭壳北色六绿　　iek[iəʔ] 接贴急热节七一锡　　uek[uəʔ] 骨学白国谷　　yek[yəʔ] 十月出橘学文直尺局

er[əl] 耳文

m[m] 母

ng[ŋ] 五鱼

说明：

① [y] 韵跟 [tʃ] 组声母相拼时，实际音值为 [ʯ]。介音 [y] 在 [tʃ] 组声母后圆唇不明显，仅表现为两嘴角略收。

② [iu] 韵中的 [u] 舌位略低，实际音值近 [ʊ]。

③ [ɯ][iu][e][ue] 四韵的实际音值分别近于 [ɤɯ][iəu][eɪ][ueɪ]。

④ [ã][aʔ] 等韵中的 [a] 舌位略高，实际音值介于 [æ][a] 之间。

⑤ [ɔ̃][əʔ] 韵中的 [ə] 舌位偏后、偏低，接近 [ʌ]。

⑥ [yɔ̃][yəʔ] 韵中的 [ə] 有时近圆唇音。

⑦ [əŋ] 组韵母中的鼻尾 [n] 实际音值介于 [n][ŋ] 之间。

三、单字调 7 个

阴平	1[32]	东该灯风通开天春
阳平	2[21]	门龙牛油铜皮糖红
阴上	3[35]	懂古鬼九统苦讨草
阴去	5[53]	冻怪半四痛快寸去
阳去	6[231]	卖路硬乱洞地饭树买老五有动罪近后
阴入	7[5]	谷百搭节急哭拍塔切刻
阳入	8[12]	六麦叶月毒白盒罚

说明：

① 阴平 [32] 多为中降调，尾段降势趋于平缓，少数读如中平调或凹拱调。

② 阳平 [21] 多为低降调，尾段降势趋于平缓，少数字尾段微升，呈凹拱调型。

③ 阴上 [35] 前半段升势较平缓，实际调值为 [235] 或 [225]。

④ 阴入 [5] 较短，喉塞尾明显。

⑤ 阳入 [12] 单字音时长比阴入 [5] 长，部分字有曲折，实际调值为 [212] 或 [112]，喉塞感不明显。

建德话*

一、声母 20 个，包括零声母在内

b[p] 布爬簿白	p[pʰ] 破步	m[m] 米毛满命袜	f[f] 斧飞房
d[t] 到逃动夺	t[tʰ] 土地	n[n] 脑南兰连	l[l] 农奴龙老犁炉裂
z[ts] 紫纸陈赵择直穷	c[tsʰ] 草		s[s] 三字时实
j[tɕ] 精专经军求舅及	q[tɕʰ] 清春轻起轿	nn[ȵ] 年软严	x[ɕ] 星墙书船刷兴戏
g[k] 改讲跪	k[kʰ] 苦柜	ng[ŋ] 咬	h[x] 海虎灰厚学
[ʔ] 泥儿热人日让换鹅月衣乌烟雨王用			

---

* 以梅城镇方言白读音（梅城白话）为准，在曹志耘《严州方言研究》(好文出版，1996年) 和《徽语严州方言研究》(北京语言大学出版社，2017年) 的基础上，据沈丹萍 2021 年的调查略有调整。调查点为建德市梅城镇，曹志耘调查的发音人 1918 年出生，沈丹萍调查的发音人 1951 年出生。

说明：

① 不送气的清音声母逢低调（[213][12]）时，音色像吴语金华、汤溪等地方言的"浊音声母"。

② [n][ȵ] 两个声母都可跟齐齿呼韵母相拼，有辨义作用。例如：莲 nie³³ ≠ 年 ȵie³³ ｜ 亮 nie⁴⁵ ≠ 捏 ȵie⁴⁵。

③ [tɕ] 组声母的发音部位比较靠前，带舌叶色彩。

二、韵母 33 个，包括自成音节的 [m] [n] 在内

ii[ɿ] 子刺事舌　　　　i[i] 衣皮提割结　　　u[u] 舞徒大坐河桌　　y[y] 雨朱书血

a[a] 买客　　　　　　ia[ia] 夜野药　　　　ua[ua] 外坏　　　　　ya[ya] 抓~阄

e[e] 赔队　　　　　　ie[ie] 田铁　　　　　ue[ue] 贵柜会　　　　ye[ye] 罪槌专权远

ae[ɛ] 改开敢安团张冷争　iae[iɛ] 烟羊　　　　uae[uɛ] 宽湾横

o[o] 马寡化方江光王床双八落

oo[ɔ] 毛告交　　　　　ioo[iɔ] 姚表桥

ew[əɯ] 头走后愁　　　iew[iəɯ] 秋球油

aom[aom] 通虫红缝

iaom[iaom] 雄用

en[en] 分陈遁等　　　in[in] 心新星　　　uen[uen] 滚魂稳　　　yen[yen] 裙云

ang[aŋ] 卬我

ek[əʔ] 十佛北毒　　　iek[iəʔ] 立一吃　　uek[uəʔ] 国骨哭　　　yek[yəʔ] 竹出

m[m] 磨母摸

n[n] 五鱼儿耳

说明：

① [i] 韵的舌位比较高，在 [p] 组和 [tɕ] 组声母后时接近舌尖元音 [ɿ]。

② [u] 韵的开口度很小，在 [k] 组声母后时舌位还比较靠后，几乎与声母合为一体。

③ [a ia ua ya] 韵里的 [a] 接近 [ɑ]。

④ [ie] 韵里的 [e] 舌位较高，接近 [ɪ]。

⑤ [o] 韵的实际音值介于 [o][u] 之间。

⑥ [əɯ iəɯ] 韵里的 [ə] 很轻弱。

⑦ 鼻尾 [m] 闭唇动作明显，但读音较轻弱。有的人有时闭唇动作不太明显。

⑧ 鼻尾 [n] 和自成音节的 [n] 发音时舌头与上颚接触较松，音色较模糊。

⑨ [uəʔ yəʔ] 韵里的 [ə] 有点圆，接近 [o]。

三、单字调 6 个

阴平	1[423]	衣天西东新山
阳平	2[33]	皮田亭梅南来四变做盖送放
上声	3[213]	死早水改火粉是稻柱米冷眼夺学石麦月药
阳去	6[45]	大地洞命乱硬发桌割铁雪刷
阴入	7[5]	北德国哭急七
阳入	8[12]	毒贼十木六日

说明：

① 阴平 [423] 的上升部分有时不太明显或没有。

② 上声 [213] 的下降部分有时不太明显。

③ 阳去 [45] 调较短，并略带紧喉色彩。

④ 阳入 [12] 是短调。

参考文献

鲍士杰 1998 《杭州方言词典》，南京：江苏教育出版社。
北京大学中国语言文学系语言学教研室 1995 《汉语方言词汇》（第二版），北京：语文出版社。
曹志耘 1996 《金华方言词典》，南京：江苏教育出版社。
曹志耘、秋谷裕幸、太田斋、赵日新 2000 《吴语处衢方言研究》，日本东京：好文出版。
曹志耘 2006 浙江省的汉语方言，《方言》第 3 期。
曹志耘主编 2008 《汉语方言地图集》，北京：商务印书馆。
曹志耘、秋谷裕幸、黄晓东、太田斋、赵日新、刘祥柏、王正刚 2016 《吴语婺州方言研究》，北京：商务印书馆。
曹志耘 2017 《徽语严州方言研究》，北京：北京语言大学出版社。
曹志耘 2021 汉语方言字典的编写问题——以《浙江方言常用字典》为例，《语文研究》第 1 期。
曹志耘 2022 吴语汤溪方言的若干本字，《汉语方言研究的多维视角：游汝杰教授八秩寿庆论文集》，上海：上海教育出版社。
曹志耘、沈丹萍 2021 论浙江方言注音方案研制，《浙江师范大学学报》（社会科学版）第 1 期。
陈源源 2017 《汉语史视角下的明清吴语方言字研究》，杭州：浙江大学出版社。
傅根清 2001 汤溪方言本字考，《方言》第 3 期。
傅国通、方松熹、傅佐之 1992 《浙江方言词》，杭州：浙江省语言学会。
傅国通、郑张尚芳总编 2015 《浙江省语言志》，杭州：浙江人民出版社。
《汉语常用字典》编写组编 1973 《汉语常用字典》，杭州：浙江人民出版社。
李　荣 1980 吴语本字举例，《方言》第 2 期。
李　荣 1997 考本字甘苦，《方言》第 1 期。
刘美娟 2012 《浙江地名疑难字研究》，北京：中国社会科学出版社。
梅祖麟 1995 方言本字研究的两种方法，《吴语和闽语的比较研究》（中国东南方言比较研究丛书第一辑),上海:上海教育出版社。
潘悟云 2015　方言考本字"觅轨法",《方言》第 4 期。
钱乃荣 1992　《当代吴语研究》,上海:上海教育出版社。
钱乃荣 2002　北部吴语的特征词,载李如龙主编《汉语方言特征词研究》,厦门大学出版社。
钱乃荣 2020　《原来上海话这样写:沪语难词的正音正字》,上海:上海大学出版社。
秋谷裕幸 2000　吴语处衢方言中的闽语词——兼论处衢方言在闽语词汇史研究中的作用,《语言研究》第 3 期。
秋谷裕幸 2001　《吴语江山广丰方言研究》,日本松山:日本爱媛大学法文学部综合政策学科。
秋谷裕幸、汪维辉 2015　吴语中表示"左"的本字,《语文研究》第 4 期。
石汝杰、宫田一郎主编 2005　《明清吴语词典》,上海:上海辞书出版社。
石汝杰 2018　《吴语字和词的研究》,上海:上海教育出版社。
汤珍珠、陈忠敏、吴新贤 1997　《宁波方言词典》,南京:江苏教育出版社。
王洪钟、黄晓东、叶晗、孙宜志主编 2019　《浙江方言资源典藏》(第一辑),杭州:浙江大学出版社。
王洪钟、黄晓东、叶晗、孙宜志主编 2023　《中国语言资源集·浙江》,杭州:浙江大学出版社。
项梦冰 2014　吴语的"鲎"(虹),《长江学术》第 3 期。
杨秀芳 2003　从方言比较论吴闽同源词"搣",《语言暨语言学》第 4 期。
游汝杰 1995　吴语里的人称代词,《吴语和闽语的比较研究》(中国东南方言比较研究丛书第一辑),上海:上海教育出版社。
游汝杰、杨乾明 1998　《温州方言词典》,南京:江苏教育出版社。
詹伯慧 2016　关于方言词的用字问题——以粤方言为例,载詹伯慧、肖自辉编《汉语方言辞书编纂的理论与实践》,广州:暨南大学出版社。
张振兴 2017　关于"渠"和"個",《中国方言学报》第七期,北京:商务印书馆。
张振兴、何瑞 2023　《全国汉语方言用字表稿》,北京:中国社会科学出版社。
赵日新 1999　说"个",《语言教学与研究》第 2 期。
赵元任 1928/1956　《现代吴语的研究》,北京:科学出版社。
朱彰年、薛恭穆、汪维辉、周志锋 1996　《宁波方言词典》,上海:汉语大词典出版社。

后记

关于《浙江方言常用字典》一书的背景、动因以及编写原则、方法等，我们已在附录"《浙江方言常用字典》的编写"里详细说明，此不再赘述。现在交代一些工作方面的情况。

我们是从2018年下半年开始酝酿编写《浙江方言常用字典》的。2018年11月6日，在浙江师范大学中国方言研究院举行了一次"《吴语字和词的研究》读书会"，邀请了作者石汝杰教授和我们一起研讨关于吴语用字的问题。2019年初正式启动字典编写工作。2019年3月23日，举行了"《浙江方言常用字典》编写研讨会"，邀请了钱乃荣教授、易洪川教授、傅根清教授交流研讨。2019年6月1日，举行了第一次"《浙江方言常用字典》编写工作会"。2020年1月，我们申报的"浙江方言字调查、整理和研究"获批为国家语委委托项目，研究期限为2020年1月至2021年12月。至2022年初，编写工作基本完成。2022年上半年，接受了国家语委组织的专家结项鉴定，鉴定等级为"优秀"。

《浙江方言常用字典》的工作过程大体如下：

1. 提字

设"地区提字人"，即在全省11个地级市以及旧严州府所在的建德市共12个地区，每个地区约请一名相关研究人员，由其根据本地区方言情况提出字典需收的字，交给编委会汇总。（"地区提字人"有：蔡嵘、黄晓东、阮咏梅、施俊、王洪钟、王文胜、吴众、肖萍、徐波、徐越、周汪融）

2. 选字

编委会对字目汇总表进行研讨和甄选，选出字典拟收字目。

3. 初编

设"字条编写人"，即把拟收字目按词类分成14组，每一组约请一名研究人员编写条目初稿，交给编委会汇总。("字条编写人"有：蔡嵘、黄晓东、雷艳萍、阮咏梅、沈丹萍、施俊、孙宜志、王洪钟、王文胜、吴众、肖萍、徐波、徐越、周汪融)

4. 统编

把"字条编写人"编写的初稿汇总后，按词类分成6部分，分别由除了曹志耘以外的6位编委按照统一规范进行修改加工。

5. 核补

设"地区核补人"，结合后来开展的"浙江方言词典系列"项目及其他相关情况，每个地区约请一名相关研究人员，由其对编委会统编稿中的本地区部分进行核实、补充。("地区核补人"有：陈胜凯、黄晓东、阮咏梅、沈丹萍、王洪钟、王文胜、肖萍、徐波、徐森、徐越、许巧枝、张薇)

6. 审稿

由全体调查和编写人员对全书初稿进行审阅，着重针对本人母语点、调查点、工作地点方言的材料提出修改意见。

7. 统改

由主编对全书进行统一核实、修改、加工。在此阶段，王倩倩协助做了大量工作。

　　《浙江方言常用字典》自启动以来，一共举行了 8 次编写工作会。除了书前已列出的"调查和编写人员"以外，钱乃荣、易洪川、石汝杰、傅惠钧、陶寰、黄沚青、刘美娟等先生都曾参与我们的研讨会或工作会，宋六旬、程朝等学生做了很多会务工作。

　　事因经过始知难。在完成这项异常艰难的工作的时候，我要感谢几年来一直坚持参与字典编写工作的各位同仁，感谢国家语委的支持，感谢有关专家的指导，感谢全国汉语方言学会第二十届年会、《语文研究》杂志给予我们发表相关成果的机会。在成果出版过程中，有幸再次得到商务印书馆的大力支持，责任编辑郑佐之女士为书稿的编校付出了大量心血，我要对商务印书馆的领导、编辑和工作人员表示衷心的感谢。最后，也恳请大家对字典多多指教，以便我们进一步修改完善。

曹志耘

2023 年 4 月 18 日